STATISTICAL YEARBOOK OF CHINA COMMODITY EXCHANGE MARKET

中国商品交易市场统计年鉴

2017

国家统计局贸易外经统计司 编

Compiled by
Department of Trade and External Economic Relations Statistics,
National Bureau of Statistics of China

中国统计出版社
China Statistics Press

图书在版编目（CIP）数据

中国商品交易市场统计年鉴 . 2017 / 国家统计局贸易外经统计司编 . -- 北京 : 中国统计出版社 , 2017.9
ISBN 978-7-5037-8300-5

Ⅰ . ①中… Ⅱ . ①国… Ⅲ . ①国内市场 – 统计资料 – 中国 – 2017 – 年鉴 Ⅳ . ① F723-66

中国版本图书馆 CIP 数据核字 (2017) 第 213149 号

中国商品交易市场统计年鉴—2017

作　　者 / 国家统计局贸易外经统计司
责任编辑 / 尹　伊
装帧设计 / 李雪燕
出版发行 / 中国统计出版社
通信地址 / 北京市丰台区西三环南路甲 6 号　邮政编码 /100073
网　　址 / http://csp.stats.gov.cn/
电　　话 / 邮购（010）63376907　书店 (010)68783172
印　　刷 / 河北鑫兆源印刷有限公司
经　　销 / 新华书店
开　　本 / 880 × 1230mm 1/16
字　　数 / 884 千字
印　　张 / 27.75
版　　别 / 2017 年 9 月第 1 版
版　　次 / 2017 年 9 月第 1 次印刷
定　　价 / 360.00 元

《中国商品交易市场统计年鉴—2017》编辑委员会

编辑说明

一、《中国商品交易市场统计年鉴—2017》是反映我国大型商品交易市场全貌的资料性工具书，至今已连续出版了十八年，旨在通过大量、丰富、详实、具体和权威的统计数据，全面系统和多角度地反映中国大型商品交易市场发展情况。本年鉴是各级经济和市场管理部门、科研机构与大专院校分析研究市场、进行宏观调控和科学决策、理论研究和教学的重要资料；也是生产经营单位了解市场、获取商业信息的必备参考用书。

二、本年鉴分为三部分：第一部分综合篇，第二部分地区篇，第三部分市场篇，并附有主要统计指标解释。

三、本年鉴中的亿元商品交易市场统计范围为2016年成交额亿元及以上的商品交易市场。全国性数据未包括台湾省、香港特别行政区和澳门特别行政区。

四、本年鉴中的时期数据为2016年度，时点数据为2016年末，数据来自于2016年亿元以上商品交易市场统计年报。

五、本年鉴数据表格中的空白，表示该项统计指标数据为零或无该项数据。

目录

第一部分 综合篇

简要说明：

本篇资料主要内容为亿元以上商品交易市场的基本情况，包括市场个数、摊位个数、营业面积、成交额，以及按照市场类别、摊位类别、经营方式、经营状态和经营环境的分组数据等。

1-1　历年商品交易市场情况

年　份	市场数（个）	年末出租摊位数（个）	营业面积（平方米）	成交额（万元）
2000	3087	2115115	82615615	156723889
2001	3273	2200662	93973140	177190514
2002	3258	2190814	103131711	198400373
2003	3265	2148866	109840363	215144785
2004	3365	2229818	124774690	261027342
2005	3323	2248803	131408239	300209160
2006	3876	2527987	180723148	371374661
2007	4121	2681630	198146314	440850978
2008	4567	2839070	212252204	524579577
2009	4687	2994781	232303299	579637907
2010	4940	3193365	248323113	727035303
2011	5075	3334787	262345039	820172688
2012	5194	3494122	278993712	930237663
2013	5089	3488170	288683344	983651254
2014	5023	3534757	295679201	1003099019
2015	4952	3468638	300657328	1001337865
2016	4861	3457899	300233736	1021396989

1-2　历年商品交易市场变动

（比上年增长 %）

年　份	市场数	年末出租摊位数	营业面积	成交额
2001	6.03	4.04	13.75	13.06
2002	-0.46	-0.45	9.75	11.97
2003	0.21	-1.91	6.50	8.44
2004	3.06	3.77	13.60	21.33
2005	-1.25	0.85	5.32	15.01
2006	16.64	12.41	37.53	23.71
2007	6.32	6.08	9.64	18.71
2008	10.82	5.87	7.12	18.99
2009	2.63	5.48	9.45	10.50
2010	5.40	6.63	6.90	25.43
2011	2.73	4.43	5.65	12.81
2012	2.34	4.78	6.35	13.42
2013	-2.02	-0.17	3.47	5.74
2014	-1.30	1.34	2.42	1.98
2015	-1.41	-1.87	1.68	-0.18
2016	-1.84	-0.31	-0.14	2.00

1-3 商品交易市场总体情况

项 目	市场数量 (个)	总摊位数 (个)	年末出租摊位数 (个)	营业面积 (平方米)	成交额 (万元)
总 计	**4861**	**3983807**	**3457899**	**300233736**	**1021396989**
一、按市场类别分组					
1.综合市场	**1369**	**1496653**	**1294553**	**80099279**	**255310922**
生产资料综合市场	49	63101	54972	7899751	12641888
工业消费品综合市场	292	553788	485872	27983322	85941204
农产品综合市场	681	481134	426604	24025059	110997330
其他综合市场	347	398630	327105	20191147	45730500
2.专业市场	**3492**	**2487154**	**2163346**	**220134457**	**766086067**
生产资料市场	655	354810	288206	65533569	261990577
农业生产用具市场	20	6585	5686	1564891	2323348
农用生产资料市场	28	7856	6428	1164209	1627835
煤炭市场	6	3474	3407	3762080	2649934
木材市场	46	19646	16583	5440978	7462739
建材市场	218	148882	111227	23092092	19991876
化工材料及制品市场	33	25454	22603	2275227	34626995
金属材料市场	219	97311	81253	23081878	164677242
机械设备市场	49	27559	24964	2807314	7035642
其他生产资料市场	36	18043	16055	2344900	21594966
农产品市场	966	590239	522891	43718321	174665222
粮油市场	106	33586	29932	3647592	16692071
肉禽蛋市场	116	46080	41934	2934265	15464209
水产品市场	141	75452	67230	4285616	32339409
蔬菜市场	293	229987	203548	16876456	42610862
干鲜果品市场	129	77564	66886	6329336	31026704
棉麻土畜、烟叶市场	18	21483	17577	3972684	6841903
其他农产品市场	163	106087	95784	5672372	29690064
食品、饮料及烟酒市场	124	86485	69639	4059773	13451552
食品饮料市场	38	28577	25248	1186638	3429901
茶叶市场	28	23157	13059	1088365	1088365
烟酒市场	12	4529	4092	350508	1096748
其他食品饮料及烟酒市场	46	30222	27240	1434262	6134487
纺织、服装、鞋帽市场	541	756358	680422	32108585	146172513
布料及纺织品市场	71	123391	108749	9022405	62938560
服装市场	340	462760	416724	17956032	57551268
鞋帽市场	38	28304	24758	1287540	4792043
其他纺织服装鞋帽市场	92	141903	130191	3842608	20890642
日用品及文化用品市场	85	62261	55421	2740561	11799762
小商品市场	33	32006	29904	880527	4642779
箱包市场	5	6566	5312	591400	1890734
玩具市场	3	1133	1050	119410	239958
文具市场	5	1836	1762	137204	293409
图书、报刊杂志市场	8	1629	1428	84756	419543
音像制品及电子出版物市场	3	691	608	20500	153775
体育用品市场	1	324	230	12800	17500
其他日用品及文化用品市场	27	18076	15127	893964	4142064

1-3　续表

项　　目	市场数量(个)	总摊位数(个)	年末出租摊位数(个)	营业面积(平方米)	成交额(万元)
黄金、珠宝、玉器等首饰市场	25	17065	14339	1929820	5415120
电器、通讯器材、电子设备市场	128	60051	51436	3230237	8160828
家电市场	33	12885	10148	1495720	2888789
通讯器材市场	20	10972	9673	351876	1101934
照相、摄像器材市场	3	1105	1012	56800	91484
计算机及辅助设备市场	61	30328	26208	1148761	3444322
其他电器、通讯器材、电子设备市场	11	4761	4395	177080	634299
医药、医疗用品及器材市场	23	76765	49010	2652735	12289933
中药材市场	23	76765	49010	2652735	12289933
其他医药、医疗用品及器材市场					
家具、五金及装饰材料市场	583	326049	296510	43573319	54678923
家具市场	179	93749	85067	16967232	17468598
装饰材料市场	240	119948	109875	16096260	18554296
灯具市场	15	7596	6922	1116865	2030669
厨具、盥洗设备市场	5	3257	2346	373768	259368
五金材料市场	79	52978	47230	4174564	10553052
其他装修市场	65	48521	45070	4844630	5812940
汽车、摩托车及零配件市场	269	87531	73761	15129465	66290242
汽车市场	189	50239	41178	11723668	55196569
摩托车市场	10	3839	3502	276930	565480
机动车零配件市场	70	33453	29081	3128867	10528193
花、鸟、鱼、虫市场	30	20632	19594	2077773	4436956
花卉市场	25	19104	18075	2016186	4228774
鸟市场					
观赏鱼市场					
其他花鸟鱼虫市场	5	1528	1519	61587	208182
旧货市场	13	7195	6658	255165	333129
古玩、古董、字画市场	2	875	858	27840	22226
邮票、硬币市场					
其他旧货市场	11	6320	5800	227325	310903
其他专业市场	50	41713	35459	3125134	6401310
二、按营业状态分组					
1.常年营业	4796	3942338	3432463	296326496	1014785427
2.季节性营业	57	37568	22988	3475464	6337751
3.其他	8	3901	2448	431776	273811
三、按经营方式分组					
1.以批发为主	2812	2793654	2394577	233901024	878593431
2.以零售为主	2049	1190153	1063322	66332712	142803558
四、按经营环境分组					
1.露天式	712	459196	405264	53604829	130946391
2.封闭式	3551	3073931	2650201	202037294	741569769
3.其他	598	450680	402434	44591613	148880829

1-4 商品交易市场情况(按营业状态分)

(常年营业)

项　　目	市场数量(个)	总摊位数(个)	年末出租摊位数(个)	营业面积(平方米)	成交额(万元)
总　计	**4796**	**3942338**	**3432463**	**296326496**	**1014785427**
1.综合市场	**1363**	**1491091**	**1289469**	**79989986**	**255143285**
生产资料综合市场	49	63101	54972	7899751	12641888
工业消费品综合市场	292	553788	485872	27983322	85941204
农产品综合市场	677	476932	422627	23950766	110898798
其他综合市场	345	397270	325998	20156147	45661395
2.专业市场	**3433**	**2451247**	**2142994**	**216336510**	**759642142**
生产资料市场	650	353668	287193	65161503	261344906
农业生产用具市场	19	6374	5493	1534891	2294845
农用生产资料市场	27	7816	6388	1084209	1598335
煤炭市场	6	3474	3407	3762080	2649934
木材市场	45	19555	16492	5404912	7361090
建材市场	218	148882	111227	23092092	19991876
化工材料及制品市场	33	25454	22603	2275227	34626995
金属材料市场	217	96511	80564	22855878	164191223
机械设备市场	49	27559	24964	2807314	7035642
其他生产资料市场	36	18043	16055	2344900	21594966
农产品市场	923	570917	507865	40870586	169986202
粮油市场	105	33566	29912	3467592	16660071
肉禽蛋市场	115	45785	41639	2931250	15434422
水产品市场	138	74987	66886	4236276	32269709
蔬菜市场	268	220212	195624	15051768	38978682
干鲜果品市场	120	69340	60935	5740304	30299311
棉麻土畜、烟叶市场	15	21160	17265	3846224	6730843
其他农产品市场	162	105867	95604	5597172	29613164
食品、饮料及烟酒市场	121	76003	68853	3974273	12871573
食品饮料市场	37	28217	24888	1176138	3391648
茶叶市场	26	13035	12633	1013365	2248690
烟酒市场	12	4529	4092	350508	1096748
其他食品饮料及烟酒市场	46	30222	27240	1434262	6134487
纺织、服装、鞋帽市场	537	753420	678684	31664789	145837333
布料及纺织品市场	71	123391	108749	9022405	62938560
服装市场	339	461918	415882	17802446	57276168
鞋帽市场	37	27654	24178	1264540	4742043
其他纺织服装鞋帽市场	90	140457	129875	3575398	20880562
日用品及文化用品市场	85	62261	55421	2740561	11799762
小商品市场	33	32006	29904	880527	4642779
箱包市场	5	6566	5312	591400	1890734

1-4 续表 1

(常年营业)

项 目	市场数量(个)	总摊位数(个)	年末出租摊位数(个)	营业面积(平方米)	成交额(万元)
玩具市场	3	1133	1050	119410	239958
文具市场	5	1836	1762	137204	293409
图书、报刊杂志市场	8	1629	1428	84756	419543
音像制品及电子出版物市场	3	691	608	20500	153775
体育用品市场	1	324	230	12800	17500
其他日用品及文化用品市场	27	18076	15127	893964	4142064
黄金、珠宝、玉器等首饰市场	25	17065	14339	1929820	5415120
电器、通讯器材、电子设备市场	128	60051	51436	3230237	8160828
家电市场	33	12885	10148	1495720	2888789
通讯器材市场	20	10972	9673	351876	1101934
照相、摄像器材市场	3	1105	1012	56800	91484
计算机及辅助设备市场	61	30328	26208	1148761	3444322
其他电器、通讯器材、电子设备市场	11	4761	4395	177080	634299
医药、医疗用品及器材市场	22	76737	48982	2651235	12275983
中药材市场	22	76737	48982	2651235	12275983
其他医药、医疗用品及器材市场					
家具、五金及装饰材料市场	581	325054	295649	43559319	54520508
家具市场	179	93749	85067	16967232	17468598
装饰材料市场	239	119603	109530	16092260	18437731
灯具市场	15	7596	6922	1116865	2030669
厨具、盥洗设备市场	5	3257	2346	373768	259368
五金材料市场	78	52328	46714	4164564	10511202
其他装修市场	65	48521	45070	4844630	5812940
汽车、摩托车及零配件市场	269	87531	73761	15129465	66290242
汽车市场	189	50239	41178	11723668	55196569
摩托车市场	10	3839	3502	276930	565480
机动车零配件市场	70	33453	29081	3128867	10528193
花、鸟、鱼、虫市场	30	20632	19594	2077773	4436956
花卉市场	25	19104	18075	2016186	4228774
鸟市场					
观赏鱼市场					
其他花鸟鱼虫市场	5	1528	1519	61587	208182
旧货市场	13	7195	6658	255165	333129
古玩、古董、字画市场	2	875	858	27840	22226
邮票、硬币市场					
其他旧货市场	11	6320	5800	227325	310903
其他专业市场	49	40713	34559	3091784	6369600

1-4 续表 2

(季节性营业)

项　　目	市场数量（个）	总摊位数（个）	年末出租摊位数（个）	营业面积（平方米）	成交额（万元）
总　计	**57**	**37568**	**22988**	**3475464**	**6337751**
1.综合市场	**5**	**4488**	**4263**	**90293**	**117908**
生产资料综合市场					
工业消费品综合市场					
农产品综合市场	4	4202	3977	74293	98532
其他综合市场	1	286	286	16000	19376
2.专业市场	**52**	**33080**	**18725**	**3385171**	**6219843**
生产资料市场	4	1051	922	336000	544022
农业生产用具市场	1	211	193	30000	28503
农用生产资料市场	1	40	40	80000	29500
煤炭市场					
木材市场					
建材市场					
化工材料及制品市场					
金属材料市场	2	800	689	226000	486019
机械设备市场					
其他生产资料市场					
农产品市场	41	19042	14746	2771735	4654920
粮油市场	1	20	20	180000	32000
肉禽蛋市场	1	295	295	3015	29787
水产品市场	3	465	344	49340	69700
蔬菜市场	24	9695	7844	1768688	3621080
干鲜果品市场	9	8224	5951	589032	727393
棉麻土畜、烟叶市场	2	123	112	106460	98060
其他农产品市场	1	220	180	75200	76900
食品、饮料及烟酒市场	2	10122	426	75000	541726
食品饮料市场					
茶叶市场	2	10122	426	75000	541726
烟酒市场					
其他食品饮料及烟酒市场					
纺织、服装、鞋帽市场	1	842	842	153586	275100
布料及纺织品市场					
服装市场	1	842	842	153586	275100
鞋帽市场					
其他纺织服装鞋帽市场					
日用品及文化用品市场					
小商品市场					
箱包市场					

1-4　续表 3

(季节性营业)

项　　目	市场数量(个)	总摊位数(个)	年末出租摊位数(个)	营业面积(平方米)	成交额(万元)
玩具市场					
文具市场					
图书、报刊杂志市场					
音像制品及电子出版物市场					
体育用品市场					
其他日用品及文化用品市场					
黄金、珠宝、玉器等首饰市场					
电器、通讯器材、电子设备市场					
家电市场					
通讯器材市场					
照相、摄像器材市场					
计算机及辅助设备市场					
其他电器、通讯器材、电子设备市场					
医药、医疗用品及器材市场	1	28	28	1500	13950
中药材市场	1	28	28	1500	13950
其他医药、医疗用品及器材市场					
家具、五金及装饰材料市场	2	995	861	14000	158415
家具市场					
装饰材料市场	1	345	345	4000	116565
灯具市场					
厨具、盥洗设备市场					
五金材料市场	1	650	516	10000	41850
其他装修市场					
汽车、摩托车及零配件市场					
汽车市场					
摩托车市场					
机动车零配件市场					
花、鸟、鱼、虫市场					
花卉市场					
鸟市场					
观赏鱼市场					
其他花鸟鱼虫市场					
旧货市场					
古玩、古董、字画市场					
邮票、硬币市场					
其他旧货市场					
其他专业市场	1	1000	900	33350	31710

1-4 续表 4

(其他)

项 目	市场数量(个)	总摊位数(个)	年末出租摊位数(个)	营业面积(平方米)	成交额(万元)
总 计	**8**	**3901**	**2448**	**431776**	**273811**
1.综合市场	**1**	**1074**	**821**	**19000**	**49729**
生产资料综合市场					
工业消费品综合市场					
农产品综合市场					
其他综合市场	1	1074	821	19000	49729
2.专业市场	**7**	**2827**	**1627**	**412776**	**224082**
生产资料市场	1	91	91	36066	101649
农业生产用具市场					
农用生产资料市场					
煤炭市场					
木材市场	1	91	91	36066	101649
建材市场					
化工材料及制品市场					
金属材料市场					
机械设备市场					
其他生产资料市场					
农产品市场	2	280	280	76000	24100
粮油市场					
肉禽蛋市场					
水产品市场					
蔬菜市场	1	80	80	56000	11100
干鲜果品市场					
棉麻土畜、烟叶市场	1	200	200	20000	13000
其他农产品市场					
食品、饮料及烟酒市场	1	360	360	10500	38253
食品饮料市场	1	360	360	10500	38253
茶叶市场					
烟酒市场					
其他食品饮料及烟酒市场					
纺织、服装、鞋帽市场	3	2096	896	290210	60080
布料及纺织品市场					
服装市场					
鞋帽市场	1	650	580	23000	50000
其他纺织服装鞋帽市场	2	1446	316	267210	10080
日用品及文化用品市场					
小商品市场					
箱包市场					

1-4 续表 5

(其他)

项 目	市场数量 (个)	总摊位数 (个)	年末出租摊位数 (个)	营业面积 (平方米)	成交额 (万元)
玩具市场					
文具市场					
图书、报刊杂志市场					
音像制品及电子出版物市场					
体育用品市场					
其他日用品及文化用品市场					
黄金、珠宝、玉器等首饰市场					
电器、通讯器材、电子设备市场					
家电市场					
通讯器材市场					
照相、摄像器材市场					
计算机及辅助设备市场					
其他电器、通讯器材、电子设备市场					
医药、医疗用品及器材市场					
中药材市场					
其他医药、医疗用品及器材市场					
家具、五金及装饰材料市场					
家具市场					
装饰材料市场					
灯具市场					
厨具、盥洗设备市场					
五金材料市场					
其他装修市场					
汽车、摩托车及零配件市场					
汽车市场					
摩托车市场					
机动车零配件市场					
花、鸟、鱼、虫市场					
花卉市场					
鸟市场					
观赏鱼市场					
其他花鸟鱼虫市场					
旧货市场					
古玩、古董、字画市场					
邮票、硬币市场					
其他旧货市场					
其他专业市场					

1-5 商品交易市场情况(按经营方式分)

(批发为主)

项目	市场数量(个)	总摊位数(个)	年末出租摊位数(个)	营业面积(平方米)	成交额(万元)
总计	**2812**	**2793654**	**2394577**	**233901024**	**878593431**
1.综合市场	**532**	**939772**	**802799**	**63123881**	**213425139**
生产资料综合市场	46	59558	51429	7795461	12572300
工业消费品综合市场	138	378580	326697	21076320	71940957
农产品综合市场	217	260027	231667	19343802	91523254
其他综合市场	131	241607	193006	14908298	37388628
2.专业市场	**2280**	**1853882**	**1591778**	**170777143**	**665168292**
生产资料市场	621	341473	275650	62810632	259499055
农业生产用具市场	20	6585	5686	1564891	2323348
农用生产资料市场	28	7856	6428	1164209	1627835
煤炭市场	6	3474	3407	3762080	2649934
木材市场	46	19646	16583	5440978	7462739
建材市场	184	135545	98671	20369155	17500354
化工材料及制品市场	33	25454	22603	2275227	34626995
金属材料市场	219	97311	81253	23081878	164677242
机械设备市场	49	27559	24964	2807314	7035642
其他生产资料市场	36	18043	16055	2344900	21594966
农产品市场	726	483167	426523	41046555	165392117
粮油市场	92	24530	21430	3506001	16023635
肉禽蛋市场	64	23987	22569	2487667	13529590
水产品市场	107	59717	52629	3957526	30486138
蔬菜市场	258	218815	192796	16393556	41495435
干鲜果品市场	125	77029	66361	6316586	30927027
棉麻土畜、烟叶市场	16	20483	16577	3886084	6785203
其他农产品市场	64	58606	54161	4499135	26145089
食品、饮料及烟酒市场	84	64462	50193	3315378	11890286
食品饮料市场	22	18207	16988	809788	2584178
茶叶市场	23	20528	10432	962360	2552456
烟酒市场	10	3473	3048	298708	1047130
其他食品饮料及烟酒市场	29	22254	19725	1244522	5706522
纺织、服装、鞋帽市场	309	544285	485179	25228370	133970590
布料及纺织品市场	66	121894	107439	8984269	62776466
服装市场	174	314657	277926	12426925	48514684
鞋帽市场	36	25404	22658	1281040	4733972
其他纺织服装鞋帽市场	33	82330	77156	2536136	17945468
日用品及文化用品市场	67	53216	47359	2448645	10855525
小商品市场	27	26730	25248	700527	4330490
箱包市场	5	6566	5312	591400	1890734

1-5　续表 1

(批发为主)

项　　目	市场数量(个)	总摊位数(个)	年末出租摊位数(个)	营业面积(平方米)	成交额(万元)
玩具市场	3	1133	1050	119410	239958
文具市场	5	1836	1762	137204	293409
图书、报刊杂志市场	7	1210	1009	71656	290288
音像制品及电子出版物市场					
体育用品市场	1	324	230	12800	17500
其他日用品及文化用品市场	19	15417	12748	815648	3793146
黄金、珠宝、玉器等首饰市场	13	8468	6447	629681	4869161
电器、通讯器材、电子设备市场	46	21228	17852	1820848	3916406
家电市场	23	10501	8293	1365660	2432926
通讯器材市场	7	3964	3342	153000	693810
照相、摄像器材市场	1	288	264	9000	34793
计算机及辅助设备市场	9	3128	2914	153888	308457
其他电器、通讯器材、电子设备市场	6	3347	3039	139300	446420
医药、医疗用品及器材市场	21	76270	48515	2625053	12069320
中药材市场	21	76270	48515	2625053	12069320
其他医药、医疗用品及器材市场					
家具、五金及装饰材料市场	241	172660	159231	21154535	34631112
家具市场	37	42419	38937	7207626	9649162
装饰材料市场	99	56873	54358	7456894	10625054
灯具市场	10	6486	6264	925475	1779374
厨具、盥洗设备市场	4	2877	1994	292568	233168
五金材料市场	67	45042	40224	3567737	9690595
其他装修市场	24	18963	17454	1704235	2653759
汽车、摩托车及零配件市场	91	43217	36598	5468267	20138574
汽车市场	32	13894	11646	2733773	10070151
摩托车市场	7	2272	1950	158904	443815
机动车零配件市场	52	27051	23002	2575590	9624608
花、鸟、鱼、虫市场	19	16225	15208	1820965	3973414
花卉市场	18	15925	14908	1815585	3938014
鸟市场					
观赏鱼市场					
其他花鸟鱼虫市场	1	300	300	5380	35400
旧货市场	3	411	327	76840	75101
古玩、古董、字画市场					
邮票、硬币市场					
其他旧货市场	3	411	327	76840	75101
其他专业市场	39	28800	22696	2331374	3887631

1-5 续表 2

(零售为主)

项　　目	市场数量(个)	总摊位数(个)	年末出租摊位数(个)	营业面积(平方米)	成交额(万元)
总　计	**2049**	**1190153**	**1063322**	**66332712**	**142803558**
1.综合市场	**837**	**556881**	**491754**	**16975398**	**41885783**
生产资料综合市场	3	3543	3543	104290	69588
工业消费品综合市场	154	175208	159175	6907002	14000247
农产品综合市场	464	221107	194937	4681257	19474076
其他综合市场	216	157023	134099	5282849	8341872
2.专业市场	**1212**	**633272**	**571568**	**49357314**	**100917775**
生产资料市场	34	13337	12556	2722937	2491522
农业生产用具市场					
农用生产资料市场					
煤炭市场					
木材市场					
建材市场	34	13337	12556	2722937	2491522
化工材料及制品市场					
金属材料市场					
机械设备市场					
其他生产资料市场					
农产品市场	240	107072	96368	2671766	9273105
粮油市场	14	9056	8502	141591	668436
肉禽蛋市场	52	22093	19365	446598	1934619
水产品市场	34	15735	14601	328090	1853271
蔬菜市场	35	11172	10752	482900	1115427
干鲜果品市场	4	535	525	12750	99677
棉麻土畜、烟叶市场	2	1000	1000	86600	56700
其他农产品市场	99	47481	41623	1173237	3544975
食品、饮料及烟酒市场	40	22023	19446	744395	1561266
食品饮料市场	16	10370	8260	376850	845723
茶叶市场	5	2629	2627	126005	237960
烟酒市场	2	1056	1044	51800	49618
其他食品饮料及烟酒市场	17	7968	7515	189740	427965
纺织、服装、鞋帽市场	232	212073	195243	6880215	12201923
布料及纺织品市场	5	1497	1310	38136	162094
服装市场	166	148103	138798	5529107	9036584
鞋帽市场	2	2900	2100	6500	58071
其他纺织服装鞋帽市场	59	59573	53035	1306472	2945174
日用品及文化用品市场	18	9045	8062	291916	944237
小商品市场	6	5276	4656	180000	312289
箱包市场					

1-5 续表 3

(零售为主)

项 目	市场数量(个)	总摊位数(个)	年末出租摊位数(个)	营业面积(平方米)	成交额(万元)
玩具市场					
文具市场					
图书、报刊杂志市场	1	419	419	13100	129255
音像制品及电子出版物市场	3	691	608	20500	153775
体育用品市场					
其他日用品及文化用品市场	8	2659	2379	78316	348918
黄金、珠宝、玉器等首饰市场	12	8597	7892	1300139	545959
电器、通讯器材、电子设备市场	82	38823	33584	1409389	4244422
家电市场	10	2384	1855	130060	455863
通讯器材市场	13	7008	6331	198876	408124
照相、摄像器材市场	2	817	748	47800	56691
计算机及辅助设备市场	52	27200	23294	994873	3135865
其他电器、通讯器材、电子设备市场	5	1414	1356	37780	187879
医药、医疗用品及器材市场	2	495	495	27682	220613
中药材市场	2	495	495	27682	220613
其他医药、医疗用品及器材市场					
家具、五金及装饰材料市场	342	153389	137279	22418784	20047811
家具市场	142	51330	46130	9759606	7819436
装饰材料市场	141	63075	55517	8639366	7929242
灯具市场	5	1110	658	191390	251295
厨具、盥洗设备市场	1	380	352	81200	26200
五金材料市场	12	7936	7006	606827	862457
其他装修市场	41	29558	27616	3140395	3159181
汽车、摩托车及零配件市场	178	44314	37163	9661198	46151668
汽车市场	157	36345	29532	8989895	45126418
摩托车市场	3	1567	1552	118026	121665
机动车零配件市场	18	6402	6079	553277	903585
花、鸟、鱼、虫市场	11	4407	4386	256808	463542
花卉市场	7	3179	3167	200601	290760
鸟市场					
观赏鱼市场					
其他花鸟鱼虫市场	4	1228	1219	56207	172782
旧货市场	10	6784	6331	178325	258028
古玩、古董、字画市场	2	875	858	27840	22226
邮票、硬币市场					
其他旧货市场	8	5909	5473	150485	235802
其他专业市场	11	12913	12763	793760	2513679

1-6　商品交易市场情况(按经营环境分)

(露天式)

项　　目	市场数量(个)	总摊位数(个)	年末出租摊位数(个)	营业面积(平方米)	成交额(万元)
总　计	**712**	**459196**	**405264**	**53604829**	**130946391**
1.综合市场	**114**	**105440**	**92018**	**7574201**	**23233725**
生产资料综合市场	2	3916	3916	120000	100088
工业消费品综合市场	17	11117	10616	365653	788941
农产品综合市场	61	58176	53333	5278106	20498582
其他综合市场	34	32231	24153	1810442	1846114
2.专业市场	**598**	**353756**	**313246**	**46030628**	**107712666**
生产资料市场	182	73291	62925	23801487	44410912
农业生产用具市场	8	3009	2874	641341	1351415
农用生产资料市场	4	2192	1839	352956	198478
煤炭市场	2	64	64	2405100	774681
木材市场	21	5361	4324	3631722	3927874
建材市场	27	16424	15876	3227378	4919210
化工材料及制品市场	5	3022	2872	337856	1258645
金属材料市场	104	37559	30210	12677114	31006240
机械设备市场	7	3938	3154	298700	529462
其他生产资料市场	4	1722	1712	229320	444907
农产品市场	241	185913	165408	12974078	33562547
粮油市场	17	7538	6852	807510	1834443
肉禽蛋市场	16	6098	5625	343658	1489290
水产品市场	28	15882	13612	1095381	6789340
蔬菜市场	109	104611	92353	6555451	11186567
干鲜果品市场	36	26204	22298	1807029	5799955
棉麻土畜、烟叶市场	7	5831	5818	517500	275778
其他农产品市场	28	19749	18850	1847549	6187174
食品、饮料及烟酒市场	12	9593	9454	406334	777182
食品饮料市场	3	1101	1101	20256	93214
茶叶市场	3	3282	3193	189160	300825
烟酒市场	3	1372	1372	77268	71346
其他食品饮料及烟酒市场	3	3838	3788	119650	311797
纺织、服装、鞋帽市场	20	20400	18683	964350	5442924
布料及纺织品市场	3	3974	3714	312700	3387965
服装市场	9	12468	11152	245205	255966
鞋帽市场	5	2006	1924	147945	1570859
其他纺织服装鞋帽市场	3	1952	1893	258500	228134
日用品及文化用品市场	2	1105	1100	61850	227547
小商品市场					
箱包市场					

1-6 续表 1

(露天式)

项 目	市场数量(个)	总摊位数(个)	年末出租摊位数(个)	营业面积(平方米)	成交额(万元)
玩具市场					
文具市场					
图书、报刊杂志市场					
音像制品及电子出版物市场					
体育用品市场					
其他日用品及文化用品市场	2	1105	1100	61850	227547
黄金、珠宝、玉器等首饰市场	1	448	448	34259	18112
电器、通讯器材、电子设备市场	1	477	477	25800	111046
家电市场					
通讯器材市场	1	477	477	25800	111046
照相、摄像器材市场					
计算机及辅助设备市场					
其他电器、通讯器材、电子设备市场					
医药、医疗用品及器材市场	2	1946	1905	27250	82940
中药材市场	2	1946	1905	27250	82940
其他医药、医疗用品及器材市场					
家具、五金及装饰材料市场	32	10315	9974	1243758	2512733
家具市场	3	988	948	113000	222522
装饰材料市场	17	5457	5334	582733	1584188
灯具市场	2	582	560	18930	32750
厨具、盥洗设备市场					
五金材料市场	7	2468	2406	367477	417158
其他装修市场	3	820	726	161618	256115
汽车、摩托车及零配件市场	74	18386	17043	3900188	14535194
汽车市场	61	14242	13313	3443111	13547222
摩托车市场					
机动车零配件市场	13	4144	3730	457077	987972
花、鸟、鱼、虫市场	3	3410	3110	562160	2016911
花卉市场	2	3250	2950	550160	1980016
鸟市场					
观赏鱼市场					
其他花鸟鱼虫市场	1	160	160	12000	36895
旧货市场	1	47	20	19980	18817
古玩、古董、字画市场					
邮票、硬币市场					
其他旧货市场	1	47	20	19980	18817
其他专业市场	27	28425	22699	2009134	3995801

1-6 续表 2

(封闭式)

项 目	市场数量(个)	总摊位数(个)	年末出租摊位数(个)	营业面积(平方米)	成交额(万元)
总 计	**3551**	**3073931**	**2650201**	**202037294**	**741569769**
1.综合市场	**1048**	**1180566**	**1012555**	**58737125**	**191082198**
生产资料综合市场	39	39686	34403	4657813	4717509
工业消费品综合市场	248	495552	430818	24694714	79622427
农产品综合市场	523	341307	298756	13536597	69510792
其他综合市场	238	304021	248578	15848001	37231470
2.专业市场	**2503**	**1893365**	**1637646**	**143300169**	**550487571**
生产资料市场	387	226018	174981	30795611	166791857
农业生产用具市场	11	3248	2484	870850	920848
农用生产资料市场	22	5209	4246	784804	1379470
煤炭市场	3	3402	3340	1356800	1856307
木材市场	14	5438	3551	937430	1265629
建材市场	163	113203	78902	12773498	12406137
化工材料及制品市场	23	14318	12260	1494258	24883550
金属材料市场	86	44777	37406	8128261	104039956
机械设备市场	39	22786	20975	2454614	6203411
其他生产资料市场	26	13637	11817	1995096	13836549
农产品市场	569	307463	274856	21036722	106255679
粮油市场	76	23675	20961	2205455	11830430
肉禽蛋市场	83	35154	32044	2225739	11440318
水产品市场	90	44625	40525	2599964	21410648
蔬菜市场	130	79587	72359	7017661	22202759
干鲜果品市场	70	41080	36377	3110033	16434882
棉麻土畜、烟叶市场	8	14971	11080	962684	4439925
其他农产品市场	112	68371	61510	2915186	18496717
食品、饮料及烟酒市场	98	69577	54610	3105762	11469227
食品饮料市场	30	24666	22290	1032134	3215859
茶叶市场	23	18363	8543	648147	2036191
烟酒市场	9	3157	2720	273240	1025402
其他食品饮料及烟酒市场	36	23391	21057	1152241	5191775
纺织、服装、鞋帽市场	497	706647	633621	29753972	136196782
布料及纺织品市场	61	108844	94885	8058405	56715807
服装市场	320	436939	392953	17074624	56270245
鞋帽市场	31	23891	20461	1088095	2899725
其他纺织服装鞋帽市场	85	136973	125322	3532848	20311005
日用品及文化用品市场	80	58570	51754	2598711	10889570
小商品市场	31	29680	27578	820527	4029979
箱包市场	5	6566	5312	591400	1890734

1-6 续表 3

(封闭式)

项　　目	市场数量(个)	总摊位数(个)	年末出租摊位数(个)	营业面积(平方米)	成交额(万元)
玩具市场	3	1133	1050	119410	239958
文具市场	5	1836	1762	137204	293409
图书、报刊杂志市场	8	1629	1428	84756	419543
音像制品及电子出版物市场	3	691	608	20500	153775
体育用品市场	1	324	230	12800	17500
其他日用品及文化用品市场	24	16711	13786	812114	3844672
黄金、珠宝、玉器等首饰市场	18	11043	8624	616882	5193826
电器、通讯器材、电子设备市场	124	54512	47500	2155184	6613989
家电市场	31	8083	6949	464467	1481397
通讯器材市场	18	10235	8936	308076	962487
照相、摄像器材市场	3	1105	1012	56800	91484
计算机及辅助设备市场	61	30328	26208	1148761	3444322
其他电器、通讯器材、电子设备市场	11	4761	4395	177080	634299
医药、医疗用品及器材市场	19	73674	46282	2586803	11557180
中药材市场	19	73674	46282	2586803	11557180
其他医药、医疗用品及器材市场					
家具、五金及装饰材料市场	508	293827	267036	39376865	49093683
家具市场	171	90508	81887	16484592	17012596
装饰材料市场	205	107018	97709	14580577	15759242
灯具市场	10	5494	5242	912645	1414469
厨具、盥洗设备市场	5	3257	2346	373768	259368
五金材料市场	62	44463	39567	2971470	9281903
其他装修市场	55	43087	40285	4053813	5366105
汽车、摩托车及零配件市场	158	63835	51767	9739699	42533339
汽车市场	99	33549	25699	7023857	32995493
摩托车市场	9	3025	2688	226930	513230
机动车零配件市场	50	27261	23380	2488912	9024616
花、鸟、鱼、虫市场	18	12928	12296	507438	1423459
花卉市场	15	11958	11335	486383	1264832
鸟市场					
观赏鱼市场					
其他花鸟鱼虫市场	3	970	961	21055	158627
旧货市场	8	3106	2680	132450	190662
古玩、古董、字画市场	2	875	858	27840	22226
邮票、硬币市场					
其他旧货市场	6	2231	1822	104610	168436
其他专业市场	19	12165	11639	894070	2278318

1-6 续表 4

(其他)

项 目	市场数量(个)	总摊位数(个)	年末出租摊位数(个)	营业面积(平方米)	成交额(万元)
总 计	**598**	**450680**	**402434**	**44591613**	**148880829**
1.综合市场	**207**	**210647**	**189980**	**13787953**	**40994999**
生产资料综合市场	8	19499	16653	3121938	7824291
工业消费品综合市场	27	47119	44438	2922955	5529836
农产品综合市场	97	81651	74515	5210356	20987956
其他综合市场	75	62378	54374	2532704	6652916
2.专业市场	**391**	**240033**	**212454**	**30803660**	**107885830**
生产资料市场	86	55501	50300	10936471	50787808
农业生产用具市场	1	328	328	52700	51085
农用生产资料市场	2	455	343	26449	49887
煤炭市场	1	8	3	180	18946
木材市场	11	8847	8708	871826	2269236
建材市场	28	19255	16449	7091216	2666529
化工材料及制品市场	5	8114	7471	443113	8484800
金属材料市场	29	14975	13637	2276503	29631046
机械设备市场	3	835	835	54000	302769
其他生产资料市场	6	2684	2526	120484	7313510
农产品市场	156	96863	82627	9707521	34846996
粮油市场	13	2373	2119	634627	3027198
肉禽蛋市场	17	4828	4265	364868	2534601
水产品市场	23	14945	13093	590271	4139421
蔬菜市场	54	45789	38836	3303344	9221536
干鲜果品市场	23	10280	8211	1412274	8791867
棉麻土畜、烟叶市场	3	681	679	2492500	2126200
其他农产品市场	23	17967	15424	909637	5006173
食品、饮料及烟酒市场	14	7315	5575	547677	1205143
食品饮料市场	5	2810	1857	134248	120828
茶叶市场	2	1512	1323	251058	453400
烟酒市场					
其他食品饮料及烟酒市场	7	2993	2395	162371	630915
纺织、服装、鞋帽市场	24	29311	28118	1390263	4532807
布料及纺织品市场	7	10573	10150	651300	2834788
服装市场	11	13353	12619	636203	1025057
鞋帽市场	2	2407	2373	51500	321459
其他纺织服装鞋帽市场	4	2978	2976	51260	351503
日用品及文化用品市场	3	2586	2567	80000	682645
小商品市场	2	2326	2326	60000	612800
箱包市场					

1-6　续表 5

(其他)

项　　目	市场数量(个)	总摊位数(个)	年末出租摊位数(个)	营业面积(平方米)	成交额(万元)
玩具市场					
文具市场					
图书、报刊杂志市场					
音像制品及电子出版物市场					
体育用品市场					
其他日用品及文化用品市场	1	260	241	20000	69845
黄金、珠宝、玉器等首饰市场	6	5574	5267	1278679	203182
电器、通讯器材、电子设备市场	3	5062	3459	1049253	1435793
家电市场	2	4802	3199	1031253	1407392
通讯器材市场	1	260	260	18000	28401
照相、摄像器材市场					
计算机及辅助设备市场					
其他电器、通讯器材、电子设备市场					
医药、医疗用品及器材市场	2	1145	823	38682	649813
中药材市场	2	1145	823	38682	649813
其他医药、医疗用品及器材市场					
家具、五金及装饰材料市场	43	21907	19500	2952696	3072507
家具市场	5	2253	2232	369640	233480
装饰材料市场	18	7473	6832	932950	1210866
灯具市场	3	1520	1120	185290	583450
厨具、盥洗设备市场					
五金材料市场	10	6047	5257	835617	853991
其他装修市场	7	4614	4059	629199	190720
汽车、摩托车及零配件市场	37	5310	4951	1489578	9221709
汽车市场	29	2448	2166	1256700	8653854
摩托车市场	1	814	814	50000	52250
机动车零配件市场	7	2048	1971	182878	515605
花、鸟、鱼、虫市场	9	4294	4188	1008175	996586
花卉市场	8	3896	3790	979643	983926
鸟市场					
观赏鱼市场					
其他花鸟鱼虫市场	1	398	398	28532	12660
旧货市场	4	4042	3958	102735	123650
古玩、古董、字画市场					
邮票、硬币市场					
其他旧货市场	4	4042	3958	102735	123650
其他专业市场	4	1123	1121	221930	127191

1-7 商品交易市场成交情况(按摊位分)

摊　　位	摊位数(个)	成交额(万元)
总　计	**3457899**	**1021396989**
1.粮油、食品类	981739	288643773
其中：粮油类	96121	38841361
肉禽蛋类	138586	40322150
水产品类	140800	55884759
蔬菜类	393686	76196380
干鲜果品类	174385	69466501
2.饮料类	48901	10731781
3.烟酒类	41873	10846569
4.服装、鞋帽、针纺织品类	952706	173877438
(1)服装类	587696	75881609
(2)鞋帽类	138080	17435355
(3)针纺织品类	226930	80560474
5.化妆品类	25178	3157018
6.金银珠宝类	27190	7709989
7.日用品类	179307	30790822
其中：儿童玩具类	28824	4207687
8.五金、电料类	117651	24389317
9.体育、娱乐用品类	13869	2304212
其中：照相器材类	1471	229615
10.书报杂志类	4882	908957
11.电子出版物及音像制品类	8640	2071397
12.家用电器和音像器材类	33022	7023429
13.中西药品类	30195	12090581
其中：西药类	1085	411928
中草药及中成药类	28410	11503545
14.文化办公用品类	59132	10446398
其中：计算机及其配套产品	24866	3301035
15.家具类	117190	24166880
16.通讯器材类	20372	3060851
17.煤炭及制品类	3715	3329565
18.木材及制品类	27786	9369892
19.石油及制品类	2243	19159820
20.化工材料及制品类	48235	39875971
其中：化肥类	3667	980251
21.金属材料类	89614	167389296
22.建筑及装潢材料类	273565	48594549
23.机电产品及设备类	53481	15346756
其中：农机类	6523	2437834
24.汽车类	72830	67836212
25.种子饲料类	8305	1336888
26.棉麻类	4346	5163537
27.其他类	211932	31775091

1-8 商品交易市场成交情况(按摊位与营业状态分)

(常年营业)

摊　位	年末出租摊位数(个)	成交额(万元)
总　计	**3432463**	**1014785427**
1.粮油、食品类	962870	283989355
其中：粮油类	95128	38737833
肉禽蛋类	137322	40248017
水产品类	140176	55811460
蔬菜类	384725	72597028
干鲜果品类	167847	68747395
2.饮料类	48350	10181716
3.烟酒类	41770	10836863
4.服装、鞋帽、针纺织品类	950603	173541931
(1)服装类	586450	75599715
(2)鞋帽类	137330	17383625
(3)针纺织品类	226823	80558591
5.化妆品类	25153	3156057
6.金银珠宝类	27190	7709989
7.日用品类	179243	30787928
其中：儿童玩具类	28817	4207480
8.五金、电料类	117000	24341058
9.体育、娱乐用品类	13869	2304212
其中：照相器材类	1471	229615
10.书报杂志类	4881	908942
11.电子出版物及音像制品类	8591	2068281
12.家用电器和音像器材类	33022	7023429
13.中西药品类	30161	12076513
其中：西药类	1079	411810
中草药及中成药类	28382	11489595
14.文化办公用品类	59105	10445110
其中：计算机及其配套产品	24864	3300960
15.家具类	117163	24164074
16.通讯器材类	20329	3055929
17.煤炭及制品类	3696	3329294
18.木材及制品类	27677	9266264
19.石油及制品类	2224	19157412
20.化工材料及制品类	48187	39844207
其中：化肥类	3619	948487
21.金属材料类	88925	166903277
22.建筑及装潢材料类	273205	48476079
23.机电产品及设备类	53277	15315885
其中：农机类	6321	2407402
24.汽车类	72830	67836212
25.种子饲料类	8249	1331882
26.棉麻类	4274	5128223
27.其他类	210619	31605305

1-8 续表 1

(季节性营业)

摊　　位	年末出租摊位数 (个)	成交额 (万元)
总　计	**22988**	**6337751**
1.粮油、食品类	17939	4573215
其中：粮油类	900	100984
肉禽蛋类	881	38415
水产品类	610	73194
蔬菜类	8755	3585424
干鲜果品类	6538	719106
2.饮料类	508	542747
3.烟酒类	82	8076
4.服装、鞋帽、针纺织品类	1200	278798
(1)服装类	1042	277520
(2)鞋帽类	88	748
(3)针纺织品类	70	530
5.化妆品类	22	226
6.金银珠宝类		
7.日用品类	24	457
其中：儿童玩具类	6	195
8.五金、电料类	583	42544
9.体育、娱乐用品类		
其中：照相器材类		
10.书报杂志类	1	15
11.电子出版物及音像制品类	14	2963
12.家用电器和音像器材类		
13.中西药品类	33	14041
其中：西药类	5	91
中草药及中成药类	28	13950
14.文化办公用品类	2	75
其中：计算机及其配套产品	2	75
15.家具类	2	26
16.通讯器材类	43	4922
17.煤炭及制品类	5	83
18.木材及制品类	2	139
19.石油及制品类	19	2408
20.化工材料及制品类	40	29500
其中：化肥类	40	29500
21.金属材料类	689	486019
22.建筑及装潢材料类	360	118470
23.机电产品及设备类	204	30871
其中：农机类	202	30432
24.汽车类		
25.种子饲料类	20	395
26.棉麻类	71	34874
27.其他类	1125	166887

1-8 续表 2

(其他)

摊　位	年末出租摊位数(个)	成交额(万元)
总　计	**2448**	**273811**
1.粮油、食品类	930	81203
其中：粮油类	93	2544
肉禽蛋类	383	35718
水产品类	14	105
蔬菜类	206	13928
干鲜果品类		
2.饮料类	43	7318
3.烟酒类	21	1630
4.服装、鞋帽、针纺织品类	903	56709
(1)服装类	204	4374
(2)鞋帽类	662	50982
(3)针纺织品类	37	1353
5.化妆品类	3	735
6.金银珠宝类		
7.日用品类	40	2437
其中：儿童玩具类	1	12
8.五金、电料类	68	5715
9.体育、娱乐用品类		
其中：照相器材类		
10.书报杂志类		
11.电子出版物及音像制品类	35	153
12.家用电器和音像器材类		
13.中西药品类	1	27
其中：西药类	1	27
中草药及中成药类		
14.文化办公用品类	25	1213
其中：计算机及其配套产品		
15.家具类	25	2780
16.通讯器材类		
17.煤炭及制品类	14	188
18.木材及制品类	107	103489
19.石油及制品类		
20.化工材料及制品类	8	2264
其中：化肥类	8	2264
21.金属材料类		
22.建筑及装潢材料类		
23.机电产品及设备类		
其中：农机类		
24.汽车类		
25.种子饲料类	36	4611
26.棉麻类	1	440
27.其他类	188	2899

1-9 商品交易市场成交情况(按摊位与经营方式分)

(批发为主)

摊　位	年末出租摊位数(个)	成交额(万元)
总　计	**2394577**	**878593431**
1.粮油、食品类	662222	256749052
其中：粮油类	58982	34951929
肉禽蛋类	67032	31129858
水产品类	83786	48235100
蔬菜类	284056	69436925
干鲜果品类	141867	66336472
2.饮料类	34903	9518172
3.烟酒类	26884	9307244
4.服装、鞋帽、针纺织品类	641287	155436074
(1)服装类	370686	62685802
(2)鞋帽类	86013	14572790
(3)针纺织品类	184588	78177482
5.化妆品类	15303	2485174
6.金银珠宝类	17763	6815930
7.日用品类	127363	26366525
其中：儿童玩具类	20477	3474278
8.五金、电料类	93577	21952103
9.体育、娱乐用品类	10257	2051477
其中：照相器材类	670	163319
10.书报杂志类	3329	733049
11.电子出版物及音像制品类	5897	1736551
12.家用电器和音像器材类	23937	5543600
13.中西药品类	28182	11736434
其中：西药类	509	348141
中草药及中成药类	27354	11251854
14.文化办公用品类	30563	6642617
其中：计算机及其配套产品	5904	604994
15.家具类	57901	14242166
16.通讯器材类	9801	2045215
17.煤炭及制品类	3461	3310964
18.木材及制品类	24422	9035007
19.石油及制品类	2129	19139127
20.化工材料及制品类	46657	39785728
其中：化肥类	2551	943795
21.金属材料类	87036	167020415
22.建筑及装潢材料类	187836	36943741
23.机电产品及设备类	49420	14954633
其中：农机类	6053	2371499
24.汽车类	38280	21829687
25.种子饲料类	7063	1275487
26.棉麻类	3389	5054750
27.其他类	155715	26882509

1-9 续表

(零售为主)

摊 位	年末出租摊位数 (个)	成交额 (万元)
总 计	**1063322**	**142803558**
1.粮油、食品类	319517	31894721
其中：粮油类	37139	3889432
肉禽蛋类	71554	9192292
水产品类	57014	7649659
蔬菜类	109630	6759455
干鲜果品类	32518	3130029
2.饮料类	13998	1213609
3.烟酒类	14989	1539325
4.服装、鞋帽、针纺织品类	311419	18441364
(1)服装类	217010	13195807
(2)鞋帽类	52067	2862565
(3)针纺织品类	42342	2382992
5.化妆品类	9875	671844
6.金银珠宝类	9427	894059
7.日用品类	51944	4424297
其中：儿童玩具类	8347	733409
8.五金、电料类	24074	2437214
9.体育、娱乐用品类	3612	252735
其中：照相器材类	801	66296
10.书报杂志类	1553	175908
11.电子出版物及音像制品类	2743	334846
12.家用电器和音像器材类	9085	1479829
13.中西药品类	2013	354147
其中：西药类	576	63787
中草药及中成药类	1056	251691
14.文化办公用品类	28569	3803781
其中：计算机及其配套产品	18962	2696041
15.家具类	59289	9924714
16.通讯器材类	10571	1015636
17.煤炭及制品类	254	18601
18.木材及制品类	3364	334885
19.石油及制品类	114	20693
20.化工材料及制品类	1578	90243
其中：化肥类	1116	36456
21.金属材料类	2578	368881
22.建筑及装潢材料类	85729	11650808
23.机电产品及设备类	4061	392123
其中：农机类	470	66335
24.汽车类	34550	46006525
25.种子饲料类	1242	61401
26.棉麻类	957	108787
27.其他类	56217	4892582

1-10 商品交易市场成交情况(按摊位与经营环境分)

(露天式)

摊　　位	年末出租摊位数 (个)	成交额 (万元)
总　计	**405264**	**130946391**
1.粮油、食品类	209973	53352388
其中：粮油类	14986	4410523
肉禽蛋类	16737	5205913
水产品类	19538	8513750
蔬菜类	118317	19721070
干鲜果品类	37318	15093815
2.饮料类	6932	712796
3.烟酒类	6244	598821
4.服装、鞋帽、针纺织品类	29979	5859693
(1)服装类	16333	631086
(2)鞋帽类	6195	1673970
(3)针纺织品类	7451	3554637
5.化妆品类	1427	89701
6.金银珠宝类	318	28789
7.日用品类	7663	631208
其中：儿童玩具类	1128	60145
8.五金、电料类	4847	614622
9.体育、娱乐用品类	775	24894
其中：照相器材类	51	1539
10.书报杂志类	453	10410
11.电子出版物及音像制品类	533	25487
12.家用电器和音像器材类	790	159632
13.中西药品类	1216	77617
其中：西药类	129	7990
中草药及中成药类	1001	55872
14.文化办公用品类	1057	89094
其中：计算机及其配套产品	69	3695
15.家具类	1807	335230
16.通讯器材类	733	167503
17.煤炭及制品类	258	789055
18.木材及制品类	5576	4231900
19.石油及制品类	42	5130
20.化工材料及制品类	4200	1627975
其中：化肥类	1196	162765
21.金属材料类	30012	30340083
22.建筑及装潢材料类	24015	7326872
23.机电产品及设备类	4530	1605053
其中：农机类	2039	1058955
24.汽车类	18114	14999951
25.种子饲料类	2612	96736
26.棉麻类	179	42128
27.其他类	40979	7103623

1-10 续表 1

(封闭式)

摊　　位	年末出租摊位数（个）	成交额（万元）
总　计	**2650201**	**741569769**
1.粮油、食品类	605454	179897705
其中：粮油类	67234	28328619
肉禽蛋类	98600	26503735
水产品类	94553	38024666
蔬菜类	206665	42775535
干鲜果品类	110654	38895714
2.饮料类	34921	8733203
3.烟酒类	29646	9111898
4.服装、鞋帽、针纺织品类	863402	160451155
(1)服装类	539182	72623914
(2)鞋帽类	121997	14633787
(3)针纺织品类	202223	73193454
5.化妆品类	21839	2824563
6.金银珠宝类	19518	7010839
7.日用品类	155628	27295529
其中：儿童玩具类	25852	4052512
8.五金、电料类	96035	20583739
9.体育、娱乐用品类	12170	2210017
其中：照相器材类	1374	223750
10.书报杂志类	3922	789992
11.电子出版物及音像制品类	7568	2019726
12.家用电器和音像器材类	27415	5324513
13.中西药品类	27436	10964176
其中：西药类	654	226357
中草药及中成药类	26265	10590157
14.文化办公用品类	56338	10106352
其中：计算机及其配套产品	24702	3291484
15.家具类	107707	21681215
16.通讯器材类	18643	2821778
17.煤炭及制品类	3331	2515133
18.木材及制品类	13732	2990662
19.石油及制品类	1700	13042449
20.化工材料及制品类	35356	28482709
其中：化肥类	2142	797633
21.金属材料类	46456	106074698
22.建筑及装潢材料类	221080	36272830
23.机电产品及设备类	41957	11514106
其中：农机类	3865	1244006
24.汽车类	49636	43330871
25.种子饲料类	4689	1137825
26.棉麻类	3243	2968516
27.其他类	141379	21413570

1-10 续表 2

(其他)

摊　　位	年末出租摊位数 (个)	成交额 (万元)
总　计	**402434**	**148880829**
1.粮油、食品类	166312	55393680
其中：粮油类	13901	6102219
肉禽蛋类	23249	8612502
水产品类	26709	9346343
蔬菜类	68704	13699775
干鲜果品类	26413	15476972
2.饮料类	7048	1285782
3.烟酒类	5983	1135850
4.服装、鞋帽、针纺织品类	59325	7566590
(1)服装类	32181	2626609
(2)鞋帽类	9888	1127598
(3)针纺织品类	17256	3812383
5.化妆品类	1912	242754
6.金银珠宝类	7354	670361
7.日用品类	16016	2864085
其中：儿童玩具类	1844	95030
8.五金、电料类	16769	3190956
9.体育、娱乐用品类	924	69301
其中：照相器材类	46	4326
10.书报杂志类	507	108555
11.电子出版物及音像制品类	539	26184
12.家用电器和音像器材类	4817	1539284
13.中西药品类	1543	1048788
其中：西药类	302	177581
中草药及中成药类	1144	857516
14.文化办公用品类	1737	250952
其中：计算机及其配套产品	95	5856
15.家具类	7676	2150435
16.通讯器材类	996	71570
17.煤炭及制品类	126	25377
18.木材及制品类	8478	2147330
19.石油及制品类	501	6112241
20.化工材料及制品类	8679	9765287
其中：化肥类	329	19853
21.金属材料类	13146	30974515
22.建筑及装潢材料类	28470	4994847
23.机电产品及设备类	6994	2227597
其中：农机类	619	134873
24.汽车类	5080	9505390
25.种子饲料类	1004	102327
26.棉麻类	924	2152893
27.其他类	29574	3257898

第二部分　地 区 篇

简要说明：

本篇资料的主要内容为亿元以上商品交易市场分地区的情况，包括按照省（区、市）、东中西部及东北地区、36城市、三大地带等，以及按照市场类别、摊位类别、经营方式、经营状态和经营环境的分组数据。

（一）省、自治区、直辖市

2-1　商品交易市场总体情况

地　区	市场数量（个）	总摊位数（个）	年末出租摊位数（个）	营业面积（平方米）	成交额（万元）
全　国	**4861**	**3983807**	**3457899**	**300233736**	**1021396989**
北　京	136	119956	101729	7242024	39996093
天　津	55	44125	38238	3594076	14303082
河　北	225	348754	302160	26566409	55403984
山　西	32	26999	24986	2552764	6345511
内蒙古	70	37788	35746	7571097	5703391
辽　宁	200	187633	167914	8566920	36358533
吉　林	56	54307	48860	3223179	6560707
黑龙江	81	58256	50925	3650852	10861843
上　海	150	62479	57904	5174748	85986025
江　苏	501	392772	344084	32115568	169008101
浙　江	756	501894	446033	31421445	165405467
安　徽	131	136233	122802	12731790	27103505
福　建	125	54702	48549	3323888	16122106
江　西	101	103730	84173	5939356	20661570
山　东	554	413743	384567	39912291	97514748
河　南	144	151444	120935	12892616	35730424
湖　北	151	86427	76280	6254594	22104214
湖　南	327	197245	179896	11351649	33464978
广　东	336	258692	201205	18829180	55129402
广　西	95	88771	79224	4145585	9546780
海　南	5	3106	3103	704300	430788
重　庆	151	109271	99654	8039363	35865293
四　川	132	200053	149586	12246656	24267501
贵　州	58	63888	48895	5281229	10261579
云　南	47	65648	48118	2869423	5781095
西　藏	3	3267	2617	35400	150926
陕　西	51	38748	35672	3377062	6518428
甘　肃	41	36731	30729	1910105	3627286
青　海	9	7882	7831	543368	657421
宁　夏	40	30553	28125	4510715	3134120
新　疆	98	98710	87359	13656084	17392088

2-2 按市场类别分各地区商品交易市场情况

(综合市场)

地　区	市场数量(个)	总摊位数(个)	年末出租摊位数(个)	营业面积(平方米)	成交额(万元)
全　国	**1369**	**1496653**	**1294553**	**80099279**	**255310922**
北　京	38	45436	41774	2684421	20362556
天　津	17	18097	16493	1328681	4826773
河　北	59	131618	114822	7011025	22516646
山　西	11	16550	15996	1693215	5064695
内蒙古	10	9843	8588	856894	1103909
辽　宁	60	63268	56809	1898347	6763630
吉　林	15	18006	16820	821787	790353
黑龙江	21	16936	14601	853975	3789723
上　海	44	19850	18869	970813	4235829
江　苏	118	108595	93427	7517793	29445439
浙　江	247	180286	162873	9334656	37812331
安　徽	50	74030	66619	7146516	12617369
福　建	48	24921	20986	787491	4086827
江　西	37	57358	40862	1493754	9290328
山　东	96	126028	116708	6277663	12735709
河　南	30	61628	42892	3086056	7942830
湖　北	46	31809	28405	1950687	6325405
湖　南	127	93742	89381	3707676	16353568
广　东	81	87900	61443	3510653	12269275
广　西	26	39511	35217	797370	1734961
海　南	2	1369	1366	8800	63614
重　庆	45	61270	56368	3085493	14715804
四　川	50	71990	63551	3238370	10124028
贵　州	15	43352	30004	2844162	2814902
云　南	10	8783	8394	190768	346199
西　藏	3	3267	2617	35400	150926
陕　西	6	6518	5507	315200	1379190
甘　肃	11	15114	10944	432347	803490
青　海					
宁　夏	9	6412	5656	323887	458904
新　疆	37	53166	46561	5895379	4385709

2-2　续表 1

(生产资料综合市场)

地　区	市场数量 (个)	总摊位数 (个)	年末出租摊位数 (个)	营业面积 (平方米)	成交额 (万元)
全　国	**49**	**63101**	**54972**	**7899751**	**12641888**
北　京					
天　津					
河　北	2	1930	1630	520000	615703
山　西	1	120	100	23000	10460
内蒙古	1	40	40	20000	33680
辽　宁	2	1810	1455	21990	66750
吉　林	1	3400	3400	100000	40088
黑龙江					
上　海					
江　苏	4	10875	8949	1332130	841905
浙　江	14	8775	6761	903671	5337564
安　徽	3	11234	10793	2387145	2321643
福　建					
江　西	1	3295	3295	126906	42870
山　东	5	1736	1639	211312	336028
河　南					
湖　北	3	6621	5871	770230	1250214
湖　南	1	162	162	6200	20257
广　东	1	1351	1351	31860	47906
广　西					
海　南					
重　庆	2	2230	2230	304123	786443
四　川	3	2618	2490	173180	398260
贵　州	1	2846	903	375250	220286
云　南	1	173	158	10920	10349
西　藏					
陕　西					
甘　肃					
青　海					
宁　夏					
新　疆	3	3885	3745	581834	261482

2-2 续表 2

(工业消费品综合市场)

地　区	市场数量(个)	总摊位数(个)	年末出租摊位数(个)	营业面积(平方米)	成交额(万元)
全　国	**292**	**553788**	**485872**	**27983322**	**85941204**
北　京	13	11368	10135	238624	833105
天　津	4	5573	5387	146250	612258
河　北	13	71347	62367	4039401	16479346
山　西	2	1560	1154	111220	20707
内蒙古	2	3402	3358	171000	97628
辽　宁	23	31507	29034	632533	1839053
吉　林	4	6607	6473	222200	287316
黑龙江	9	7212	6282	129515	389619
上　海	2	1846	1694	42478	74066
江　苏	19	32345	29781	2100574	6614855
浙　江	29	87172	81841	5530119	16564459
安　徽	12	30176	27908	2819612	2735359
福　建	3	5691	3519	71358	750233
江　西	6	14543	12175	288880	3490211
山　东	31	50500	45549	2664155	7226208
河　南	11	18700	17024	751533	3548338
湖　北	8	7717	7519	471328	1048782
湖　南	29	32042	31091	1285194	8646726
广　东	22	46460	25782	1494452	3193008
广　西	2	6621	5948	212000	190291
海　南					
重　庆	13	33437	31592	1723551	8018366
四　川	10	18914	14875	1076020	1477256
贵　州					
云　南					
西　藏					
陕　西	2	2780	2537	123000	53810
甘　肃	8	8264	7958	368807	714507
青　海					
宁　夏	2	2086	2086	66800	80329
新　疆	13	15918	12803	1202718	955368

2-2 续表 3

(农产品综合市场)

地 区	市场数量 (个)	总摊位数 (个)	年末出租摊位数 (个)	营业面积 (平方米)	成交额 (万元)
全 国	**681**	**481134**	**426604**	**24025059**	**110997330**
北 京	20	26819	24813	2161496	17728869
天 津	4	3176	2827	350000	2418599
河 北	27	42192	36648	1678676	3626428
山 西	4	3085	3075	341490	537313
内 蒙 古	4	2356	1330	361759	558382
辽 宁	16	9668	7322	388140	1158239
吉 林	4	2208	1300	286795	268510
黑 龙 江	9	6416	6052	501000	3267035
上 海	37	15237	14440	847310	3829212
江 苏	72	43997	37214	2668760	17018815
浙 江	179	70256	61311	1751626	10349357
安 徽	21	17819	14597	619672	4814157
福 建	35	14311	12908	296012	2167247
江 西	11	9659	9421	284119	3176177
山 东	25	23515	22141	1183379	2189395
河 南	11	11320	10425	1594483	3930900
湖 北	19	8370	6718	319417	2297223
湖 南	42	27819	26499	1383204	5492182
广 东	45	33914	29388	1748166	8648786
广 西	16	22531	20104	384138	1138577
海 南	1	686	686	1200	17056
重 庆	20	18046	15707	562164	5038405
四 川	27	42868	39981	1593839	7658769
贵 州	6	2999	2807	79774	248434
云 南	4	3770	3673	46926	176601
西 藏	3	3267	2617	35400	150926
陕 西	3	3520	2764	168200	1298352
甘 肃	2	2300	2000	63000	65940
青 海					
宁 夏	5	2511	2045	197587	208597
新 疆	9	6499	5791	2127327	1518847

2-2 续表 4

(其他综合市场)

地　区	市场数量（个）	总摊位数（个）	年末出租摊位数（个）	营业面积（平方米）	成交额（万元）
全　国	**347**	**398630**	**327105**	**20191147**	**45730500**
北　京	5	7249	6826	284301	1800582
天　津	9	9348	8279	832431	1795916
河　北	17	16149	14177	772948	1795169
山　西	4	11785	11667	1217505	4496215
内蒙古	3	4045	3860	304135	414219
辽　宁	19	20283	18998	855684	3699588
吉　林	6	5791	5647	212792	194439
黑龙江	3	3308	2267	223460	133069
上　海	5	2767	2735	81025	332551
江　苏	23	21378	17483	1416329	4969864
浙　江	25	14083	12960	1149240	5560951
安　徽	14	14801	13321	1320087	2746210
福　建	10	4919	4559	420121	1169347
江　西	19	29861	15971	793849	2581070
山　东	35	50277	47379	2218817	2984078
河　南	8	31608	15443	740040	463592
湖　北	16	9101	8297	389712	1729186
湖　南	55	33719	31629	1033078	2194403
广　东	13	6175	4922	236175	379575
广　西	8	10359	9165	201232	406093
海　南	1	683	680	7600	46558
重　庆	10	7557	6839	495655	872590
四　川	10	7590	6205	395331	589743
贵　州	8	37507	26294	2389138	2346182
云　南	5	4840	4563	132922	159249
西　藏					
陕　西	1	218	206	24000	27028
甘　肃	1	4550	986	540	23043
青　海					
宁　夏	2	1815	1525	59500	169978
新　疆	12	26864	24222	1983500	1650012

2-2 续表 5

(专业市场)

地区	市场数量(个)	总摊位数(个)	年末出租摊位数(个)	营业面积(平方米)	成交额(万元)
全国	**3492**	**2487154**	**2163346**	**220134457**	**766086067**
北京	98	74520	59955	4557603	19633537
天津	38	26028	21745	2265395	9476309
河北	166	217136	187338	19555384	32887338
山西	21	10449	8990	859549	1280816
内蒙古	60	27945	27158	6714203	4599482
辽宁	140	124365	111105	6668573	29594903
吉林	41	36301	32040	2401392	5770354
黑龙江	60	41320	36324	2796877	7072120
上海	106	42629	39035	4203935	81750196
江苏	383	284177	250657	24597775	139562662
浙江	509	321608	283160	22086789	127593136
安徽	81	62203	56183	5585274	14486136
福建	77	29781	27563	2536397	12035279
江西	64	46372	43311	4445602	11371242
山东	458	287715	267859	33634628	84779039
河南	114	89816	78043	9806560	27787594
湖北	105	54618	47875	4303907	15778809
湖南	200	103503	90515	7643973	17111410
广东	255	170792	139762	15318527	42860127
广西	69	49260	44007	3348215	7811819
海南	3	1737	1737	695500	367174
重庆	106	48001	43286	4953870	21149489
四川	82	128063	86035	9008286	14143473
贵州	43	20536	18891	2437067	7446677
云南	37	56865	39724	2678655	5434896
西藏					
陕西	45	32230	30165	3061862	5139238
甘肃	30	21617	19785	1477758	2823796
青海	9	7882	7831	543368	657421
宁夏	31	24141	22469	4186828	2675216
新疆	61	45544	40798	7760705	13006379

2-2 续表 6

(生产资料市场)

地　区	市场数量(个)	总摊位数(个)	年末出租摊位数(个)	营业面积(平方米)	成交额(万元)
全　国	**655**	**354810**	**288206**	**65533569**	**261990577**
北　京	14	3827	3535	446958	971748
天　津	11	5299	4655	463170	3400179
河　北	32	21832	21043	4460462	5287691
山　西	3	593	588	95180	109417
内蒙古	12	2711	2711	3736807	1374426
辽　宁	21	8655	5490	1753431	7279558
吉　林	10	4682	4634	592400	411975
黑龙江	9	5532	5374	987000	1804837
上　海	26	6468	6225	1596395	70468904
江　苏	89	62243	49476	7194463	54743906
浙　江	84	33696	30137	4264472	31887410
安　徽	15	7404	6904	1633513	3859533
福　建	11	3049	2887	649542	1986067
江　西	7	4465	4321	284435	1012470
山　东	89	35657	31828	11311467	30974736
河　南	18	15907	9839	3328669	7413685
湖　北	17	5511	4995	572300	2709295
湖　南	44	22020	18406	2523489	3819506
广　东	25	14197	10292	3065321	8633023
广　西	17	6448	5633	1015400	2399370
海　南	1	780	780	680000	316506
重　庆	30	12607	11482	1783129	8641676
四　川	23	39820	19392	4290638	3467596
贵　州	8	2686	2203	615149	748451
云　南	6	1370	1226	178108	70208
西　藏					
陕　西	11	8308	7833	1459300	1184554
甘　肃	4	1685	1343	229066	451356
青　海	1	22	22	1000	15654
宁　夏	6	2915	2868	1746570	427224
新　疆	11	14421	12084	4575735	6119616

2-2 续表 7

(农业生产用具市场)

地区	市场数量(个)	总摊位数(个)	年末出租摊位数(个)	营业面积(平方米)	成交额(万元)
全国	**20**	**6585**	**5686**	**1564891**	**2323348**
北京					
天津					
河北	4	2560	2554	683520	1180950
山西					
内蒙古	2	61	61	180006	63050
辽宁					
吉林					
黑龙江					
上海					
江苏	1	328	328	52700	51085
浙江					
安徽	1	638	638	120000	385010
福建					
江西	1	457	332	8000	135474
山东	5	703	660	176000	197875
河南	1	360	260	56000	90000
湖北					
湖南	2	570	143	108000	128608
广东	1	180	180	115015	45793
广西					
海南					
重庆					
四川					
贵州					
云南					
西藏					
陕西					
甘肃					
青海					
宁夏	1	180	180	16144	28110
新疆	1	548	350	49506	17393

2-2 续表 8

(农用生产资料市场)

地 区	市场数量(个)	总摊位数(个)	年末出租摊位数(个)	营业面积(平方米)	成交额(万元)
全 国	**28**	**7856**	**6428**	**1164209**	**1627835**
北 京					
天 津					
河 北	2	2032	1677	301800	94521
山 西					
内蒙古	2	175	175	226674	68190
辽 宁					
吉 林	1	60	60	8500	22253
黑龙江	1	39	36	1000	17990
上 海					
江 苏	2	253	231	110500	231660
浙 江	1	185	86	6880	14571
安 徽	1	116	116	2340	13116
福 建	2	348	239	23750	270507
江 西					
山 东	4	630	601	62250	261549
河 南	1	1200	1200	66000	51000
湖 北					
湖 南	2	62	55	37000	86171
广 东	1	1	1	43956	12883
广 西	3	980	965	71569	261876
海 南					
重 庆	1	380	280	28554	150000
四 川					
贵 州					
云 南	1	316	316	7268	12278
西 藏					
陕 西					
甘 肃					
青 海					
宁 夏					
新 疆	3	1079	390	166168	59270

2-2 续表 9

(煤炭市场)

地区	市场数量 (个)	总摊位数 (个)	年末出租摊位数 (个)	营业面积 (平方米)	成交额 (万元)
全国	**6**	**3474**	**3407**	**3762080**	**2649934**
北京					
天津	2	2795	2733	1400	1754921
河北					
山西	1	8	3	180	18946
内蒙古	1	15	15	2000100	156900
辽宁					
吉林					
黑龙江					
上海					
江苏					
浙江	1	49	49	405000	617781
安徽					
福建					
江西					
山东					
河南					
湖北					
湖南					
广东					
广西					
海南					
重庆					
四川					
贵州					
云南					
西藏					
陕西					
甘肃					
青海					
宁夏	1	607	607	1355400	101386
新疆					

2-2 续表 10

(木材市场)

地区	市场数量(个)	总摊位数(个)	年末出租摊位数(个)	营业面积(平方米)	成交额(万元)
全国	**46**	**19646**	**16583**	**5440978**	**7462739**
北京					
天津					
河北					
山西					
内蒙古	1	134	134	666700	169890
辽宁	1	200	200	2800	29300
吉林	1	168	160	225000	13421
黑龙江					
上海	6	612	586	297396	595211
江苏	8	5123	4577	609300	1063223
浙江	10	5554	5514	537816	1401554
安徽					
福建	1	402	402	186580	103507
江西					
山东	11	3554	3029	2231616	3394217
河南					
湖北					
湖南	1	550	515	65000	19524
广东	2	2511	740	328510	429000
广西	2	303	287	165000	47076
海南					
重庆	2	535	439	125260	196816
四川					
贵州					
云南					
西藏					
陕西					
甘肃					
青海					
宁夏					
新疆					

2-2 续表 11

(建材市场)

地　区	市场数量(个)	总摊位数(个)	年末出租摊位数(个)	营业面积(平方米)	成交额(万元)
全　国	**218**	**148882**	**111227**	**23092092**	**19991876**
北　京	9	2751	2645	242704	432135
天　津	2	1318	983	215000	140952
河　北	6	1658	1582	384420	200744
山　西	1	372	372	15000	37261
内蒙古	3	768	768	133000	214145
辽　宁	5	1371	1188	615171	321359
吉　林	3	883	883	108200	109338
黑龙江	3	4230	4210	526000	523047
上　海	7	1318	1221	753591	484555
江　苏	31	24904	19400	2559586	2772279
浙　江	14	4305	3858	736520	1464698
安　徽	8	4678	4331	1155435	579120
福　建	5	1709	1684	373204	1163470
江　西	5	3329	3310	230414	841396
山　东	22	13040	11613	1464529	2396749
河　南	6	11044	5463	1480886	1441143
湖　北	9	2830	2720	293500	785078
湖　南	24	12214	10483	1284909	1002653
广　东	2	942	763	171086	247360
广　西	7	2286	2096	245200	360046
海　南	1	780	780	680000	316506
重　庆	9	2899	2748	525365	851937
四　川	16	33041	13138	3288799	1463617
贵　州	4	904	873	339449	380751
云　南	4	589	520	107333	44446
西　藏					
陕　西	9	7298	6935	1274100	689594
甘　肃	1	35	29	11066	27096
青　海					
宁　夏					
新　疆	2	7386	6631	3877625	700401

2-2 续表 12

(化工材料及制品市场)

地 区	市场数量(个)	总摊位数(个)	年末出租摊位数(个)	营业面积(平方米)	成交额(万元)
全 国	**33**	**25454**	**22603**	**2275227**	**34626995**
北 京					
天 津	1	334	224	9638	230923
河 北	2	797	684	67900	471320
山 西					
内蒙古					
辽 宁	1	98	98	4300	10040
吉 林					
黑龙江					
上 海	1	495	495	13000	1150000
江 苏	8	8371	7594	471393	12825028
浙 江	7	4212	3759	504800	8066799
安 徽	1	558	558	3800	36257
福 建					
江 西					
山 东	5	3726	3601	374316	7578968
河 南					
湖 北					
湖 南	3	1369	924	72600	186715
广 东	3	5128	4300	688020	3880945
广 西					
海 南					
重 庆					
四 川	1	366	366	65460	190000
贵 州					
云 南					
西 藏					
陕 西					
甘 肃					
青 海					
宁 夏					
新 疆					

2-2 续表 13

(金属材料市场)

地 区	市场数量 (个)	总摊位数 (个)	年末出租摊位数 (个)	营业面积 (平方米)	成交额 (万元)
全 国	**219**	**97311**	**81253**	**23081878**	**164677242**
北 京	3	413	342	150184	346646
天 津	6	852	715	237132	1273383
河 北	14	13419	13193	2612747	3132391
山 西	1	213	213	80000	53210
内 蒙 古	2	330	330	390000	186231
辽 宁	12	6671	3709	1101160	2014270
吉 林	2	2461	2461	141000	172847
黑 龙 江	4	1113	1013	340000	1162800
上 海	7	2569	2474	396316	55960476
江 苏	32	18709	13956	3107033	36301149
浙 江	34	14047	12270	1814638	17527079
安 徽	4	1414	1261	351938	2846030
福 建	1	101	82	30300	312018
江 西	1	679	679	46021	35600
山 东	32	8753	7323	5800897	15550067
河 南	10	3303	2916	1725783	5831542
湖 北	7	2341	1963	272800	1893109
湖 南	4	1882	1611	742553	1862629
广 东	13	3425	2314	1046034	3156257
广 西	3	1529	1529	393631	1465000
海 南					
重 庆	11	5070	4344	798174	6533843
四 川	3	2281	1956	650379	1224479
贵 州	4	1782	1330	275700	367700
云 南					
西 藏					
陕 西	1	210	105	5200	326400
甘 肃	3	1650	1314	218000	424260
青 海	1	22	22	1000	15654
宁 夏	2	1702	1655	242470	197819
新 疆	2	370	173	110788	4504353

2-2 续表 14

(机械设备市场)

地 区	市场数量(个)	总摊位数(个)	年末出租摊位数(个)	营业面积(平方米)	成交额(万元)
全 国	**49**	**27559**	**24964**	**2807314**	**7035642**
北 京	1	377	262	33000	80000
天 津					
河 北	4	1366	1353	410075	207765
山 西					
内蒙古					
辽 宁					
吉 林					
黑龙江					
上 海	1	187	162	4500	85316
江 苏	5	3456	2397	256151	1330554
浙 江	8	2109	1842	85880	789900
安 徽					
福 建					
江 西					
山 东	7	3763	3722	387859	1382088
河 南					
湖 北	1	340	312	6000	31108
湖 南	6	4696	4003	179310	482596
广 东	2	1057	1041	492700	519945
广 西	1	500	496	30000	70000
海 南					
重 庆	5	2685	2633	187776	684917
四 川	3	4132	3932	286000	589500
贵 州					
云 南	1	465	390	63507	13484
西 藏					
陕 西	1	800	793	180000	168560
甘 肃					
青 海					
宁 夏	2	426	426	132556	99909
新 疆	1	1200	1200	72000	500000

2-2 续表 15

(其他生产资料市场)

地 区	市场数量(个)	总摊位数(个)	年末出租摊位数(个)	营业面积(平方米)	成交额(万元)
全 国	**36**	**18043**	**16055**	**2344900**	**21594966**
北 京	1	286	286	21070	112967
天 津					
河 北					
山 西					
内蒙古	1	1228	1228	140327	516020
辽 宁	2	315	295	30000	4904589
吉 林	3	1110	1070	109700	94116
黑龙江	1	150	115	120000	101000
上 海	4	1287	1287	131592	12193346
江 苏	2	1099	993	27800	168928
浙 江	9	3235	2759	172938	2005028
安 徽					
福 建	2	489	480	35708	136565
江 西					
山 东	3	1488	1279	814000	213223
河 南					
湖 北					
湖 南	2	677	672	34117	50610
广 东	1	953	953	180000	340840
广 西	1	850	260	110000	195372
海 南					
重 庆	2	1038	1038	118000	224163
四 川					
贵 州					
云 南					
西 藏					
陕 西					
甘 肃					
青 海					
宁 夏					
新 疆	2	3838	3340	299648	338199

2-2 续表 16

(农产品市场)

地 区	市场数量(个)	总摊位数(个)	年末出租摊位数(个)	营业面积(平方米)	成交额(万元)
全 国	**966**	**590239**	**522891**	**43718321**	**174665222**
北 京	17	19601	9570	951965	3809194
天 津	12	11175	9216	974928	3095332
河 北	65	97954	86625	4678671	9482794
山 西	7	3390	3206	280680	799597
内蒙古	23	8942	8760	1699680	1134540
辽 宁	36	13335	12793	1325320	4074206
吉 林	10	5848	5499	378538	1284446
黑龙江	17	4950	4207	556346	2623921
上 海	27	10708	8762	662867	4015550
江 苏	107	54341	48349	3350394	19387259
浙 江	140	60042	51585	3072294	24429084
安 徽	25	12978	10849	959680	2714416
福 建	36	10186	9747	728779	5266506
江 西	18	10418	10000	482000	4024120
山 东	131	105233	98950	10784867	27670146
河 南	27	19853	18815	2169306	13500680
湖 北	20	12034	11034	751229	4676403
湖 南	42	16564	14326	949144	4270419
广 东	68	25246	22114	1991060	12337683
广 西	19	15076	14299	871577	2934387
海 南	1	677	677	5000	24788
重 庆	19	9134	7894	446402	3764381
四 川	20	11983	10650	700143	4040841
贵 州	13	6165	5323	304411	3687733
云 南	9	4533	4469	387703	1996671
西 藏					
陕 西	12	6161	5454	379040	1849836
甘 肃	13	10073	8882	488449	1546590
青 海	3	2285	2235	393203	359235
宁 夏	12	10674	9246	1430711	1882160
新 疆	17	10680	9355	1563934	3982304

2-2 续表 17

(粮油市场)

地区	市场数量(个)	总摊位数(个)	年末出租摊位数(个)	营业面积(平方米)	成交额(万元)
全国	**106**	**33586**	**29932**	**3647592**	**16692071**
北京	1	289	289	30000	36100
天津	3	1611	1611	174410	677294
河北	4	427	226	262766	77584
山西	1	132	132	16000	74280
内蒙古	5	322	322	325890	155145
辽宁	2	448	448	130000	308977
吉林					
黑龙江	2	264	264	27283	515597
上海	8	895	895	32385	143643
江苏	13	6695	5516	843794	3730870
浙江	21	5025	3768	468943	2877562
安徽	1	270	270	40000	305270
福建	3	405	387	72100	244413
江西	2	101	101	44600	560347
山东	15	9714	9576	580534	2791658
河南	1	256	212	9395	68581
湖北	1	235	235	24000	12370
湖南	3	676	533	46321	479005
广东	7	1804	1697	261480	828398
广西	1	94	86	10000	10450
海南					
重庆	1	1000	536	8000	53953
四川	2	637	594	32000	201110
贵州	2	381	365	40900	1592180
云南	2	928	928	65431	395361
西藏					
陕西	1	244	244	5496	294245
甘肃	2	460	460	63000	202934
青海					
宁夏	1	65	62	7864	17724
新疆	1	208	175	25000	37000

2-2 续表 18

(肉禽蛋市场)

地 区	市场数量 (个)	总摊位数 (个)	年末出租摊位数 (个)	营业面积 (平方米)	成交额 (万元)
全 国	**116**	**46080**	**41934**	**2934265**	**15464209**
北 京	1	103	103	1100	23085
天 津					
河 北	4	1328	1280	240812	773551
山 西					
内蒙古	3	684	591	30000	65760
辽 宁	3	454	323	10200	81130
吉 林					
黑龙江	2	612	537	12155	122293
上 海	4	596	594	16160	867322
江 苏	26	9219	7668	335089	3825017
浙 江	13	3067	2919	98680	1728403
安 徽	5	1418	1066	207851	322451
福 建	3	620	510	12400	160694
江 西	5	2064	2064	67960	991734
山 东	5	3164	2775	87660	155231
河 南	1	643	643	35200	49105
湖 北					
湖 南	5	1015	933	54360	128708
广 东	13	3397	3066	363938	1942062
广 西	8	7569	7346	112624	469213
海 南					
重 庆	4	2049	1903	105996	1526665
四 川	2	1948	1852	87977	1317930
贵 州	1	341	332	5700	14159
云 南	1	650	593	16812	25723
西 藏					
陕 西	1	1200	897	31526	18920
甘 肃					
青 海					
宁 夏	2	617	617	85000	155946
新 疆	4	3322	3322	915065	699107

2-2 续表 19

（水产品市场）

地 区	市场数量（个）	总摊位数（个）	年末出租摊位数（个）	营业面积（平方米）	成交额（万元）
全 国	**141**	**75452**	**67230**	**4285616**	**32339409**
北 京	3	2343	2246	75830	1207728
天 津	1	200	200	8000	360000
河 北	4	2601	2566	68000	113465
山 西					
内蒙古					
辽 宁	8	4895	4805	268200	2057936
吉 林	1	1305	1305	120601	648186
黑龙江	1	30	30	7779	20000
上 海	3	2060	1839	189000	1137219
江 苏	22	8653	7538	748160	2735425
浙 江	33	17602	15606	570382	6211885
安 徽	1	386	386	52000	129800
福 建	9	2894	2829	176379	3038185
江 西	1	780	779	43000	426612
山 东	21	18245	15695	943032	5104657
河 南	3	1061	1055	107424	1222251
湖 北	4	4497	3553	283534	2722991
湖 南	5	1025	1007	92570	1316482
广 东	15	3841	3321	280525	3025965
广 西	1	371	345	13000	35800
海 南					
重 庆	2	900	561	114000	744000
四 川					
贵 州					
云 南					
西 藏					
陕 西	1	720	650	23000	20800
甘 肃	1	88	88	1200	10022
青 海					
宁 夏					
新 疆	1	955	826	100000	50000

2-2 续表 20

(蔬菜市场)

地　区	市场数量（个）	总摊位数（个）	年末出租摊位数（个）	营业面积（平方米）	成交额（万元）
全　国	**293**	**229987**	**203548**	**16876456**	**42610862**
北　京	8	10924	3560	517800	2265796
天　津	6	7670	5885	493292	619218
河　北	39	59771	53547	2755749	3633485
山　西	4	2916	2732	224800	677317
内蒙古	5	4990	4960	321590	365189
辽　宁	11	2826	2820	454620	660364
吉　林	3	877	777	56800	324287
黑龙江	5	1655	1441	234641	1124376
上　海	3	940	940	80082	826564
江　苏	14	7962	7613	449650	2198289
浙　江	25	12758	9376	705582	3514649
安　徽	10	4922	4741	339471	828484
福　建	7	1824	1784	302044	890594
江　西	3	1198	1198	86500	216322
山　东	56	50690	48917	5163930	10458735
河　南	16	10367	9587	934487	2652141
湖　北	6	1459	1439	107700	340473
湖　南	9	5479	5421	450668	1764327
广　东	10	4829	4411	473083	1008758
广　西	4	2279	2279	351620	766626
海　南					
重　庆	7	2746	2734	82879	439881
四　川	7	4533	3742	239800	1210945
贵　州	5	3222	2498	69528	1154642
云　南	4	1955	1948	192380	721023
西　藏					
陕　西	6	2622	2496	207718	975420
甘　肃	8	8374	7183	348249	572006
青　海	2	1885	1885	277000	324235
宁　夏	4	4599	4351	665000	476464
新　疆	6	3715	3283	289793	1600252

2-2 续表 21

(干鲜果品市场)

地区	市场数量(个)	总摊位数(个)	年末出租摊位数(个)	营业面积(平方米)	成交额(万元)
全国	**129**	**77564**	**66886**	**6329336**	**31026704**
北京	1	2500	380	235000	117405
天津					
河北	7	16907	15872	825854	3899652
山西	2	342	342	39880	48000
内蒙古					
辽宁	5	2062	1993	279000	771734
吉林	2	178	142	47700	105435
黑龙江	4	1338	911	209988	636182
上海	3	857	750	162250	92507
江苏	9	6285	5207	337717	1945235
浙江	21	7579	6926	582123	4853379
安徽	1	443	443	33350	91250
福建	6	1078	1044	87326	516026
江西	3	1179	1162	66500	1117586
山东	20	13231	12346	1032055	5000541
河南	2	835	804	110000	56352
湖北	4	4256	4221	245775	1435664
湖南	7	2072	1256	184570	229533
广东	8	3428	2879	503245	4660374
广西	3	1449	929	159957	604351
海南					
重庆	2	1168	1168	60787	461638
四川	5	1558	1215	79300	243568
贵州	4	971	971	53283	580214
云南	1	600	600	100000	817031
西藏					
陕西	2	275	260	71300	87851
甘肃	1	511	511	34800	161608
青海					
宁夏	3	4382	3205	620900	976148
新疆	3	2080	1349	166676	1517440

2-2 续表 22

(棉麻土畜、烟叶市场)

地　区	市场数量(个)	总摊位数(个)	年末出租摊位数(个)	营业面积(平方米)	成交额(万元)
全　国	**18**	**21483**	**17577**	**3972684**	**6841903**
北　京					
天　津					
河　北	3	15496	11760	380090	913500
山　西					
内蒙古	3	734	734	460000	124000
辽　宁	1	800	800	66600	43700
吉　林					
黑龙江					
上　海					
江　苏	2	2440	2411	430484	2500018
浙　江	3	787	741	86700	1012548
安　徽	1	376	298	16850	36877
福　建					
江　西					
山　东	4	770	757	2498960	2166260
河　南	1	80	76	33000	45000
湖　北					
湖　南					
广　东					
广　西					
海　南					
重　庆					
四　川					
贵　州					
云　南					
西　藏					
陕　西					
甘　肃					
青　海					
宁　夏					
新　疆					

2-2 续表 23

(其他农产品市场)

地　区	市场数量(个)	总摊位数(个)	年末出租摊位数(个)	营业面积(平方米)	成交额(万元)
全　国	**163**	**106087**	**95784**	**5672372**	**29690064**
北　京	3	3442	2992	92235	159080
天　津	2	1694	1520	299226	1438820
河　北	4	1424	1374	145400	71557
山　西					
内蒙古	7	2212	2153	562200	424446
辽　宁	6	1850	1604	116700	150365
吉　林	4	3488	3275	153437	206538
黑龙江	3	1051	1024	64500	205473
上　海	6	5360	3744	182990	948295
江　苏	21	13087	12396	205500	2452405
浙　江	24	13224	12249	559884	4230658
安　徽	6	5163	3645	270158	1000284
福　建	8	3365	3193	78530	416594
江　西	4	5096	4696	173440	711519
山　东	10	9419	8884	478696	1993064
河　南	3	6611	6438	939800	9407250
湖　北	5	1587	1586	90220	164905
湖　南	13	6297	5176	120655	352364
广　东	15	7947	6740	108789	872126
广　西	2	3314	3314	224376	1047947
海　南	1	677	677	5000	24788
重　庆	3	1271	992	74740	538244
四　川	4	3307	3247	261066	1067288
贵　州	1	1250	1157	135000	346538
云　南	1	400	400	13080	37533
西　藏					
陕　西	1	1100	907	40000	452600
甘　肃	1	640	640	41200	600000
青　海	1	400	350	116203	35000
宁　夏	2	1011	1011	51947	255878
新　疆	2	400	400	67400	78505

2-2 续表 24

(食品、饮料及烟酒市场)

地 区	市场数量(个)	总摊位数(个)	年末出租摊位数(个)	营业面积(平方米)	成交额(万元)
全 国	**124**	**86485**	**69639**	**4059773**	**13451552**
北 京	1	150	150	4500	39600
天 津	2	2399	2270	272800	581311
河 北	2	1385	1385	14100	135786
山 西	1	120	89	3000	11100
内蒙古					
辽 宁	2	2358	1506	37998	232458
吉 林	1	115	115	1300	11031
黑龙江	4	2862	2812	45400	1255606
上 海	3	1385	1119	83000	448005
江 苏	15	5430	4515	364721	1091465
浙 江	15	20114	9941	737407	3284914
安 徽	4	2745	2417	192159	586989
福 建	5	3742	2945	204208	442904
江 西	1	400	400	14000	19880
山 东	23	19649	18881	1074610	2520324
河 南	2	500	500	35473	159120
湖 北	6	3210	3100	171200	535654
湖 南	8	3966	2960	93539	418790
广 东	8	3737	3454	167133	181098
广 西	7	3811	2784	71903	222766
海 南					
重 庆	4	1794	1794	55066	195463
四 川	3	2026	2026	198116	108304
贵 州	2	1065	1008	25756	557984
云 南	2	756	756	69371	88734
西 藏					
陕 西	1	1616	1616	51000	79325
甘 肃	1	950	950	65000	216900
青 海					
宁 夏					
新 疆	1	200	146	7013	26041

2-2 续表 25

(食品饮料市场)

地　区	市场数量(个)	总摊位数(个)	年末出租摊位数(个)	营业面积(平方米)	成交额(万元)
全　国	**38**	**28577**	**25248**	**1186638**	**3429901**
北　京					
天　津					
河　北	2	1385	1385	14100	135786
山　西					
内蒙古					
辽　宁	1	1978	1149	30128	223962
吉　林					
黑龙江	2	732	687	23000	127640
上　海					
江　苏	3	790	687	95679	231928
浙　江	3	1610	1535	67693	644334
安　徽					
福　建	1	681	396	15000	28532
江　西					
山　东	8	9674	9625	370410	1250404
河　南	2	500	500	35473	159120
湖　北	3	1031	1031	145500	178703
湖　南	3	2226	1428	42383	124402
广　东	4	2590	2437	113173	63639
广　西	1	1900	962	30020	48500
海　南					
重　庆	3	1580	1580	27066	157463
四　川	1	1700	1700	170000	29447
贵　州					
云　南					
西　藏					
陕　西					
甘　肃					
青　海					
宁　夏					
新　疆	1	200	146	7013	26041

2-2 续表 26

(茶叶市场)

地 区	市场数量(个)	总摊位数(个)	年末出租摊位数(个)	营业面积(平方米)	成交额(万元)
全 国	**28**	**23157**	**13059**	**1088365**	**2790416**
北 京	1	150	150	4500	39600
天 津					
河 北					
山 西					
内蒙古					
辽 宁					
吉 林					
黑龙江					
上 海	2	671	669	38000	66005
江 苏					
浙 江	6	12918	3009	382218	1142769
安 徽	1	835	827	135000	187500
福 建	1	2192	2192	55000	307158
江 西					
山 东	3	1160	1160	226000	377700
河 南					
湖 北	2	1335	1225	7600	150722
湖 南					
广 东	3	619	607	46560	98304
广 西	2	240	240	12500	91442
海 南					
重 庆	1	214	214	28000	38000
四 川	2	326	326	28116	78857
贵 州	1	125	68	4500	44300
云 南	2	756	756	69371	88734
西 藏					
陕 西	1	1616	1616	51000	79325
甘 肃					
青 海					
宁 夏					
新 疆					

2-2 续表 27

(烟酒市场)

地 区	市场数量 (个)	总摊位数 (个)	年末出租摊位数 (个)	营业面积 (平方米)	成交额 (万元)
全 国	**12**	**4529**	**4092**	**350508**	**1096748**
北 京					
天 津					
河 北					
山 西					
内 蒙 古					
辽 宁					
吉 林					
黑 龙 江					
上 海					
江 苏	1	200	188	3200	31899
浙 江	1	400	388	120000	419119
安 徽	1	565	364	45000	185600
福 建					
江 西	1	400	400	14000	19880
山 东	6	2272	2128	148540	388614
河 南					
湖 北					
湖 南	2	692	624	19768	51636
广 东					
广 西					
海 南					
重 庆					
四 川					
贵 州					
云 南					
西 藏					
陕 西					
甘 肃					
青 海					
宁 夏					
新 疆					

2-2 续表 28

(其他食品饮料及烟酒市场)

地　区	市场数量 (个)	总摊位数 (个)	年末出租摊位数 (个)	营业面积 (平方米)	成交额 (万元)
全　国	**46**	**30222**	**27240**	**1434262**	**6134487**
北　京					
天　津	2	2399	2270	272800	581311
河　北					
山　西	1	120	89	3000	11100
内蒙古					
辽　宁	1	380	357	7870	8496
吉　林	1	115	115	1300	11031
黑龙江	2	2130	2125	22400	1127966
上　海	1	714	450	45000	382000
江　苏	11	4440	3640	265842	827638
浙　江	5	5186	5009	167496	1078692
安　徽	2	1345	1226	12159	213889
福　建	3	869	357	134208	107214
江　西					
山　东	6	6543	5968	329660	503606
河　南					
湖　北	1	844	844	18100	206229
湖　南	3	1048	908	31388	242752
广　东	1	528	410	7400	19155
广　西	4	1671	1582	29383	82824
海　南					
重　庆					
四　川					
贵　州	1	940	940	21256	513684
云　南					
西　藏					
陕　西					
甘　肃	1	950	950	65000	216900
青　海					
宁　夏					
新　疆					

2-2　续表 29

(纺织、服装、鞋帽市场)

地　区	市场数量(个)	总摊位数(个)	年末出租摊位数(个)	营业面积(平方米)	成交额(万元)
全　国	**541**	**756358**	**680422**	**32108585**	**146172513**
北　京	17	22494	20639	648915	2445622
天　津	2	1261	1261	58000	120551
河　北	23	47042	38931	3371764	8113039
山　西	7	5443	4303	308320	316675
内蒙古	12	8202	7765	276167	353688
辽　宁	28	63169	58202	1254289	12107780
吉　林	9	14227	13951	261800	511088
黑龙江	19	22618	18952	727697	874671
上　海	10	7644	7167	145384	608513
江　苏	34	86028	80281	3934272	44740818
浙　江	75	116613	112461	6118308	39760298
安　徽	9	12241	12017	394029	816488
福　建	6	7269	6793	305635	1717563
江　西	7	3793	3321	157066	757078
山　东	57	53148	50885	2124596	6922119
河　南	24	27713	24083	1437973	1909589
湖　北	22	20059	17131	778929	2052535
湖　南	44	38473	34750	1030314	2008967
广　东	64	81170	64546	4559705	11759114
广　西	12	15419	14149	505557	675803
海　南					
重　庆	6	3798	3662	243027	1881465
四　川	16	19200	18767	834507	1480561
贵　州	5	4305	4305	201000	716906
云　南	3	37997	26226	759418	1565407
西　藏					
陕　西	7	9340	9015	471382	750687
甘　肃	2	5545	5405	425000	367700
青　海	3	3947	3946	129000	99472
宁　夏	4	5916	5866	128000	177683
新　疆	14	12284	11642	518531	560633

2-2 续表 30

(布料及纺织品市场)

地　区	市场数量(个)	总摊位数(个)	年末出租摊位数(个)	营业面积(平方米)	成交额(万元)
全　国	**71**	**123391**	**108749**	**9022405**	**62938560**
北　京	3	1999	1606	98528	123900
天　津					
河　北	3	5473	5051	656000	1396010
山　西					
内蒙古					
辽　宁					
吉　林					
黑龙江	4	3918	3595	71137	109419
上　海	1	27	15	5000	43912
江　苏	8	22945	22306	1809620	26719385
浙　江	19	46102	45087	2859547	25892398
安　徽	2	2810	2690	65000	79200
福　建	1	98	88	2420	57012
江　西	1	270	270	27000	190000
山　东	8	3553	3331	250680	1188204
河　南	3	2508	1191	81300	64669
湖　北	2	235	235	10974	31536
湖　南	2	632	598	17400	67627
广　东	12	31934	21963	3007799	6907411
广　西					
海　南					
重　庆					
四　川	1	567	403	40000	49940
贵　州					
云　南					
西　藏					
陕　西	1	320	320	20000	17937
甘　肃					
青　海					
宁　夏					
新　疆					

2-2　续表 31

(服装市场)

地　区	市场数量(个)	总摊位数(个)	年末出租摊位数(个)	营业面积(平方米)	成交额(万元)
全　国	**340**	**462760**	**416724**	**17956032**	**57551268**
北　京	11	18244	17107	484567	2166869
天　津	1	909	909	19000	65201
河　北	16	38733	31550	2653110	6062179
山　西	6	4833	3693	270320	304275
内蒙古	7	5259	4928	151400	182688
辽　宁	18	23425	22361	730755	2558615
吉　林	6	11430	11424	202800	442906
黑龙江	11	10630	8551	576980	429035
上　海	7	4968	4503	123224	515172
江　苏	11	35371	31803	1318114	14444374
浙　江	44	56810	53853	2620976	9949491
安　徽	6	8731	8728	304901	726105
福　建	4	6371	6355	203215	1620551
江　西	4	2655	2197	94066	212241
山　东	33	37423	36122	1302746	4178140
河　南	16	20626	19443	889173	1189973
湖　北	14	13402	10561	653911	1738939
湖　南	34	25791	25436	711975	1247471
广　东	45	42816	36770	1320725	4027098
广　西	7	11088	10245	385837	539255
海　南					
重　庆	2	1228	1228	101391	187859
四　川	12	17360	17091	745907	1295582
贵　州	3	2894	2894	156000	559084
云　南	3	37997	26226	759418	1565407
西　藏					
陕　西	5	6911	6674	301200	503127
甘　肃	2	5545	5405	425000	367700
青　海	1	320	319	19000	11486
宁　夏	1	518	518	8000	10044
新　疆	10	10472	9830	422321	450401

2-2 续表 32

(鞋帽市场)

地区	市场数量(个)	总摊位数(个)	年末出租摊位数(个)	营业面积(平方米)	成交额(万元)
全国	**38**	**28304**	**24758**	**1287540**	**4792043**
北京	1	650	580	23000	50000
天津	1	352	352	39000	55350
河北	1	535	532	8025	335110
山西	1	610	610	38000	12400
内蒙古					
辽宁	2	2750	1900	16500	57682
吉林					
黑龙江	2	3300	2300	24000	75725
上海					
江苏	3	2898	2747	162200	458299
浙江	3	1099	1030	91615	483100
安徽					
福建	1	800	350	100000	40000
江西	1	500	486	22500	22160
山东	7	3554	3385	156237	685047
河南	1	600	600	16000	296000
湖北	2	720	635	50000	41100
湖南	3	1280	1246	62000	67971
广东	6	5620	5061	219181	806005
广西					
海南					
重庆	1	536	532	80100	1060722
四川	1	391	391	29000	15749
贵州					
云南					
西藏					
陕西	1	2109	2021	150182	229623
甘肃					
青海					
宁夏					
新疆					

2-2 续表 33

(其他纺织服装鞋帽市场)

地 区	市场数量(个)	总摊位数(个)	年末出租摊位数(个)	营业面积(平方米)	成交额(万元)
全 国	**92**	**141903**	**130191**	**3842608**	**20890642**
北 京	2	1601	1346	42820	104853
天 津					
河 北	3	2301	1798	54629	319740
山 西					
内蒙古	5	2943	2837	124767	171000
辽 宁	8	36994	33941	507034	9491483
吉 林	3	2797	2527	59000	68182
黑龙江	2	4770	4506	55580	260492
上 海	2	2649	2649	17160	49429
江 苏	12	24814	23425	644338	3118760
浙 江	9	12602	12491	546170	3435309
安 徽	1	700	599	24128	11183
福 建					
江 西	1	368	368	13500	332677
山 东	9	8618	8047	414933	870728
河 南	4	3979	2849	451500	358947
湖 北	4	5702	5700	64044	240960
湖 南	5	10770	7470	238939	625898
广 东	1	800	752	12000	18600
广 西	5	4331	3904	119720	136548
海 南					
重 庆	3	2034	1902	61536	632884
四 川	2	882	882	19600	119290
贵 州	2	1411	1411	45000	157822
云 南					
西 藏					
陕 西					
甘 肃					
青 海	2	3627	3627	110000	87986
宁 夏	3	5398	5348	120000	167639
新 疆	4	1812	1812	96210	110232

2-2 续表 34

(日用品及文化用品市场)

地　区	市场数量(个)	总摊位数(个)	年末出租摊位数(个)	营业面积(平方米)	成交额(万元)
全　国	**85**	**62261**	**55421**	**2740561**	**11799762**
北　京	4	3760	3617	56325	464163
天　津					
河　北	1	7200	6750	40000	365210
山　西					
内 蒙 古					
辽　宁	3	3275	3201	77000	867134
吉　林					
黑 龙 江					
上　海	1	70	70	5000	2030000
江　苏	9	6347	6227	207148	1102236
浙　江	10	8310	6004	277300	717176
安　徽					
福　建	1	650	650	196050	139002
江　西					
山　东	18	11950	10932	730539	3032907
河　南	3	618	598	21000	52635
湖　北	6	1966	1966	167776	661178
湖　南	4	732	641	34450	190666
广　东	21	15902	13302	894112	1936384
广　西					
海　南					
重　庆	3	1076	1076	27861	226392
四　川					
贵　州					
云　南					
西　藏					
陕　西					
甘　肃					
青　海					
宁　夏					
新　疆	1	405	387	6000	14679

2-2 续表 35

(小商品市场)

地 区	市场数量(个)	总摊位数(个)	年末出租摊位数(个)	营业面积(平方米)	成交额(万元)
全 国	**33**	**32006**	**29904**	**880527**	**4642779**
北 京	2	2774	2752	33000	233663
天 津					
河 北	1	7200	6750	40000	365210
山 西					
内 蒙 古					
辽 宁					
吉 林					
黑 龙 江					
上 海					
江 苏	5	4975	4914	139648	1019291
浙 江	1	632	632	21600	158377
安 徽					
福 建					
江 西					
山 东	8	7824	6978	394479	2377853
河 南	1	192	192	8000	16541
湖 北	1	326	326	4000	26500
湖 南					
广 东	13	7678	6973	233800	430665
广 西					
海 南					
重 庆					
四 川					
贵 州					
云 南					
西 藏					
陕 西					
甘 肃					
青 海					
宁 夏					
新 疆	1	405	387	6000	14679

2-2 续表 36

(箱包市场)

地区	市场数量(个)	总摊位数(个)	年末出租摊位数(个)	营业面积(平方米)	成交额(万元)
全国	**5**	**6566**	**5312**	**591400**	**1890734**
北京					
天津					
河北					
山西					
内蒙古					
辽宁	1	1580	1506	29000	750520
吉林					
黑龙江					
上海					
江苏					
浙江					
安徽					
福建					
江西					
山东	1	150	150	8400	15320
河南	1	246	246	7000	24894
湖北	1	360	360	47000	30000
湖南					
广东	1	4230	3050	500000	1070000
广西					
海南					
重庆					
四川					
贵州					
云南					
西藏					
陕西					
甘肃					
青海					
宁夏					
新疆					

2-2　续表 37

(玩具市场)

地　区	市场数量(个)	总摊位数(个)	年末出租摊位数(个)	营业面积(平方米)	成交额(万元)
全　国	**3**	**1133**	**1050**	**119410**	**239958**
北　京					
天　津					
河　北					
山　西					
内蒙古					
辽　宁					
吉　林					
黑龙江					
上　海					
江　苏					
浙　江					
安　徽					
福　建					
江　西					
山　东	2	1023	940	106660	158708
河　南					
湖　北					
湖　南					
广　东	1	110	110	12750	81250
广　西					
海　南					
重　庆					
四　川					
贵　州					
云　南					
西　藏					
陕　西					
甘　肃					
青　海					
宁　夏					
新　疆					

2-2 续表 38

(文具市场)

地　区	市场数量(个)	总摊位数(个)	年末出租摊位数(个)	营业面积(平方米)	成交额(万元)
全　国	**5**	**1836**	**1762**	**137204**	**293409**
北　京	1	786	765	19758	150500
天　津					
河　北					
山　西					
内 蒙 古					
辽　宁					
吉　林					
黑 龙 江					
上　海					
江　苏	1	300	250	40000	18900
浙　江					
安　徽					
福　建					
江　西					
山　东	1	578	578	60000	32125
河　南					
湖　北					
湖　南	1	65	62	13000	20500
广　东	1	107	107	4446	71384
广　西					
海　南					
重　庆					
四　川					
贵　州					
云　南					
西　藏					
陕　西					
甘　肃					
青　海					
宁　夏					
新　疆					

2-2　续表 39

(图书、报刊杂志市场)

地　区	市场数量(个)	总摊位数(个)	年末出租摊位数(个)	营业面积(平方米)	成交额(万元)
全　国	**8**	**1629**	**1428**	**84756**	**419543**
北　京	1	200	100	3567	80000
天　津					
河　北					
山　西					
内蒙古					
辽　宁					
吉　林					
黑龙江					
上　海					
江　苏					
浙　江	1	91	70	10000	17800
安　徽					
福　建					
江　西					
山　东	3	395	325	41000	107156
河　南					
湖　北	1	427	427	4100	65000
湖　南	1	419	419	13100	129255
广　东	1	97	87	12989	20332
广　西					
海　南					
重　庆					
四　川					
贵　州					
云　南					
西　藏					
陕　西					
甘　肃					
青　海					
宁　夏					
新　疆					

2-2 续表 40

(音像制品及电子出版物市场)

地 区	市场数量(个)	总摊位数(个)	年末出租摊位数(个)	营业面积(平方米)	成交额(万元)
全 国	**3**	**691**	**608**	**20500**	**153775**
北 京					
天 津					
河 北					
山 西					
内 蒙 古					
辽 宁	1	200	200	3000	99860
吉 林					
黑 龙 江					
上 海					
江 苏	1	328	328	11000	27371
浙 江					
安 徽					
福 建					
江 西					
山 东					
河 南					
湖 北					
湖 南	1	163	80	6500	26544
广 东					
广 西					
海 南					
重 庆					
四 川					
贵 州					
云 南					
西 藏					
陕 西					
甘 肃					
青 海					
宁 夏					
新 疆					

2-2　续表 41

(体育用品市场)

地　区	市场数量(个)	总摊位数(个)	年末出租摊位数(个)	营业面积(平方米)	成交额(万元)
全　国	**1**	**324**	**230**	**12800**	**17500**
北　京					
天　津					
河　北					
山　西					
内蒙古					
辽　宁					
吉　林					
黑龙江					
上　海					
江　苏					
浙　江					
安　徽					
福　建					
江　西					
山　东					
河　南					
湖　北					
湖　南					
广　东	1	324	230	12800	17500
广　西					
海　南					
重　庆					
四　川					
贵　州					
云　南					
西　藏					
陕　西					
甘　肃					
青　海					
宁　夏					
新　疆					

2-2 续表 42

(其他日用品及文化用品市场)

地区	市场数量(个)	总摊位数(个)	年末出租摊位数(个)	营业面积(平方米)	成交额(万元)
全国	**27**	**18076**	**15127**	**893964**	**4142064**
北京					
天津					
河北					
山西					
内蒙古					
辽宁	1	1495	1495	45000	16754
吉林					
黑龙江					
上海	1	70	70	5000	2030000
江苏	2	744	735	16500	36674
浙江	8	7587	5302	245700	540999
安徽					
福建	1	650	650	196050	139002
江西					
山东	3	1980	1961	120000	341745
河南	1	180	160	6000	11200
湖北	3	853	853	112676	539678
湖南	1	85	80	1850	14367
广东	3	3356	2745	117327	245253
广西					
海南					
重庆	3	1076	1076	27861	226392
四川					
贵州					
云南					
西藏					
陕西					
甘肃					
青海					
宁夏					
新疆					

2-2 续表 43

(黄金、珠宝、玉器等首饰市场)

地区	市场数量(个)	总摊位数(个)	年末出租摊位数(个)	营业面积(平方米)	成交额(万元)
全国	**25**	**17065**	**14339**	**1929820**	**5415120**
北京	2	830	569	18829	163290
天津					
河北					
山西					
内蒙古	2	2335	2335	521600	138947
辽宁	3	2180	1764	38180	62909
吉林					
黑龙江					
上海					
江苏	2	1500	1440	60000	971750
浙江	2	2740	1545	126973	2088861
安徽					
福建	4	1525	1443	49980	602071
江西	1	50	50	50000	32000
山东	3	2393	2048	318699	877941
河南	1	100	99	8000	26710
湖北					
湖南	1	50	46	20000	279053
广东	3	2914	2552	683300	153476
广西					
海南					
重庆					
四川					
贵州					
云南					
西藏					
陕西					
甘肃					
青海					
宁夏					
新疆	1	448	448	34259	18112

2-2 续表 44

(电器、通讯器材、电子设备市场)

地 区	市场数量(个)	总摊位数(个)	年末出租摊位数(个)	营业面积(平方米)	成交额(万元)
全 国	**128**	**60051**	**51436**	**3230237**	**8160828**
北 京	6	3282	3167	69464	402081
天 津					
河 北	2	359	359	54000	54312
山 西					
内蒙古					
辽 宁	2	1250	712	41800	18017
吉 林	1	320	320	2200	62793
黑龙江	3	2350	2100	102559	295000
上 海	4	781	477	34512	81444
江 苏	9	3869	3451	97149	398174
浙 江	22	8106	6448	300536	860449
安 徽	1	3902	2299	875253	917792
福 建	1	719	719	38000	111893
江 西	2	1239	1207	53994	52300
山 东	9	3429	3190	293800	867558
河 南	6	4215	4040	316505	813311
湖 北	6	2121	1908	109400	290912
湖 南	14	4078	3705	195268	795788
广 东	15	10684	8516	192073	371474
广 西	1	700	680	20678	90000
海 南	1	280	280	10500	25880
重 庆	10	3124	2708	191948	599263
四 川	1	78	78	4000	16748
贵 州	2	529	520	39800	123775
云 南					
西 藏					
陕 西	5	2477	2477	131000	557393
甘 肃					
青 海					
宁 夏	1	327	314	9000	34105
新 疆	4	1832	1761	46798	320366

2-2 续表 45

(家电市场)

地区	市场数量(个)	总摊位数(个)	年末出租摊位数(个)	营业面积(平方米)	成交额(万元)
全国	**33**	**12885**	**10148**	**1495720**	**2888789**
北京					
天津					
河北					
山西					
内蒙古					
辽宁	1	728	500	24000	16647
吉林					
黑龙江					
上海	1	180		18000	
江苏	1	400	385	11000	54200
浙江	5	548	499	59101	188104
安徽	1	3902	2299	875253	917792
福建					
江西	2	1239	1207	53994	52300
山东	4	1284	1224	188800	582747
河南	4	1166	991	94428	473660
湖北	1	280	200	8400	12500
湖南	7	1310	1297	96232	399816
广东	5	1817	1515	51512	111682
广西					
海南					
重庆	1	31	31	15000	79341
四川					
贵州					
云南					
西藏					
陕西					
甘肃					
青海					
宁夏					
新疆					

2-2 续表 46

(通讯器材市场)

地　区	市场数量(个)	总摊位数(个)	年末出租摊位数(个)	营业面积(平方米)	成交额(万元)
全　国	**20**	**10972**	**9673**	**351876**	**1101934**
北　京					
天　津					
河　北	2	359	359	54000	54312
山　西					
内蒙古					
辽　宁					
吉　林	1	320	320	2200	62793
黑龙江					
上　海					
江　苏	1	1604	1604	44232	50149
浙　江	2	874	865	40503	42279
安　徽					
福　建					
江　西					
山　东					
河　南					
湖　北	3	961	880	51000	220050
湖　南	2	282	247	3036	38761
广　东	3	3592	2595	25600	98164
广　西					
海　南					
重　庆	3	1149	980	82505	247400
四　川					
贵　州					
云　南					
西　藏					
陕　西	2	1057	1057	30800	122896
甘　肃					
青　海					
宁　夏					
新　疆	1	774	766	18000	165130

2-2　续表 47

(照相、摄像器材市场)

地　　区	市场数量 (个)	总摊位数 (个)	年末出租摊位数 (个)	营业面积 (平方米)	成交额 (万元)
全　　国	**3**	**1105**	**1012**	**56800**	**91484**
北　　京	1	288	264	9000	34793
天　　津					
河　　北					
山　　西					
内 蒙 古					
辽　　宁					
吉　　林					
黑 龙 江					
上　　海	1	247	178	7800	33798
江　　苏					
浙　　江					
安　　徽					
福　　建					
江　　西					
山　　东					
河　　南					
湖　　北					
湖　　南					
广　　东					
广　　西					
海　　南					
重　　庆					
四　　川					
贵　　州					
云　　南					
西　　藏					
陕　　西	1	570	570	40000	22893
甘　　肃					
青　　海					
宁　　夏					
新　　疆					

2-2 续表 48

(计算机及辅助设备市场)

地 区	市场数量(个)	总摊位数(个)	年末出租摊位数(个)	营业面积(平方米)	成交额(万元)
全 国	**61**	**30328**	**26208**	**1148761**	**3444322**
北 京	3	2287	2236	43264	252171
天 津					
河 北					
山 西					
内蒙古					
辽 宁	1	522	212	17800	1370
吉 林					
黑龙江	3	2350	2100	102559	295000
上 海	2	354	299	8712	47646
江 苏	6	1740	1337	39917	274183
浙 江	13	4785	3459	149652	469124
安 徽					
福 建	1	719	719	38000	111893
江 西					
山 东	5	2145	1966	105000	284811
河 南	1	2769	2769	206077	320000
湖 北	2	880	828	50000	58362
湖 南	4	1806	1524	84000	302818
广 东	7	5275	4406	114961	161628
广 西	1	700	680	20678	90000
海 南					
重 庆	4	1535	1288	63143	139158
四 川	1	78	78	4000	16748
贵 州	1	148	148	3000	18465
云 南					
西 藏					
陕 西	2	850	850	60200	411604
甘 肃					
青 海					
宁 夏	1	327	314	9000	34105
新 疆	3	1058	995	28798	155236

2-2　续表 49

(其他电器、通讯器材、电子设备市场)

地　区	市场数量 (个)	总摊位数 (个)	年末出租摊位数 (个)	营业面积 (平方米)	成交额 (万元)
全　国	**11**	**4761**	**4395**	**177080**	**634299**
北　京	2	707	667	17200	115117
天　津					
河　北					
山　西					
内蒙古					
辽　宁					
吉　林					
黑龙江					
上　海					
江　苏	1	125	125	2000	19642
浙　江	2	1899	1625	51280	160942
安　徽					
福　建					
江　西					
山　东					
河　南	1	280	280	16000	19651
湖　北					
湖　南	1	680	637	12000	54393
广　东					
广　西					
海　南	1	280	280	10500	25880
重　庆	2	409	409	31300	133364
四　川					
贵　州	1	381	372	36800	105310
云　南					
西　藏					
陕　西					
甘　肃					
青　海					
宁　夏					
新　疆					

2-2 续表 50

(医药、医疗用品及器材市场)

地　区	市场数量（个）	总摊位数（个）	年末出租摊位数（个）	营业面积（平方米）	成交额（万元）
全　国	**23**	**76765**	**49010**	**2652735**	**12289933**
北　京					
天　津					
河　北	1	14000	7000	360000	2000000
山　西					
内蒙古	1	174	135	17040	33723
辽　宁	1	724	310	93900	300000
吉　林	2	2040	2040	49000	835000
黑龙江					
上　海	1	190	170	8000	35000
江　苏					
浙　江	2	1828	1298	86540	128821
安　徽	2	7300	7244	44500	2875880
福　建	1	28	28	1500	13950
江　西	1	700	378	19000	452200
山　东	1	968	872	60000	32859
河　南	2	3046	3036	114950	367020
湖　北					
湖　南	2	1786	1702	477652	714370
广　东	2	758	705	14971	130887
广　西	1	1116	1000	23000	802000
海　南					
重　庆					
四　川	1	41612	22597	1255000	3347610
贵　州					
云　南	1	445	445	19682	197613
西　藏					
陕　西					
甘　肃					
青　海	1	50	50	8000	23000
宁　夏					
新　疆					

2-2 续表 51

(中药材市场)

地区	市场数量(个)	总摊位数(个)	年末出租摊位数(个)	营业面积(平方米)	成交额(万元)
全国	**23**	**76765**	**49010**	**2652735**	**12289933**
北京					
天津					
河北	1	14000	7000	360000	2000000
山西					
内蒙古	1	174	135	17040	33723
辽宁	1	724	310	93900	300000
吉林	2	2040	2040	49000	835000
黑龙江					
上海	1	190	170	8000	35000
江苏					
浙江	2	1828	1298	86540	128821
安徽	2	7300	7244	44500	2875880
福建	1	28	28	1500	13950
江西	1	700	378	19000	452200
山东	1	968	872	60000	32859
河南	2	3046	3036	114950	367020
湖北					
湖南	2	1786	1702	477652	714370
广东	2	758	705	14971	130887
广西	1	1116	1000	23000	802000
海南					
重庆					
四川	1	41612	22597	1255000	3347610
贵州					
云南	1	445	445	19682	197613
西藏					
陕西					
甘肃					
青海	1	50	50	8000	23000
宁夏					
新疆					

2-2 续表 52

(家具、五金及装饰材料市场)

地　区	市场数量(个)	总摊位数(个)	年末出租摊位数(个)	营业面积(平方米)	成交额(万元)
全　国	**583**	**326049**	**296510**	**43573319**	**54678923**
北　京	22	12122	10975	1412814	1633295
天　津	6	3716	2566	224849	544182
河　北	25	15983	14196	4923137	4576844
山　西	3	903	804	172369	44027
内蒙古	4	1128	1118	115600	155291
辽　宁	25	13293	12491	1038033	1321952
吉　林	5	3578	3057	463205	132833
黑龙江	6	1546	1429	326000	176504
上　海	18	12063	11787	1284959	1278627
江　苏	91	52619	46918	6821168	8851159
浙　江	87	51775	48008	5353605	9500696
安　徽	15	10026	9344	966317	1242843
福　建	6	1721	1474	275000	1243021
江　西	19	20880	19594	2915139	2994189
山　东	76	39873	35868	4689532	7580586
河　南	17	8453	7697	1681468	1038056
湖　北	22	6962	6542	1242168	1773477
湖　南	31	12279	10850	1373929	2424976
广　东	20	9927	8369	2021123	1575471
广　西	7	5197	4017	689800	522634
海　南					
重　庆	24	10469	9580	1476989	2969791
四　川	10	10537	10023	1307473	1063120
贵　州	8	4387	4235	483711	350091
云　南	8	2909	2664	583714	555894
西　藏					
陕　西	6	2772	2231	479189	164901
甘　肃	9	3268	3115	259803	215520
青　海	1	1578	1578	12165	160060
宁　夏	7	3365	3365	643547	132221
新　疆	5	2720	2615	336513	456662

2-2 续表 53

(家具市场)

地 区	市场数量(个)	总摊位数(个)	年末出租摊位数(个)	营业面积(平方米)	成交额(万元)
全 国	**179**	**93749**	**85067**	**16967232**	**17468598**
北 京	11	5606	5444	925455	652146
天 津	1	377	377	47711	30672
河 北	8	8896	7338	3476719	3248163
山 西	1	571	571	123563	32691
内蒙古	3	933	928	103600	141641
辽 宁	11	4037	3863	477852	585201
吉 林	3	1827	1825	247000	74680
黑龙江	3	623	506	175000	75548
上 海	4	847	789	222859	85671
江 苏	26	15185	12437	2002201	1872930
浙 江	30	16126	15306	2021053	3154524
安 徽	3	522	511	142000	110917
福 建	2	710	607	213000	862447
江 西	12	12256	11687	1972624	1510483
山 东	18	7233	6277	1146212	1669608
河 南	4	2715	2555	897998	385277
湖 北	7	1130	1006	203206	131480
湖 南	7	1098	1061	162000	181418
广 东	3	858	801	130892	42789
广 西	2	1476	1214	109640	192076
海 南					
重 庆	3	1966	1884	561868	1628850
四 川	4	4736	4573	611426	390579
贵 州	2	197	188	53000	33614
云 南	3	836	713	294517	252020
西 藏					
陕 西	2	920	671	288109	40711
甘 肃	2	412	344	85508	23815
青 海					
宁 夏	3	1146	1146	228163	40347
新 疆	1	510	445	44056	18300

2-2 续表 54

(装饰材料市场)

地　区	市场数量(个)	总摊位数(个)	年末出租摊位数(个)	营业面积(平方米)	成交额(万元)
全　国	**240**	**119948**	**109875**	**16096260**	**18554296**
北　京	7	3686	3199	366713	714387
天　津	2	436	436	40800	42624
河　北	11	3673	3625	746788	491040
山　西	2	332	233	48806	11336
内蒙古	1	195	190	12000	13650
辽　宁	9	5026	4599	326081	524882
吉　林					
黑龙江	2	460	460	130000	30956
上　海	8	5702	5505	706904	847963
江　苏	37	18045	16821	2801719	2895450
浙　江	31	16224	15070	1778245	2425477
安　徽	9	4495	4148	614317	925719
福　建	4	1011	867	62000	380574
江　西	5	7708	7193	915829	1173071
山　东	30	11975	10526	1587458	2187488
河　南	5	3714	3171	626700	355826
湖　北	14	5283	5036	1002140	1592497
湖　南	16	7195	6225	545847	1276337
广　东	11	5186	4412	1613513	734479
广　西	2	960	921	175500	52586
海　南					
重　庆	16	6517	5757	671576	961260
四　川	3	3331	3004	259800	185341
贵　州	3	3390	3385	265480	257179
云　南	3	1386	1274	209410	228918
西　藏					
陕　西	2	772	697	168080	93000
甘　肃	4	1099	1014	97000	85105
青　海					
宁　夏	2	1627	1627	216028	51271
新　疆	1	520	480	107526	15880

2-2 续表 55

(灯具市场)

地区	市场数量(个)	总摊位数(个)	年末出租摊位数(个)	营业面积(平方米)	成交额(万元)
全国	**15**	**7596**	**6922**	**1116865**	**2030669**
北京					
天津					
河北	1	302	280	6930	11560
山西					
内蒙古					
辽宁	2	455	334	110100	49952
吉林					
黑龙江					
上海					
江苏	1	3000	2940	411000	952100
浙江	2	550	150	35290	128150
安徽					
福建					
江西					
山东	3	1359	1359	268000	490067
河南					
湖北					
湖南					
广东					
广西					
海南					
重庆	4	1390	1343	193545	308650
四川	1	260	236	80000	69000
贵州					
云南					
西藏					
陕西	1	280	280	12000	21190
甘肃					
青海					
宁夏					
新疆					

2-2 续表 56

(厨具、盥洗设备市场)

地 区	市场数量(个)	总摊位数(个)	年末出租摊位数(个)	营业面积(平方米)	成交额(万元)
全 国	**5**	**3257**	**2346**	**373768**	**259368**
北 京					
天 津					
河 北					
山 西					
内 蒙 古					
辽 宁					
吉 林					
黑 龙 江					
上 海					
江 苏					
浙 江	1	500	500	13000	111990
安 徽					
福 建					
江 西					
山 东	1	366	362	21608	22016
河 南	1	380	352	81200	26200
湖 北					
湖 南					
广 东					
广 西	1	1811	932	204660	47972
海 南					
重 庆					
四 川					
贵 州					
云 南					
西 藏					
陕 西					
甘 肃					
青 海					
宁 夏					
新 疆	1	200	200	53300	51190

2-2　续表 57

(五金材料市场)

地　区	市场数量(个)	总摊位数(个)	年末出租摊位数(个)	营业面积(平方米)	成交额(万元)
全　国	**79**	**52978**	**47230**	**4174564**	**10553052**
北　京	3	1650	1601	70646	250134
天　津	2	717	717	84819	461476
河　北	1	1650	1491	258000	466112
山　西					
内蒙古					
辽　宁					
吉　林	1	1369	850	199301	47300
黑龙江					
上　海	2	3200	3200	174179	261382
江　苏	17	10780	9223	854425	1745861
浙　江	11	8855	8011	333901	2478212
安　徽					
福　建					
江　西	1	738	536	11686	291400
山　东	15	9375	8319	770585	1849769
河　南	7	1644	1619	75570	270753
湖　北	1	549	500	36822	49500
湖　南	5	3346	3022	521214	731478
广　东	6	3883	3156	276718	798203
广　西	1	400	400	50000	50000
海　南					
重　庆	1	596	596	50000	71031
四　川	2	2210	2210	356247	418200
贵　州	1	194	174	15451	11898
云　南					
西　藏					
陕　西	1	800	583	11000	10000
甘　肃					
青　海					
宁　夏					
新　疆	1	1022	1022	24000	290343

2-2 续表 58

(其他装修市场)

地　区	市场数量(个)	总摊位数(个)	年末出租摊位数(个)	营业面积(平方米)	成交额(万元)
全　国	**65**	**48521**	**45070**	**4844630**	**5812940**
北　京	1	1180	731	50000	16628
天　津	1	2186	1036	51519	9410
河　北	4	1462	1462	434700	359969
山　西					
内蒙古					
辽　宁	3	3775	3695	124000	161917
吉　林	1	382	382	16904	10853
黑龙江	1	463	463	21000	70000
上　海	4	2314	2293	181017	83611
江　苏	10	5609	5497	751823	1384818
浙　江	12	9520	8971	1172116	1202343
安　徽	3	5009	4685	210000	206207
福　建					
江　西	1	178	178	15000	19235
山　东	9	9565	9025	895669	1361638
河　南					
湖　北					
湖　南	3	640	542	144868	235743
广　东					
广　西	1	550	550	150000	180000
海　南					
重　庆					
四　川					
贵　州	2	606	488	149780	47400
云　南	2	687	677	79787	74956
西　藏					
陕　西					
甘　肃	3	1757	1757	77295	106600
青　海	1	1578	1578	12165	160060
宁　夏	2	592	592	199356	40603
新　疆	1	468	468	107631	80949

2-2 续表 59

(汽车、摩托车及零配件市场)

地区	市场数量（个）	总摊位数（个）	年末出租摊位数（个）	营业面积（平方米）	成交额（万元）
全国	**269**	**87531**	**73761**	**15129465**	**66290242**
北京	12	4194	3540	854996	9637466
天津	3	1418	1047	242648	1708528
河北	9	2985	2973	587240	1116972
山西					
内蒙古	1	43	24	2600	45367
辽宁	10	7494	6515	828790	2871184
吉林	3	5491	2424	652949	2521188
黑龙江	1	1200	1200	31875	28581
上海	12	1797	1751	255217	2735916
江苏	16	5535	4233	1710771	5303067
浙江	59	14158	12019	1459345	13862610
安徽	6	2149	1892	264163	1174926
福建	3	319	313	41128	376137
江西	6	2806	2419	251500	1952247
山东	37	7622	7098	1556608	3686128
河南	8	2867	2823	381736	1129857
湖北	6	2755	1199	510905	3079355
湖南	8	2854	2428	858292	2142026
广东	26	4448	4182	1042535	5539875
广西	5	1493	1445	150300	164859
海南					
重庆	10	5999	5090	729448	2871058
四川	7	2247	1942	403409	508897
贵州	5	1399	1297	767240	1261737
云南	5	1508	1508	573457	486200
西藏					
陕西	3	1556	1539	90951	552542
甘肃	1	96	90	10440	25730
青海					
宁夏	1	944	810	229000	21823
新疆	6	2154	1960	641922	1485966

2-2 续表 60

(汽车市场)

地 区	市场数量(个)	总摊位数(个)	年末出租摊位数(个)	营业面积(平方米)	成交额(万元)
全 国	**189**	**50239**	**41178**	**11723668**	**55196569**
北 京	9	1592	1430	669016	9042365
天 津	3	1418	1047	242648	1708528
河 北	4	810	810	263340	449538
山 西					
内蒙古	1	43	24	2600	45367
辽 宁	6	5467	5165	622790	2678628
吉 林	3	5491	2424	652949	2521188
黑龙江	1	1200	1200	31875	28581
上 海	8	384	368	173178	2380039
江 苏	11	2568	2038	1373771	4646320
浙 江	52	9606	7540	1079594	12135684
安 徽	3	1100	968	202000	1002510
福 建	2	119	118	34000	340914
江 西	3	1154	1067	143000	296934
山 东	22	3240	2980	1201149	2369945
河 南	3	266	262	147178	881794
湖 北	5	755	419	250905	1688355
湖 南	3	1242	876	746832	2050941
广 东	17	1816	1678	881734	5141616
广 西	4	1158	1125	140500	147359
海 南					
重 庆	8	4115	3665	567448	1844732
四 川	6	1747	1457	313409	426897
贵 州	4	1137	1037	724240	1236447
云 南	3	598	598	413333	425277
西 藏					
陕 西	2	1136	1133	89551	487612
甘 肃					
青 海					
宁 夏	1	944	810	229000	21823
新 疆	5	1133	939	527628	1197175

2-2 续表 61

(摩托车市场)

地 区	市场数量(个)	总摊位数(个)	年末出租摊位数(个)	营业面积(平方米)	成交额(万元)
全 国	**10**	**3839**	**3502**	**276930**	**565480**
北 京					
天 津					
河 北	1	814	814	50000	52250
山 西					
内蒙古					
辽 宁					
吉 林					
黑龙江					
上 海					
江 苏					
浙 江	1	220	220	15226	31810
安 徽	1	100	96	10000	46500
福 建					
江 西					
山 东					
河 南	2	1280	1280	126664	105935
湖 北					
湖 南	2	314	282	14800	40755
广 东					
广 西	1	335	320	9800	17500
海 南					
重 庆	1	680	400	40000	245000
四 川					
贵 州					
云 南					
西 藏					
陕 西					
甘 肃	1	96	90	10440	25730
青 海					
宁 夏					
新 疆					

2-2 续表 62

(机动车零配件市场)

地区	市场数量(个)	总摊位数(个)	年末出租摊位数(个)	营业面积(平方米)	成交额(万元)
全国	**70**	**33453**	**29081**	**3128867**	**10528193**
北京	3	2602	2110	185980	595101
天津					
河北	4	1361	1349	273900	615184
山西					
内蒙古					
辽宁	4	2027	1350	206000	192556
吉林					
黑龙江					
上海	4	1413	1383	82039	355877
江苏	5	2967	2195	337000	656747
浙江	6	4332	4259	364525	1695116
安徽	2	949	828	52163	125916
福建	1	200	195	7128	35223
江西	3	1652	1352	108500	1655313
山东	15	4382	4118	355459	1316183
河南	3	1321	1281	107894	142128
湖北	1	2000	780	260000	1391000
湖南	3	1298	1270	96660	50330
广东	9	2632	2504	160801	398259
广西					
海南					
重庆	1	1204	1025	122000	781326
四川	1	500	485	90000	82000
贵州	1	262	260	43000	25290
云南	2	910	910	160124	60923
西藏					
陕西	1	420	406	1400	64930
甘肃					
青海					
宁夏					
新疆	1	1021	1021	114294	288791

2-2　续表 63

(花鸟鱼虫市场)

地　区	市场数量(个)	总摊位数(个)	年末出租摊位数(个)	营业面积(平方米)	成交额(万元)
全　国	**30**	**20632**	**19594**	**2077773**	**4436956**
北　京	1	392	325	12190	15232
天　津	1	580	580	21000	14126
河　北	1	395	395	19260	30620
山　西					
内蒙古					
辽　宁	4	2162	2162	35832	165558
吉　林					
黑龙江	1	262	250	20000	13000
上　海	2	575	575	43601	25660
江　苏	3	3994	3658	633000	2249078
浙　江	4	1646	1572	65287	596972
安　徽	2	1770	1770	130160	203944
福　建	2	205	196	31855	125699
江　西					
山　东	2	1950	1670	189960	133455
河　南	2	2180	2180	54000	240120
湖　北					
湖　南	1	356	356	79096	20250
广　东	2	1465	1465	668000	139642
广　西					
海　南					
重　庆					
四　川					
贵　州					
云　南	1	2300	2040	44532	441600
西　藏					
陕　西					
甘　肃					
青　海					
宁　夏					
新　疆	1	400	400	30000	22000

2-2 续表 64

(花卉市场)

地 区	市场数量(个)	总摊位数(个)	年末出租摊位数(个)	营业面积(平方米)	成交额(万元)
全 国	**25**	**19104**	**18075**	**2016186**	**4228774**
北 京	1	392	325	12190	15232
天 津	1	580	580	21000	14126
河 北	1	395	395	19260	30620
山 西					
内蒙古					
辽 宁	2	1462	1462	14532	119950
吉 林					
黑龙江	1	262	250	20000	13000
上 海	1	177	177	15069	13000
江 苏	3	3994	3658	633000	2249078
浙 江	3	1346	1272	59907	561572
安 徽	2	1770	1770	130160	203944
福 建	1	75	75	25480	11185
江 西					
山 东	2	1950	1670	189960	133455
河 南	2	2180	2180	54000	240120
湖 北					
湖 南	1	356	356	79096	20250
广 东	2	1465	1465	668000	139642
广 西					
海 南					
重 庆					
四 川					
贵 州					
云 南	1	2300	2040	44532	441600
西 藏					
陕 西					
甘 肃					
青 海					
宁 夏					
新 疆	1	400	400	30000	22000

2-2　续表 65

(其他花鸟鱼虫市场)

地　区	市场数量(个)	总摊位数(个)	年末出租摊位数(个)	营业面积(平方米)	成交额(万元)
全　国	**5**	**1528**	**1519**	**61587**	**208182**
北　京					
天　津					
河　北					
山　西					
内蒙古					
辽　宁	2	700	700	21300	45608
吉　林					
黑龙江					
上　海	1	398	398	28532	12660
江　苏					
浙　江	1	300	300	5380	35400
安　徽					
福　建	1	130	121	6375	114514
江　西					
山　东					
河　南					
湖　北					
湖　南					
广　东					
广　西					
海　南					
重　庆					
四　川					
贵　州					
云　南					
西　藏					
陕　西					
甘　肃					
青　海					
宁　夏					
新　疆					

2-2　续表 66

(旧货市场)

地　区	市场数量(个)	总摊位数(个)	年末出租摊位数(个)	营业面积(平方米)	成交额(万元)
全　国	**13**	**7195**	**6658**	**255165**	**333129**
北　京	1	3732	3732	39635	36580
天　津					
河　北					
山　西					
内蒙古					
辽　宁					
吉　林					
黑龙江					
上　海					
江　苏	1	73	70	25000	19998
浙　江	6	1502	1093	102710	194260
安　徽					
福　建	1	368	368	14720	10466
江　西	1	750	750	15000	20220
山　东	1	216	135	25000	21028
河　南	1	507	490	13120	11760
湖　北					
湖　南					
广　东					
广　西					
海　南					
重　庆					
四　川					
贵　州					
云　南	1	47	20	19980	18817
西　藏					
陕　西					
甘　肃					
青　海					
宁　夏					
新　疆					

2-2 续表 67

(古玩、古董、字画市场)

地　区	市场数量(个)	总摊位数(个)	年末出租摊位数(个)	营业面积(平方米)	成交额(万元)
全　国	**2**	**875**	**858**	**27840**	**22226**
北　京					
天　津					
河　北					
山　西					
内蒙古					
辽　宁					
吉　林					
黑龙江					
上　海					
江　苏					
浙　江					
安　徽					
福　建	1	368	368	14720	10466
江　西					
山　东					
河　南	1	507	490	13120	11760
湖　北					
湖　南					
广　东					
广　西					
海　南					
重　庆					
四　川					
贵　州					
云　南					
西　藏					
陕　西					
甘　肃					
青　海					
宁　夏					
新　疆					

2-2 续表 68

(其他旧货市场)

地区	市场数量(个)	总摊位数(个)	年末出租摊位数(个)	营业面积(平方米)	成交额(万元)
全国	**11**	**6320**	**5800**	**227325**	**310903**
北京	1	3732	3732	39635	36580
天津					
河北					
山西					
内蒙古					
辽宁					
吉林					
黑龙江					
上海					
江苏	1	73	70	25000	19998
浙江	6	1502	1093	102710	194260
安徽					
福建					
江西	1	750	750	15000	20220
山东	1	216	135	25000	21028
河南					
湖北					
湖南					
广东					
广西					
海南					
重庆					
四川					
贵州					
云南	1	47	20	19980	18817
西藏					
陕西					
甘肃					
青海					
宁夏					
新疆					

2-2 续表 69

(其他专业市场)

地 区	市场数量(个)	总摊位数(个)	年末出租摊位数(个)	营业面积(平方米)	成交额(万元)
全 国	**50**	**41713**	**35459**	**3125134**	**6401310**
北 京	1	136	136	41012	15266
天 津	1	180	150	8000	12100
河 北	5	8001	7681	1046750	1724070
山 西					
内蒙古	5	4410	4310	344709	1363500
辽 宁	5	6470	5959	144000	294147
吉 林					
黑龙江					
上 海	2	948	932	85000	22577
江 苏	7	2198	2039	199689	703752
浙 江	3	1078	1049	122012	281585
安 徽	2	1688	1447	125500	93325
福 建					
江 西	1	871	871	203468	54538
山 东	11	5627	5502	474950	459252
河 南	3	3857	3843	244360	1125051
湖 北					
湖 南	1	345	345	8800	26599
广 东	1	344	265	19194	102000
广 西					
海 南					
重 庆					
四 川	1	560	560	15000	109796
贵 州					
云 南	1	5000	370	42690	13752
西 藏					
陕 西					
甘 肃					
青 海					
宁 夏					
新 疆					

2-3 商品交易市场情况(按营业状态分)

(常年营业)

地 区	市场数量(个)	总摊位数(个)	年末出租摊位数(个)	营业面积(平方米)	成交额(万元)
全 国	**4796**	**3942338**	**3432463**	**296326496**	**1014785427**
北 京	132	115150	99215	6940024	39784325
天 津	55	44125	38238	3594076	14303082
河 北	217	344848	299584	25979303	54991254
山 西	32	26999	24986	2552764	6345511
内蒙古	65	37354	35352	7120897	5494381
辽 宁	195	186170	166563	8270860	35734189
吉 林	56	54307	48860	3223179	6560707
黑龙江	79	58032	50712	3504852	10737892
上 海	148	62223	57648	5136432	85873869
江 苏	496	391403	342849	32022213	168855664
浙 江	753	490939	444774	31195359	164596325
安 徽	130	135790	122359	12698440	27012255
福 建	124	54674	48521	3322388	16108156
江 西	100	103412	83855	5879356	20629972
山 东	537	402653	374166	38805027	94345758
河 南	141	148062	118713	12577288	35700674
湖 北	150	86067	75920	6244094	22065961
湖 南	325	195721	178820	11325684	33360249
广 东	335	258571	201205	18804180	55129402
广 西	93	88326	78779	4031585	9396378
海 南	5	3106	3103	704300	430788
重 庆	151	109271	99654	8039363	35865293
四 川	132	200053	149586	12246656	24267501
贵 州	58	63888	48895	5281229	10261579
云 南	46	65619	48089	2799423	5464073
西 藏	3	3267	2617	35400	150926
陕 西	51	38748	35672	3377062	6518428
甘 肃	41	36731	30729	1910105	3627286
青 海	9	7882	7831	543368	657421
宁 夏	40	30553	28125	4510715	3134120
新 疆	97	98394	87043	13650874	17382008

2-3 续表 1

(季节性营业)

地 区	市场数量(个)	总摊位数(个)	年末出租摊位数(个)	营业面积(平方米)	成交额(万元)
全 国	**57**	**37568**	**22988**	**3475464**	**6337751**
北 京	3	4156	1934	279000	161768
天 津					
河 北	7	3706	2376	567106	399730
山 西					
内蒙古	5	434	394	450200	209010
辽 宁	5	1463	1351	296060	624344
吉 林					
黑龙江	2	224	213	146000	123951
上 海	1	165	165	2250	10507
江 苏	4	1289	1155	37355	141337
浙 江	3	10955	1259	226086	809142
安 徽	1	443	443	33350	91250
福 建	1	28	28	1500	13950
江 西	1	318	318	60000	31598
山 东	17	11090	10401	1107264	3168990
河 南	2	2252	2222	53328	29750
湖 北					
湖 南	1	450	255	6965	55000
广 东	1	121		25000	
广 西	2	445	445	114000	150402
海 南					
重 庆					
四 川					
贵 州					
云 南	1	29	29	70000	317022
西 藏					
陕 西					
甘 肃					
青 海					
宁 夏					
新 疆					

2-3 续表 2

(其他)

地区	市场数量(个)	总摊位数(个)	年末出租摊位数(个)	营业面积(平方米)	成交额(万元)
全国	**8**	**3901**	**2448**	**431776**	**273811**
北京	1	650	580	23000	50000
天津					
河北	1	200	200	20000	13000
山西					
内蒙古					
辽宁					
吉林					
黑龙江					
上海	1	91	91	36066	101649
江苏	1	80	80	56000	11100
浙江					
安徽					
福建					
江西					
山东					
河南	1	1130		262000	
湖北	1	360	360	10500	38253
湖南	1	1074	821	19000	49729
广东					
广西					
海南					
重庆					
四川					
贵州					
云南					
西藏					
陕西					
甘肃					
青海					
宁夏					
新疆	1	316	316	5210	10080

2-4 商品交易市场情况(按经营方式分)

(批发为主)

地　区	市场数量(个)	总摊位数(个)	年末出租摊位数(个)	营业面积(平方米)	成交额(万元)
全　国	**2812**	**2793654**	**2394577**	**233901024**	**878593431**
北　京	56	66682	52647	4022034	26996258
天　津	39	32980	30187	2857508	13603670
河　北	163	301132	259871	23883006	52488704
山　西	27	24700	22810	2199395	6124909
内蒙古	47	20351	18863	6319695	3925329
辽　宁	90	86682	78104	5128057	28988691
吉　林	30	24628	21943	2051109	4252471
黑龙江	37	33530	29859	2214012	7589344
上　海	65	34337	32337	3075563	81142575
江　苏	274	265549	231308	23729576	151218319
浙　江	372	353507	313458	23627469	138234415
安　徽	83	108135	97887	10932728	23712927
福　建	57	29283	25587	2392119	12593340
江　西	64	78926	61455	4852178	18695670
山　东	401	306100	284043	33882633	87715172
河　南	97	113962	86491	10088682	31527553
湖　北	76	54495	47875	3602506	16223442
湖　南	173	105464	98223	8021206	25400652
广　东	219	199580	151984	15965049	47851524
广　西	53	46259	40503	3122158	7761713
海　南	1	780	780	680000	316506
重　庆	86	79008	72647	6048268	31282200
四　川	88	169502	122161	9868263	21872849
贵　州	37	55639	42251	4022599	8304341
云　南	24	53558	36623	2060017	4651353
西　藏	1	2172	1954	10000	94754
陕　西	30	20931	18828	1670902	4318547
甘　肃	33	28117	26053	1725690	3380542
青　海	5	5334	5284	494203	452057
宁　夏	22	17788	15797	3508148	2661549
新　疆	62	74543	66764	11846251	15212055

2-4 续表

(零售为主)

地　区	市场数量(个)	总摊位数(个)	年末出租摊位数(个)	营业面积(平方米)	成交额(万元)
全　国	**2049**	**1190153**	**1063322**	**66332712**	**142803558**
北　京	80	53274	49082	3219990	12999835
天　津	16	11145	8051	736568	699412
河　北	62	47622	42289	2683403	2915280
山　西	5	2299	2176	353369	220602
内蒙古	23	17437	16883	1251402	1778062
辽　宁	110	100951	89810	3438863	7369842
吉　林	26	29679	26917	1172070	2308236
黑龙江	44	24726	21066	1436840	3272499
上　海	85	28142	25567	2099185	4843450
江　苏	227	127223	112776	8385992	17789782
浙　江	384	148387	132575	7793976	27171052
安　徽	48	28098	24915	1799062	3390578
福　建	68	25419	22962	931769	3528766
江　西	37	24804	22718	1087178	1965900
山　东	153	107643	100524	6029658	9799576
河　南	47	37482	34444	2803934	4202871
湖　北	75	31932	28405	2652088	5880772
湖　南	154	91781	81673	3330443	8064326
广　东	117	59112	49221	2864131	7277878
广　西	42	42512	38721	1023427	1785067
海　南	4	2326	2323	24300	114282
重　庆	65	30263	27007	1991095	4583093
四　川	44	30551	27425	2378393	2394652
贵　州	21	8249	6644	1258630	1957238
云　南	23	12090	11495	809406	1129742
西　藏	2	1095	663	25400	56172
陕　西	21	17817	16844	1706160	2199881
甘　肃	8	8614	4676	184415	246744
青　海	4	2548	2547	49165	205364
宁　夏	18	12765	12328	1002567	472571
新　疆	36	24167	20595	1809833	2180033

2-5 商品交易市场情况(按经营环境分)

(露天式)

地 区	市场数量(个)	总摊位数(个)	年末出租摊位数(个)	营业面积(平方米)	成交额(万元)
全 国	**712**	**459196**	**405264**	**53604829**	**130946391**
北 京	21	23503	13710	2427068	18573692
天 津	16	13556	10704	1379459	2748378
河 北	70	93357	87422	6663997	7747400
山 西	5	2561	2300	325400	292894
内蒙古	30	13226	13025	4900195	2807371
辽 宁	40	22270	18085	2398500	4213649
吉 林	5	5970	5804	460900	236318
黑龙江	8	5983	5915	879175	1654028
上 海	9	3889	3601	453851	1440991
江 苏	51	23239	19580	2335306	11725303
浙 江	53	18820	17545	1881144	9602266
安 徽	20	14092	13253	911074	2564702
福 建	7	1647	1637	119477	1080846
江 西	11	10317	10107	736966	3768326
山 东	153	83819	78380	13178547	25758918
河 南	28	17484	15500	2033243	6344119
湖 北	17	9997	8761	628100	5607808
湖 南	24	15398	13606	1252658	3255144
广 东	38	11303	10209	1601370	4430717
广 西	7	3796	3544	499651	1389492
海 南	1	780	780	680000	316506
重 庆	11	7161	5534	644266	3235735
四 川	22	8809	8571	1128808	4883612
贵 州	9	2612	2554	782604	1780227
云 南	5	7115	2397	196586	457249
西 藏					
陕 西	12	9065	8453	1012622	1399957
甘 肃	13	14240	10030	525342	1312530
青 海	2	422	372	117203	50654
宁 夏	9	6539	5939	850037	658807
新 疆	15	8226	7946	2601280	1608752

2-5 续表 1

(封闭式)

地 区	市场数量(个)	总摊位数(个)	年末出租摊位数(个)	营业面积(平方米)	成交额(万元)
全 国	**3551**	**3073931**	**2650201**	**202037294**	**741569769**
北 京	108	86404	78776	4492021	19438652
天 津	35	29226	26229	2051711	11097956
河 北	123	220557	187084	17559572	44116935
山 西	19	20015	18658	1945139	5836888
内蒙古	37	22552	20711	1965767	2772120
辽 宁	152	157897	142412	5268820	28865170
吉 林	46	43323	38563	2255074	6076389
黑龙江	72	52243	44980	2763898	9187815
上 海	114	46617	42654	3342250	71517843
江 苏	379	319330	280530	24377401	123824926
浙 江	631	445711	394952	26872865	136002447
安 徽	84	78348	68563	6973013	15184420
福 建	103	47145	41150	3008173	14192242
江 西	78	84398	66458	4837892	14358480
山 东	347	282957	263633	20767826	61981133
河 南	92	115611	87507	9400956	25723432
湖 北	113	65975	58333	4928179	15588044
湖 南	252	147447	136387	7406134	23657198
广 东	242	211167	157412	13008312	37260994
广 西	61	69322	61202	2628779	5731358
海 南	4	2326	2323	24300	114282
重 庆	127	90207	82896	6508050	27185925
四 川	100	179822	129737	10222888	16552723
贵 州	36	50700	40214	3598465	5642863
云 南	35	54952	42204	2342333	3887867
西 藏	3	3267	2617	35400	150926
陕 西	30	23938	22318	1945160	3562177
甘 肃	19	16076	15668	1056788	1911307
青 海	7	7460	7459	426165	606767
宁 夏	29	21196	20545	3177778	2051433
新 疆	73	77742	68026	6846185	7489057

2-5 续表 2

(其他)

地区	市场数量(个)	总摊位数(个)	年末出租摊位数(个)	营业面积(平方米)	成交额(万元)
全国	**598**	**450680**	**402434**	**44591613**	**148880829**
北京	7	10049	9243	322935	1983749
天津	4	1343	1305	162906	456748
河北	32	34840	27654	2342840	3539649
山西	8	4423	4028	282225	215729
内蒙古	3	2010	2010	705135	123900
辽宁	8	7466	7417	899600	3279714
吉林	5	5014	4493	507205	248000
黑龙江	1	30	30	7779	20000
上海	27	11973	11649	1378647	13027191
江苏	71	50203	43974	5402861	33457872
浙江	72	37363	33536	2667436	19800754
安徽	27	43793	40986	4847703	9354383
福建	15	5910	5762	196238	849018
江西	12	9015	7608	364498	2534764
山东	54	46967	42554	5965918	9774697
河南	24	18349	17928	1458417	3662873
湖北	21	10455	9186	698315	908362
湖南	51	34400	29903	2692857	6552636
广东	56	36222	33584	4219498	13437691
广西	27	15653	14478	1017155	2425930
海南					
重庆	13	11903	11224	887047	5443633
四川	10	11422	11278	894960	2831166
贵州	13	10576	6127	900160	2838489
云南	7	3581	3517	330504	1435979
西藏					
陕西	9	5745	4901	419280	1556294
甘肃	9	6415	5031	327975	403449
青海					
宁夏	2	2818	1641	482900	423880
新疆	10	12742	11387	4208619	8294279

2-6 商品交易市场成交情况(按摊位分)

地区	粮油、食品类		#粮油类		#肉禽蛋类	
	摊位数(个)	成交额(万元)	摊位数(个)	成交额(万元)	摊位数(个)	成交额(万元)
全国	**981739**	**288643773**	**96121**	**38841361**	**138586**	**40322150**
北京	33204	21425199	1900	1769456	4591	1950609
天津	16019	6282538	2673	1360779	1072	608333
河北	110161	12247554	5050	771141	6295	1250125
山西	6963	1964441	846	223439	361	83320
内蒙古	8441	1418007	751	317345	1076	206472
辽宁	30376	6715016	2884	669931	5207	756667
吉林	8356	1426947	989	45023	1317	59019
黑龙江	13424	6109839	1559	806944	1944	420249
上海	20785	7767238	2728	767175	3719	1981857
江苏	80441	32726449	10411	7319229	14624	6505837
浙江	113593	35633850	9498	5147021	17401	4584739
安徽	29178	8545675	2368	880281	5191	1272067
福建	22257	7763460	1946	620264	4349	764904
江西	21979	8400530	2201	1456645	4630	1839377
山东	140788	29181921	12824	3283786	9730	1372960
河南	30080	17299487	4327	2392363	3372	1467011
湖北	21753	7861821	2035	647082	3649	1607888
湖南	49210	11187432	7580	2297342	9353	1599417
广东	51327	20430930	5584	1850542	12168	4741928
广西	29861	3964559	4898	726771	6225	906146
海南	1470	66018	122	2854	403	27248
重庆	26477	9417969	2643	1173799	4081	1805642
四川	45268	11730108	4375	1284235	6771	2310992
贵州	9297	4093354	1078	1788334	1001	212660
云南	8242	2244564	1225	355166	1791	237724
西藏	2522	142560	98	17941	345	21013
陕西	7856	2948147	617	337770	1088	202204
甘肃	11280	1688081	1064	260148	771	267366
青海	2017	324074	135	9878	137	19691
宁夏	10584	2076524	628	81107	1159	352066
新疆	18530	5559481	1084	177570	4765	886619

2-6　续表 1

地　区	#水产品类		#蔬菜类		#干鲜果品类	
	摊位数（个）	成交额（万元）	摊位数（个）	成交额（万元）	摊位数（个）	成交额（万元）
全　国	**140800**	**55884759**	**393686**	**76196380**	**174385**	**69466501**
北　京	3922	2780294	11464	7454881	5800	6538138
天　津	1393	1683968	8101	1509267	2688	1120189
河　北	4391	492535	69872	5059428	23817	4608175
山　西	425	74756	3694	966716	1614	613538
内蒙古	602	65710	3812	516902	2199	244071
辽　宁	7044	2356312	8470	1260591	5002	1289436
吉　林	1249	434609	2368	652992	834	183005
黑龙江	2138	609871	4757	2399452	2851	1784278
上　海	4156	2177754	6643	1560573	3419	1246766
江　苏	15330	6873451	27636	6248787	10991	5067154
浙　江	27716	10399245	38265	6976732	17627	7877115
安　徽	2488	1430957	10785	2045688	6141	1988556
福　建	6345	4053701	5740	1230001	3050	947644
江　西	1771	746516	8203	1717100	4374	2361963
山　东	26854	6379257	64447	11089106	22785	6227623
河　南	4056	2971484	12148	5415963	5638	4991744
湖　北	3644	2331291	7265	1571884	3415	1501432
湖　南	4828	2092128	14521	1933974	8951	2420111
广　东	8812	3832495	16597	4208442	7373	5665015
广　西	4057	206857	8233	973444	5048	1058677
海　南	262	16716	397	12459	286	6741
重　庆	2662	1632878	8150	2012151	4157	1518145
四　川	2468	864899	21215	3866753	9881	3357614
贵　州	272	31420	4112	990966	2414	1047465
云　南	534	45540	3098	719038	1239	886001
西　藏	82	17032	1705	68269	292	18305
陕　西	702	283333	3685	825435	1659	1295172
甘　肃	666	277300	7201	540365	1438	322959
青　海	130	8819	846	203518	769	82168
宁　夏	556	210922	4018	445888	4219	986541
新　疆	1245	502709	6238	1719615	4414	2210760

2-6 续表 2

地区	饮料类		烟酒类		服装、鞋帽、针纺织品类	
	摊位数（个）	成交额（万元）	摊位数（个）	成交额（万元）	摊位数（个）	成交额（万元）
全 国	**48901**	**10731781**	**41873**	**10846569**	**952706**	**173877438**
北 京	1114	471057	1273	805853	26740	2685121
天 津	419	118457	440	177510	6841	588467
河 北	2422	235997	2883	341055	53483	9929327
山 西	127	14650	349	359247	9813	977467
内蒙古	251	60329	245	44499	10983	405372
辽 宁	1063	156832	695	170048	74023	12407608
吉 林	419	13847	630	9994	15962	538499
黑龙江	405	368169	605	604206	21549	1062993
上 海	775	84055	614	268201	8642	714812
江 苏	4381	1686572	3417	1324245	93070	45120687
浙 江	6150	2017395	2590	1388588	139638	45396675
安 徽	2374	569431	1995	482144	25958	2542572
福 建	2710	507443	399	250082	11041	2380082
江 西	1027	246410	1294	458573	16983	3212459
山 东	6477	1354957	9368	1098940	81253	10084331
河 南	1788	356403	2123	249469	32958	2569446
湖 北	1892	317888	736	258157	21988	2639397
湖 南	3978	509247	4931	1349768	54071	3340348
广 东	1643	334250	885	391530	77242	12484279
广 西	715	132485	485	68287	25565	875336
海 南	49	1337	69	1052	389	18083
重 庆	1557	271094	1423	109254	19888	6252882
四 川	1815	249277	1442	208326	45131	2868416
贵 州	899	218566	631	210263	16169	1803264
云 南	1174	124565	365	7522	19141	769745
西 藏	4	292	58	6625		
陕 西	1999	93673	215	1790	9667	738364
甘 肃	371	48810	439	92495	7467	465287
青 海	16	462	9	230	2308	69322
宁 夏	273	62877	159	22601	7652	204629
新 疆	614	104954	1106	86015	17091	732168

2-6 续表 3

地区	服装类		鞋帽类		针纺织品类	
	摊位数（个）	成交额（万元）	摊位数（个）	成交额（万元）	摊位数（个）	成交额（万元）
全国	**587696**	**75881609**	**138080**	**17435355**	**226930**	**80560474**
北京	19401	2301781	2974	128888	4365	254452
天津	4522	364089	1493	168332	826	56046
河北	38128	6665896	6427	844596	8928	2418835
山西	6052	703063	2065	174900	1696	99504
内蒙古	7020	269285	2185	84339	1778	51748
辽宁	42879	7677666	11562	1203881	19582	3526061
吉林	12193	462343	1663	38578	2106	37578
黑龙江	12243	670703	3560	148311	5746	243979
上海	6592	595993	548	37620	1502	81199
江苏	43456	12911059	13485	2685591	36129	29524037
浙江	70655	13480517	12406	2692681	56577	29223477
安徽	15533	1467019	4290	516111	6135	559442
福建	9131	2032000	1237	169131	673	178951
江西	9464	1699169	4041	579223	3478	934067
山东	51798	5167598	14893	2061185	14562	2855548
河南	21476	1663968	6005	554429	5477	351049
湖北	15655	2030679	3274	346709	3059	262009
湖南	38708	2242011	8787	628184	6576	470153
广东	44319	4292927	9130	1125666	23793	7065686
广西	17701	649922	3617	94382	4247	131032
海南	322	17098	45	761	22	224
重庆	12285	3054215	4179	1924670	3424	1273997
四川	33095	2120422	7416	426140	4620	321854
贵州	11008	1212017	3340	346728	1821	244519
云南	14688	566559	2270	113516	2183	89670
西藏						
陕西	6749	492977	1621	164766	1297	80621
甘肃	5989	414033	780	20613	698	30641
青海	1346	56269	486	10598	476	2455
宁夏	4487	120307	1453	31304	1712	53018
新疆	10801	480024	2848	113522	3442	138622

2-6 续表 4

地区	化妆品类		金银珠宝类		日用品类	
	摊位数(个)	成交额(万元)	摊位数(个)	成交额(万元)	摊位数(个)	成交额(万元)
全国	**25178**	**3157018**	**27190**	**7709989**	**179307**	**30790822**
北京	920	42222	554	188770	7041	741635
天津	200	9699	13	219	1893	204449
河北	947	118450	623	45125	15829	3878787
山西	183	4354	5	522	1655	566014
内蒙古	408	8498	1732	116816	724	40489
辽宁	1808	413820	1863	146009	11484	2411425
吉林	322	10167	65	20100	1213	55671
黑龙江	335	19876	339	24663	623	30679
上海	75	3563	43	13862	944	2217337
江苏	1780	277805	1713	1281179	22147	3936829
浙江	2317	514814	4525	2845449	20290	3966069
安徽	667	81140	1778	342491	5779	493387
福建	88	13758	1663	639115	1260	231029
江西	729	95251	135	47598	2972	409210
山东	2838	362489	2009	959737	29178	5042848
河南	1216	99893	195	79887	5598	253475
湖北	501	132824	108	42282	2822	434878
湖南	1452	168930	375	334669	8145	1264277
广东	2436	175565	3499	207282	15725	1979641
广西	800	9594	264	11920	4223	186725
海南	35	697			22	645
重庆	867	192180	38	13289	5441	1091950
四川	1311	102522	234	9100	3402	330830
贵州	111	19787	6	2420	1544	399367
云南	890	129526	902	167181	3257	215846
西藏					30	1389
陕西	120	3797	46	843	824	33895
甘肃	390	60693	52	9645	1654	193198
青海	177	5233	3	165	175	1260
宁夏	445	26429	61	5388	843	45902
新疆	810	53442	4347	154263	2570	131686

2-6　续表 5

地　区	#儿童玩具类		五金、电料类		体育、娱乐用品类	
	摊位数（个）	成交额（万元）	摊位数（个）	成交额（万元）	摊位数（个）	成交额（万元）
全　国	**28824**	**4207687**	**117651**	**24389317**	**13869**	**2304212**
北　京	1381	48474	2529	349130	698	61700
天　津	57	5903	2997	1026956	80	10932
河　北	7682	1621135	5055	1473944	1669	663780
山　西	219	1953	583	237058	48	1830
内蒙古	121	6257	527	118148	49	1384
辽　宁	1426	68314	2848	305931	465	12135
吉　林	156	4256	2758	106425	24	1048
黑龙江	145	11718	347	18381	53	6747
上　海	142	30321	4382	401491	260	49222
江　苏	3029	696174	15424	3470365	808	217054
浙　江	1144	142278	15643	5945779	1056	190673
安　徽	524	104517	4796	502384	254	19525
福　建	113	8471	536	37746	102	58630
江　西	662	122265	1525	408738	217	68072
山　东	4017	412950	13856	2549705	1991	206379
河　南	924	35628	5265	847975	748	53992
湖　北	332	57104	3430	472821	127	19867
湖　南	1252	256943	6910	1811228	1032	115240
广　东	1258	174236	6925	1677530	904	119044
广　西	1027	52069	1530	119629	304	16811
海　南	8	179	176	30503		
重　庆	329	96188	5916	1084208	346	99785
四　川	998	55825	3708	573698	227	18036
贵　州	254	30669	2059	198424	116	12390
云　南	944	104506	503	24300	914	215868
西　藏						
陕　西	72	634	1058	31337	464	18973
甘　肃	171	44025	880	34613	211	22396
青　海	14	216	279	8708	93	557
宁　夏	91	4383	149	9534	124	4546
新　疆	332	10096	5057	512628	485	17596

2-6 续表 6

地区	#照相器材类 摊位数(个)	#照相器材类 成交额(万元)	书报杂志类 摊位数(个)	书报杂志类 成交额(万元)	电子出版物及音像制品类 摊位数(个)	电子出版物及音像制品类 成交额(万元)
全国	**1471**	**229615**	**4882**	**908957**	**8640**	**2071397**
北京	153	28887	113	81683	9	409
天津			13	175	15	1581
河北	5	1725	195	21708	2288	1248256
山西			1	5	59	740
内蒙古	1	32	26	225	65	1316
辽宁	13	235	136	89758	570	200200
吉林			30	115	269	14107
黑龙江	1	784	15	912	48	1505
上海	179	34049	13	3092	43	2082
江苏	86	3540	308	27516	706	83857
浙江	2	100	156	40339	117	33291
安徽	7	322	241	185968	154	10120
福建	6	9652	6	55	12	521
江西	76	56586	110	7963	206	31790
山东	218	19029	1037	178260	532	57574
河南	5	105	529	22186	547	24869
湖北	2	132	449	102658	200	30121
湖南	39	3781	535	105124	1050	180190
广东	118	4027	111	21250	139	84006
广西	1	25	59	380	151	13213
海南						
重庆	5	25	46	2276	92	19403
四川			115	4570	56	3576
贵州	6	1335	15	666	23	931
云南	94	45345	14	84	899	9877
西藏						
陕西	360	15157	2	18	1	8
甘肃	55	966	277	1140	200	10048
青海			1	69	37	155
宁夏	2	10	39	7803	61	1813
新疆	37	3766	290	2959	91	5838

2-6 续表 7

地 区	家用电器和音像器材类		中西药品类		#西药类	
	摊位数（个）	成交额（万元）	摊位数（个）	成交额（万元）	摊位数（个）	成交额（万元）
全 国	**33022**	**7023429**	**30195**	**12090581**	**1085**	**411928**
北 京	597	41770	27	3656	20	2504
天 津	144	13479	14	217	8	74
河 北	786	208289	7073	2008899	57	8550
山 西	113	3488	1	2		
内蒙古	206	35052	188	35239	46	954
辽 宁	1236	199406	273	173482	85	22132
吉 林	391	44602	2148	839357	19	1081
黑龙江	153	111864	2	230		
上 海	98	19163	174	36218	4	1218
江 苏	1987	301522	180	290642	116	222769
浙 江	2883	885085	1350	261866	5	203
安 徽	2246	889145	6817	2894694	40	39200
福 建	394	63574	99	16558	4	158
江 西	2020	318480	504	489550	38	14295
山 东	4072	929591	1127	47642	123	6309
河 南	2311	557131	2795	372589	145	6852
湖 北	817	64298	34	13866	3	148
湖 南	3439	942615	2186	946095	111	41908
广 东	2285	230254	1003	181420	31	9028
广 西	465	21586	1146	810679	29	3977
海 南	3	318				
重 庆	975	417145	73	22562	31	14549
四 川	673	202029	2082	2203621	44	1184
贵 州	565	133425	43	2311	8	1150
云 南	1989	87527	528	200811	26	2225
西 藏			3	60	3	60
陕 西	186	12243	98	200177		
甘 肃	677	164740	33	3721	24	2644
青 海	156	3172	52	23168	1	95
宁 夏	46	553	23	218	13	149
新 疆	1109	121883	119	11031	51	8512

2-6 续表 8

地区	#中草药及中成药类		文化办公用品类		#计算机及其配套产品	
	摊位数(个)	成交额(万元)	摊位数(个)	成交额(万元)	摊位数(个)	成交额(万元)
全国	**28410**	**11503545**	**59132**	**10446398**	**24866**	**3301035**
北京	7	1152	5118	922571	1827	215111
天津	3	60	441	42082	7	12
河北	7015	2000319	4621	1535977	211	15198
山西			183	5973		
内蒙古	139	33969	298	31831	43	11235
辽宁	183	151235	3203	715135	93	5715
吉林	2125	838166	450	7691		
黑龙江			2173	299267	2100	295000
上海	170	35000	479	62282	295	42509
江苏	56	15208	4091	864538	1633	321460
浙江	1267	226398	8892	1409725	3507	430550
安徽	6756	2849908	759	151403	212	3973
福建	87	14633	685	91374	393	70916
江西	394	459502	899	157145	193	8516
山东	923	34591	5167	649842	2014	294042
河南	2647	365659	3751	395448	2818	322071
湖北	3	233	1795	617082	751	47255
湖南	1981	897444	3363	887045	1336	259874
广东	825	144102	3725	371511	2996	265674
广西	1066	804952	974	127106	721	92064
海南			280	25880	150	12856
重庆	36	5995	2190	281903	1411	163524
四川	2013	2200561	774	91754	79	17948
贵州	35	1161	592	148382	228	41215
云南	499	198402	414	15893	195	8604
西藏						
陕西	98	200177	832	217409	432	183318
甘肃	9	1077	575	63020	17	1252
青海	51	23073	410	10737		
宁夏	9	68	453	44150	314	34105
新疆	13	500	1545	202242	890	137038

2-6 续表 9

地区	家具类		通讯器材类		煤炭及制品类	
	摊位数（个）	成交额（万元）	摊位数（个）	成交额（万元）	摊位数（个）	成交额（万元）
全国	**117190**	**24166880**	**20372**	**3060851**	**3715**	**3329565**
北京	5556	665794	151	16847		
天津	426	37716	62	31369	2733	1754921
河北	8871	3719162	1191	225078	18	4540
山西	1207	45797	5	10	3	18946
内蒙古	1291	209852	53	2482	16	157335
辽宁	5694	593058	555	23073	3	145
吉林	2081	142515	476	60279		
黑龙江	690	121277	68	21923		
上海	2093	158041	72	15591		
江苏	14728	2669574	1624	130899	239	641503
浙江	17816	3894021	2662	301339	64	634361
安徽	3151	1170894	117	10858	3	327
福建	680	909922	123	10183		
江西	12186	1598209	89	13785		
山东	11507	2690602	1664	237380	70	13139
河南	2515	636204	503	386152	55	770
湖北	2012	257902	992	274986		
湖南	3175	688800	994	100687	58	2989
广东	668	81510	4270	382743		
广西	1183	318401	66	4940		
海南						
重庆	3033	2077336	1095	347821	3	475
四川	7125	565537	279	2609		
贵州	1866	118043	15	996		
云南	766	227328	488	7643	3	25
西藏						
陕西	614	52606	1313	234521		
甘肃	1155	70848	42	9570	2	61
青海	281	33960	4	130		
宁夏	1044	46389	149	5429	318	97703
新疆	3776	365582	1250	201528	127	2325

2-6 续表 10

地区	木材及制品类		石油及制品类		化工材料及制品类	
	摊位数（个）	成交额（万元）	摊位数（个）	成交额（万元）	摊位数（个）	成交额（万元）
全国	**27786**	**9369892**	**2243**	**19159820**	**48235**	**39875971**
北京	127	18624			113	20273
天津	62	19745			231	233787
河北	222	250841	13	5712	17924	3517641
山西					4	200
内蒙古	403	265497			44	30728
辽宁	1164	88174	170	4880000	94	10162
吉林	462	20996			1016	22910
黑龙江	75	9000			56	39990
上海	1102	666139	557	11197000	643	2058654
江苏	6588	1358755	41	852	8240	13175224
浙江	4263	1176516	125	1567101	4415	8767086
安徽	1208	250454	3	212	597	191966
福建	519	103213	2	56	222	41677
江西	432	44466			344	41467
山东	4647	3738369	288	1350352	4153	6532083
河南	318	208877	970	121740	1803	81984
湖北	679	218169	3	1010	177	43781
湖南	1222	91172	29	8668	1203	241878
广东	1063	457044	8	283	4679	4065769
广西	298	47690	1	872	173	82942
海南						
重庆	515	179683			216	77569
四川	1156	92631			536	234040
贵州	114	1934				
云南	155	11563			291	15363
西藏						
陕西	5	153			30	123100
甘肃	1	110			63	2550
青海						
宁夏	13	133	7	935	93	8663
新疆	973	49944	26	25027	875	214484

2-6 续表 11

地 区	#化肥类		金属材料类		建筑及装潢材料类	
	摊位数（个）	成交额（万元）	摊位数（个）	成交额（万元）	摊位数（个）	成交额（万元）
全 国	**3667**	**980251**	**89614**	**167389296**	**273565**	**48594549**
北 京			411	349781	6107	1176501
天 津	5	2538	1199	1420983	1463	182164
河 北	258	138901	13320	3173336	7324	1198798
山 西			333	659183	1806	726913
内蒙古	42	29900	619	280398	1275	462861
辽 宁	8	730	4028	2108103	6834	887138
吉 林	791	15613	1320	142021	2518	230259
黑龙江	56	39990	793	1046000	4979	581549
上 海	5	946	1830	55602112	8352	1392503
江 苏	345	262004	15907	36673175	39279	7008218
浙 江	2	1046	12377	18614146	30053	5890689
安 徽	22	4238	2021	3079366	14883	2062194
福 建			98	323911	3074	1695497
江 西	37	9622	1009	67890	12012	1942941
山 东	431	180451	7878	14998208	26701	6132315
河 南	756	51721	3212	5821643	9641	2378456
湖 北	34	15750	2509	2538313	9911	2432476
湖 南	84	42681	2080	1911740	17924	3108336
广 东	2	99	2440	3265126	5581	1131924
广 西	76	70451	1574	1466220	3053	522501
海 南					510	265230
重 庆	51	12541	4487	6578059	11394	2465360
四 川	131	43121	2866	1352189	19383	1711526
贵 州			1592	374080	3337	602562
云 南	111	7676	171	7912	2355	384068
西 藏						
陕 西			75	203300	7678	783876
甘 肃	27	501	1429	426381	1677	168371
青 海			22	15654	1248	121000
宁 夏	47	1959	1653	197258	1790	76610
新 疆	346	47772	2361	4692808	11423	871713

2-6 续表 12

地区	机电产品及设备类		#农机类		汽车类	
	摊位数(个)	成交额(万元)	摊位数(个)	成交额(万元)	摊位数(个)	成交额(万元)
全国	**53481**	**15346756**	**6523**	**2437834**	**72830**	**67836212**
北京	356	98182			3558	9637766
天津	652	376536	1	28	1062	1739873
河北	3749	1126802	1383	836098	3921	1840556
山西	215	217957			33	472137
内蒙古	149	95514	97	84509	24	45367
辽宁	624	37393			6513	2871585
吉林	447	12986	93	5512	2738	2566885
黑龙江					1252	33081
上海	653	104753			1752	2737116
江苏	7231	2272159	953	216097	3953	5328212
浙江	4416	2403846	11	1570	12047	13760357
安徽	2118	703569	1003	392990	1015	1155719
福建	134	7352			313	376137
江西	920	424848	467	209126	2319	1953312
山东	6202	1694970	765	259527	6878	3785485
河南	1476	199611	308	97559	1819	1046754
湖北	661	71766	8	328	1244	3122393
湖南	3907	883545	218	134317	2639	2543469
广东	1280	515247	180	45793	4182	5539875
广西	1067	132981			1475	160833
海南	100	21025				
重庆	4414	1507725	61	911	4778	2616504
四川	5004	751300	214	47537	1991	513018
贵州	499	312676	56	3411	1297	1261737
云南	532	23175	165	8978	1088	402975
西藏						
陕西	806	168810			1539	552542
甘肃	160	29997	10	200		
青海					1	15
宁夏	493	121883	201	66233	810	21823
新疆	5216	1030148	329	27110	2589	1750686

2-6 续表 13

地区	种子饲料类		棉麻类		其他类	
	摊位数（个）	成交额（万元）	摊位数（个）	成交额（万元）	摊位数（个）	成交额（万元）
全国	**8305**	**1336888**	**4346**	**5163537**	**211932**	**31775091**
北京	6	233	62	700	5345	190616
天津	7	1365			812	27862
河北	2268	70064	769	45851	34535	6268455
山西					1297	68577
内蒙古	147	39410	16	440	7566	1796302
辽宁	231	10795	21	161	11940	731941
吉林	236	7513	203	2576	4326	263197
黑龙江	65	36000	8	284	2868	313408
上海	10	1350	13	286	3500	409862
江苏	278	83561	1185	1859285	14338	6197424
浙江	141	25077	661	997148	37793	6844182
安徽	548	51360	33	21800	14109	694707
福建	194	255978			1938	344753
江西	135	21197	83	4961	4044	196725
山东	738	102877	837	2166694	13311	1368058
河南	573	82929	107	45590	8039	1537464
湖北	95	7300			1345	128158
湖南	337	95237	98	9995	5553	636254
广东	37	951	18	3464	9130	996974
广西	546	127799	119	1600	3127	321691
海南						
重庆	355	152889	15	1545	4020	584427
四川	248	23028	2	25	4758	425735
贵州	128	22606	54	493	7923	322902
云南	238	8830	10	36	2789	478868
西藏						
陕西	2	76			242	98770
甘肃	12	2472	3	19	1679	59020
青海					542	39350
宁夏	131	8654	10	161	702	35512
新疆	599	97337	19	423	4361	393897

(二)东中西部及东北地区

2-7 商品交易市场总体情况

地 区	市场数量(个)	总摊位数(个)	年末出租摊位数(个)	营业面积(平方米)	成交额(万元)
全 国	**4861**	**3983807**	**3457899**	**300233736**	**1021396989**
东部地区	**2843**	**2200223**	**1927572**	**168883929**	**699299796**
北 京	136	119956	101729	7242024	39996093
天 津	55	44125	38238	3594076	14303082
河 北	225	348754	302160	26566409	55403984
上 海	150	62479	57904	5174748	85986025
江 苏	501	392772	344084	32115568	169008101
浙 江	756	501894	446033	31421445	165405467
福 建	125	54702	48549	3323888	16122106
山 东	554	413743	384567	39912291	97514748
广 东	336	258692	201205	18829180	55129402
海 南	5	3106	3103	704300	430788
东北地区	**337**	**300196**	**267699**	**15440951**	**53781083**
辽 宁	200	187633	167914	8566920	36358533
吉 林	56	54307	48860	3223179	6560707
黑龙江	81	58256	50925	3650852	10861843
中部地区	**886**	**702078**	**609072**	**51722769**	**145410202**
山 西	32	26999	24986	2552764	6345511
安 徽	131	136233	122802	12731790	27103505
江 西	101	103730	84173	5939356	20661570
河 南	144	151444	120935	12892616	35730424
湖 北	151	86427	76280	6254594	22104214
湖 南	327	197245	179896	11351649	33464978
西部地区	**795**	**781310**	**653556**	**64186087**	**122905908**
内蒙古	70	37788	35746	7571097	5703391
广 西	95	88771	79224	4145585	9546780
重 庆	151	109271	99654	8039363	35865293
四 川	132	200053	149586	12246656	24267501
贵 州	58	63888	48895	5281229	10261579
云 南	47	65648	48118	2869423	5781095
西 藏	3	3267	2617	35400	150926
陕 西	51	38748	35672	3377062	6518428
甘 肃	41	36731	30729	1910105	3627286
青 海	9	7882	7831	543368	657421
宁 夏	40	30553	28125	4510715	3134120
新 疆	98	98710	87359	13656084	17392088

2-8　商品交易市场情况(按市场类别分)

(综合市场)

地　区	市场数量(个)	总摊位数(个)	年末出租摊位数(个)	营业面积(平方米)	成交额(万元)
全　国	**1369**	**1496653**	**1294553**	**80099279**	**255310922**
东部地区	**750**	**744100**	**648761**	**39431996**	**148354999**
北　京	38	45436	41774	2684421	20362556
天　津	17	18097	16493	1328681	4826773
河　北	59	131618	114822	7011025	22516646
上　海	44	19850	18869	970813	4235829
江　苏	118	108595	93427	7517793	29445439
浙　江	247	180286	162873	9334656	37812331
福　建	48	24921	20986	787491	4086827
山　东	96	126028	116708	6277663	12735709
广　东	81	87900	61443	3510653	12269275
海　南	2	1369	1366	8800	63614
东北地区	**96**	**98210**	**88230**	**3574109**	**11343706**
辽　宁	60	63268	56809	1898347	6763630
吉　林	15	18006	16820	821787	790353
黑龙江	21	16936	14601	853975	3789723
中部地区	**301**	**335117**	**284155**	**19077904**	**57594195**
山　西	11	16550	15996	1693215	5064695
安　徽	50	74030	66619	7146516	12617369
江　西	37	57358	40862	1493754	9290328
河　南	30	61628	42892	3086056	7942830
湖　北	46	31809	28405	1950687	6325405
湖　南	127	93742	89381	3707676	16353568
西部地区	**222**	**319226**	**273407**	**18015270**	**38018022**
内蒙古	10	9843	8588	856894	1103909
广　西	26	39511	35217	797370	1734961
重　庆	45	61270	56368	3085493	14715804
四　川	50	71990	63551	3238370	10124028
贵　州	15	43352	30004	2844162	2814902
云　南	10	8783	8394	190768	346199
西　藏	3	3267	2617	35400	150926
陕　西	6	6518	5507	315200	1379190
甘　肃	11	15114	10944	432347	803490
青　海					
宁　夏	9	6412	5656	323887	458904
新　疆	37	53166	46561	5895379	4385709

2-8 续表 1

(生产资料综合市场)

地 区	市场数量(个)	总摊位数(个)	年末出租摊位数(个)	营业面积(平方米)	成交额(万元)
全 国	**49**	**63101**	**54972**	**7899751**	**12641888**
东部地区	**26**	**24667**	**20330**	**2998973**	**7179106**
北 京					
天 津					
河 北	2	1930	1630	520000	615703
上 海					
江 苏	4	10875	8949	1332130	841905
浙 江	14	8775	6761	903671	5337564
福 建					
山 东	5	1736	1639	211312	336028
广 东	1	1351	1351	31860	47906
海 南					
东北地区	**3**	**5210**	**4855**	**121990**	**106838**
辽 宁	2	1810	1455	21990	66750
吉 林	1	3400	3400	100000	40088
黑龙江					
中部地区	**9**	**21432**	**20221**	**3313481**	**3645444**
山 西	1	120	100	23000	10460
安 徽	3	11234	10793	2387145	2321643
江 西	1	3295	3295	126906	42870
河 南					
湖 北	3	6621	5871	770230	1250214
湖 南	1	162	162	6200	20257
西部地区	**11**	**11792**	**9566**	**1465307**	**1710500**
内蒙古	1	40	40	20000	33680
广 西					
重 庆	2	2230	2230	304123	786443
四 川	3	2618	2490	173180	398260
贵 州	1	2846	903	375250	220286
云 南	1	173	158	10920	10349
西 藏					
陕 西					
甘 肃					
青 海					
宁 夏					
新 疆	3	3885	3745	581834	261482

2-8 续表 2

(工业消费品综合市场)

地　区	市场数量(个)	总摊位数(个)	年末出租摊位数(个)	营业面积(平方米)	成交额(万元)
全　国	**292**	**553788**	**485872**	**27983322**	**85941204**
东部地区	**136**	**312302**	**266055**	**16327411**	**52347538**
北　京	13	11368	10135	238624	833105
天　津	4	5573	5387	146250	612258
河　北	13	71347	62367	4039401	16479346
上　海	2	1846	1694	42478	74066
江　苏	19	32345	29781	2100574	6614855
浙　江	29	87172	81841	5530119	16564459
福　建	3	5691	3519	71358	750233
山　东	31	50500	45549	2664155	7226208
广　东	22	46460	25782	1494452	3193008
海　南					
东北地区	**36**	**45326**	**41789**	**984248**	**2515988**
辽　宁	23	31507	29034	632533	1839053
吉　林	4	6607	6473	222200	287316
黑龙江	9	7212	6282	129515	389619
中部地区	**68**	**104738**	**96871**	**5727767**	**19490123**
山　西	2	1560	1154	111220	20707
安　徽	12	30176	27908	2819612	2735359
江　西	6	14543	12175	288880	3490211
河　南	11	18700	17024	751533	3548338
湖　北	8	7717	7519	471328	1048782
湖　南	29	32042	31091	1285194	8646726
西部地区	**52**	**91422**	**81157**	**4943896**	**11587555**
内蒙古	2	3402	3358	171000	97628
广　西	2	6621	5948	212000	190291
重　庆	13	33437	31592	1723551	8018366
四　川	10	18914	14875	1076020	1477256
贵　州					
云　南					
西　藏					
陕　西	2	2780	2537	123000	53810
甘　肃	8	8264	7958	368807	714507
青　海					
宁　夏	2	2086	2086	66800	80329
新　疆	13	15918	12803	1202718	955368

2-8 续表 3

(农产品综合市场)

地　区	市场数量(个)	总摊位数(个)	年末出租摊位数(个)	营业面积(平方米)	成交额(万元)
全　国	**681**	**481134**	**426604**	**24025059**	**110997330**
东部地区	**445**	**274103**	**242376**	**12686625**	**67993764**
北　京	20	26819	24813	2161496	17728869
天　津	4	3176	2827	350000	2418599
河　北	27	42192	36648	1678676	3626428
上　海	37	15237	14440	847310	3829212
江　苏	72	43997	37214	2668760	17018815
浙　江	179	70256	61311	1751626	10349357
福　建	35	14311	12908	296012	2167247
山　东	25	23515	22141	1183379	2189395
广　东	45	33914	29388	1748166	8648786
海　南	1	686	686	1200	17056
东北地区	**29**	**18292**	**14674**	**1175935**	**4693784**
辽　宁	16	9668	7322	388140	1158239
吉　林	4	2208	1300	286795	268510
黑龙江	9	6416	6052	501000	3267035
中部地区	**108**	**78072**	**70735**	**4542385**	**20247952**
山　西	4	3085	3075	341490	537313
安　徽	21	17819	14597	619672	4814157
江　西	11	9659	9421	284119	3176177
河　南	11	11320	10425	1594483	3930900
湖　北	19	8370	6718	319417	2297223
湖　南	42	27819	26499	1383204	5492182
西部地区	**99**	**110667**	**98819**	**5620114**	**18061830**
内蒙古	4	2356	1330	361759	558382
广　西	16	22531	20104	384138	1138577
重　庆	20	18046	15707	562164	5038405
四　川	27	42868	39981	1593839	7658769
贵　州	6	2999	2807	79774	248434
云　南	4	3770	3673	46926	176601
西　藏	3	3267	2617	35400	150926
陕　西	3	3520	2764	168200	1298352
甘　肃	2	2300	2000	63000	65940
青　海					
宁　夏	5	2511	2045	197587	208597
新　疆	9	6499	5791	2127327	1518847

2-8 续表 4

(其他综合市场)

地 区	市场数量(个)	总摊位数(个)	年末出租摊位数(个)	营业面积(平方米)	成交额(万元)
全 国	**347**	**398630**	**327105**	**20191147**	**45730500**
东部地区	**143**	**133028**	**120000**	**7418987**	**20834591**
北 京	5	7249	6826	284301	1800582
天 津	9	9348	8279	832431	1795916
河 北	17	16149	14177	772948	1795169
上 海	5	2767	2735	81025	332551
江 苏	23	21378	17483	1416329	4969864
浙 江	25	14083	12960	1149240	5560951
福 建	10	4919	4559	420121	1169347
山 东	35	50277	47379	2218817	2984078
广 东	13	6175	4922	236175	379575
海 南	1	683	680	7600	46558
东北地区	**28**	**29382**	**26912**	**1291936**	**4027096**
辽 宁	19	20283	18998	855684	3699588
吉 林	6	5791	5647	212792	194439
黑 龙 江	3	3308	2267	223460	133069
中部地区	**116**	**130875**	**96328**	**5494271**	**14210676**
山 西	4	11785	11667	1217505	4496215
安 徽	14	14801	13321	1320087	2746210
江 西	19	29861	15971	793849	2581070
河 南	8	31608	15443	740040	463592
湖 北	16	9101	8297	389712	1729186
湖 南	55	33719	31629	1033078	2194403
西部地区	**60**	**105345**	**83865**	**5985953**	**6658137**
内 蒙 古	3	4045	3860	304135	414219
广 西	8	10359	9165	201232	406093
重 庆	10	7557	6839	495655	872590
四 川	10	7590	6205	395331	589743
贵 州	8	37507	26294	2389138	2346182
云 南	5	4840	4563	132922	159249
西 藏					
陕 西	1	218	206	24000	27028
甘 肃	1	4550	986	540	23043
青 海					
宁 夏	2	1815	1525	59500	169978
新 疆	12	26864	24222	1983500	1650012

2-8 续表 5

(专业市场)

地　区	市场数量(个)	总摊位数(个)	年末出租摊位数(个)	营业面积(平方米)	成交额(万元)
全　国	**3492**	**2487154**	**2163346**	**220134457**	**766086067**
东部地区	**2093**	**1456123**	**1278811**	**129451933**	**550944797**
北　京	98	71520	59955	4557603	19633537
天　津	38	26028	21745	2265395	9476309
河　北	166	217136	187338	19555384	32887338
上　海	106	42629	39035	4203935	81750196
江　苏	383	284177	250657	24597775	139562662
浙　江	509	321608	283160	22086789	127593136
福　建	77	29781	27563	2536397	12035279
山　东	458	287715	267859	33634628	84779039
广　东	255	170792	139762	15318527	42860127
海　南	3	1737	1737	695500	367174
东北地区	**241**	**201986**	**179469**	**11866842**	**42437377**
辽　宁	140	124365	111105	6668573	29594903
吉　林	41	36301	32040	2401392	5770354
黑龙江	60	41320	36324	2796877	7072120
中部地区	**585**	**366961**	**324917**	**32644865**	**87816007**
山　西	21	10449	8990	859549	1280816
安　徽	81	62203	56183	5585274	14486136
江　西	64	46372	43311	4445602	11371242
河　南	114	89816	78043	9806560	27787594
湖　北	105	54618	47875	4303907	15778809
湖　南	200	103503	90515	7643973	17111410
西部地区	**573**	**462084**	**380149**	**46170817**	**84887886**
内蒙古	60	27945	27158	6714203	4599482
广　西	69	49260	44007	3348215	7811819
重　庆	106	48001	43286	4953870	21149489
四　川	82	128063	86035	9008286	14143473
贵　州	43	20536	18891	2437067	7446677
云　南	37	56865	39724	2678655	5434896
西　藏					
陕　西	45	32230	30165	3061862	5139238
甘　肃	30	21617	19785	1477758	2823796
青　海	9	7882	7831	543368	657421
宁　夏	31	24141	22469	4186828	2675216
新　疆	61	45544	40798	7760705	13006379

2-8 续表 6

(生产资料市场)

地 区	市场数量(个)	总摊位数(个)	年末出租摊位数(个)	营业面积(平方米)	成交额(万元)
全 国	**655**	**354810**	**288206**	**65533569**	**261990577**
东部地区	**382**	**187048**	**160858**	**34132250**	**208670170**
北 京	14	3827	3535	446958	971748
天 津	11	5299	4655	463170	3400179
河 北	32	21832	21043	4460462	5287691
上 海	26	6468	6225	1596395	70468904
江 苏	89	62243	49476	7194463	54743906
浙 江	84	33696	30137	4264472	31887410
福 建	11	3049	2887	649542	1986067
山 东	89	35657	31828	11311467	30974736
广 东	25	14197	10292	3065321	8633023
海 南	1	780	780	680000	316506
东北地区	**40**	**18869**	**15498**	**3332831**	**9496370**
辽 宁	21	8655	5490	1753431	7279558
吉 林	10	4682	4634	592400	411975
黑龙江	9	5532	5374	987000	1804837
中部地区	**104**	**55900**	**45053**	**8437586**	**18923906**
山 西	3	593	588	95180	109417
安 徽	15	7404	6904	1633513	3859533
江 西	7	4465	4321	284435	1012470
河 南	18	15907	9839	3328669	7413685
湖 北	17	5511	4995	572300	2709295
湖 南	44	22020	18406	2523489	3819506
西部地区	**129**	**92993**	**66797**	**19630902**	**24900131**
内蒙古	12	2711	2711	3736807	1374426
广 西	17	6448	5633	1015400	2399370
重 庆	30	12607	11482	1783129	8641676
四 川	23	39820	19392	4290638	3467596
贵 州	8	2686	2203	615149	748451
云 南	6	1370	1226	178108	70208
西 藏					
陕 西	11	8308	7833	1459300	1184554
甘 肃	4	1685	1343	229066	451356
青 海	1	22	22	1000	15654
宁 夏	6	2915	2868	1746570	427224
新 疆	11	14421	12084	4575735	6119616

2-8 续表 7

(农业生产用具市场)

地　区	市场数量(个)	总摊位数(个)	年末出租摊位数(个)	营业面积(平方米)	成交额(万元)
全　国	**20**	**6585**	**5686**	**1564891**	**2323348**
东部地区	**11**	**3771**	**3722**	**1027235**	**1475703**
北　京					
天　津					
河　北	4	2560	2554	683520	1180950
上　海					
江　苏	1	328	328	52700	51085
浙　江					
福　建					
山　东	5	703	660	176000	197875
广　东	1	180	180	115015	45793
海　南					
东北地区					
辽　宁					
吉　林					
黑 龙 江					
中部地区	**5**	**2025**	**1373**	**292000**	**739092**
山　西					
安　徽	1	638	638	120000	385010
江　西	1	457	332	8000	135474
河　南	1	360	260	56000	90000
湖　北					
湖　南	2	570	143	108000	128608
西部地区	**4**	**789**	**591**	**245656**	**108553**
内 蒙 古	2	61	61	180006	63050
广　西					
重　庆					
四　川					
贵　州					
云　南					
西　藏					
陕　西					
甘　肃					
青　海					
宁　夏	1	180	180	16144	28110
新　疆	1	548	350	49506	17393

2-8　续表 8

(农用生产资料市场)

地　区	市场数量(个)	总摊位数(个)	年末出租摊位数(个)	营业面积(平方米)	成交额(万元)
全　国	**28**	**7856**	**6428**	**1164209**	**1627835**
东部地区	**12**	**3449**	**2835**	**549136**	**885691**
北　京					
天　津					
河　北	2	2032	1677	301800	94521
上　海					
江　苏	2	253	231	110500	231660
浙　江	1	185	86	6880	14571
福　建	2	348	239	23750	270507
山　东	4	630	601	62250	261549
广　东	1	1	1	43956	12883
海　南					
东北地区	**2**	**99**	**96**	**9500**	**40243**
辽　宁					
吉　林	1	60	60	8500	22253
黑龙江	1	39	36	1000	17990
中部地区	**4**	**1378**	**1371**	**105340**	**150287**
山　西					
安　徽	1	116	116	2340	13116
江　西					
河　南	1	1200	1200	66000	51000
湖　北					
湖　南	2	62	55	37000	86171
西部地区	**10**	**2930**	**2126**	**500233**	**551614**
内蒙古	2	175	175	226674	68190
广　西	3	980	965	71569	261876
重　庆	1	380	280	28554	150000
四　川					
贵　州					
云　南	1	316	316	7268	12278
西　藏					
陕　西					
甘　肃					
青　海					
宁　夏					
新　疆	3	1079	390	166168	59270

2-8 续表 9

(煤炭市场)

地　区	市场数量(个)	总摊位数(个)	年末出租摊位数(个)	营业面积(平方米)	成交额(万元)
全　国	**6**	**3474**	**3407**	**3762080**	**2649934**
东部地区	**3**	**2844**	**2782**	**406400**	**2372702**
北　京					
天　津	2	2795	2733	1400	1754921
河　北					
上　海					
江　苏					
浙　江	1	49	49	405000	617781
福　建					
山　东					
广　东					
海　南					
东北地区					
辽　宁					
吉　林					
黑龙江					
中部地区	**1**	**8**	**3**	**180**	**18946**
山　西	1	8	3	180	18946
安　徽					
江　西					
河　南					
湖　北					
湖　南					
西部地区	**2**	**622**	**622**	**3355500**	**258286**
内蒙古	1	15	15	2000100	156900
广　西					
重　庆					
四　川					
贵　州					
云　南					
西　藏					
陕　西					
甘　肃					
青　海					
宁　夏	1	607	607	1355400	101386
新　疆					

2-8 续表 10

(木材市场)

地 区	市场数量(个)	总摊位数(个)	年末出租摊位数(个)	营业面积(平方米)	成交额(万元)
全 国	**46**	**19646**	**16583**	**5440978**	**7462739**
东部地区	**38**	**17756**	**14848**	**4191218**	**6986712**
北 京					
天 津					
河 北					
上 海	6	612	586	297396	595211
江 苏	8	5123	4577	609300	1063223
浙 江	10	5554	5514	537816	1401554
福 建	1	402	402	186580	103507
山 东	11	3554	3029	2231616	3394217
广 东	2	2511	740	328510	429000
海 南					
东北地区	**2**	**368**	**360**	**227800**	**42721**
辽 宁	1	200	200	2800	29300
吉 林	1	168	160	225000	13421
黑 龙 江					
中部地区	**1**	**550**	**515**	**65000**	**19524**
山 西					
安 徽					
江 西					
河 南					
湖 北					
湖 南	1	550	515	65000	19524
西部地区	**5**	**972**	**860**	**956960**	**413782**
内 蒙 古	1	134	134	666700	169890
广 西	2	303	287	165000	47076
重 庆	2	535	439	125260	196816
四 川					
贵 州					
云 南					
西 藏					
陕 西					
甘 肃					
青 海					
宁 夏					
新 疆					

2-8 续表 11

(建材市场)

地　区	市场数量(个)	总摊位数(个)	年末出租摊位数(个)	营业面积(平方米)	成交额(万元)
全　国	**218**	**148882**	**111227**	**23092092**	**19991876**
东部地区	**99**	**52725**	**44529**	**7580640**	**9619448**
北　京	9	2751	2645	242704	432135
天　津	2	1318	983	215000	140952
河　北	6	1658	1582	384420	200744
上　海	7	1318	1221	753591	484555
江　苏	31	24904	19400	2559586	2772279
浙　江	14	4305	3858	736520	1464698
福　建	5	1709	1684	373204	1163470
山　东	22	13040	11613	1464529	2396749
广　东	2	942	763	171086	247360
海　南	1	780	780	680000	316506
东北地区	**11**	**6484**	**6281**	**1249371**	**953744**
辽　宁	5	1371	1188	615171	321359
吉　林	3	883	883	108200	109338
黑龙江	3	4230	4210	526000	523047
中部地区	**53**	**34467**	**26679**	**4460144**	**4686651**
山　西	1	372	372	15000	37261
安　徽	8	4678	4331	1155435	579120
江　西	5	3329	3310	230414	841396
河　南	6	11044	5463	1480886	1441143
湖　北	9	2830	2720	293500	785078
湖　南	24	12214	10483	1284909	1002653
西部地区	**55**	**55206**	**33738**	**9801937**	**4732033**
内蒙古	3	768	768	133000	214145
广　西	7	2286	2096	245200	360046
重　庆	9	2899	2748	525365	851937
四　川	16	33041	13138	3288799	1463617
贵　州	4	904	873	339449	380751
云　南	4	589	520	107333	44446
西　藏					
陕　西	9	7298	6935	1274100	689594
甘　肃	1	35	29	11066	27096
青　海					
宁　夏					
新　疆	2	7386	6631	3877625	700401

2-8 续表 12

(化工材料及制品市场)

地 区	市场数量(个)	总摊位数(个)	年末出租摊位数(个)	营业面积(平方米)	成交额(万元)
全 国	**33**	**25454**	**22603**	**2275227**	**34626995**
东部地区	**27**	**23063**	**20657**	**2129067**	**34203983**
北 京					
天 津	1	334	224	9638	230923
河 北	2	797	684	67900	471320
上 海	1	495	495	13000	1150000
江 苏	8	8371	7594	471393	12825028
浙 江	7	4212	3759	504800	8066799
福 建					
山 东	5	3726	3601	374316	7578968
广 东	3	5128	4300	688020	3880945
海 南					
东北地区	**1**	**98**	**98**	**4300**	**10040**
辽 宁	1	98	98	4300	10040
吉 林					
黑 龙 江					
中部地区	**4**	**1927**	**1482**	**76400**	**222972**
山 西					
安 徽	1	558	558	3800	36257
江 西					
河 南					
湖 北					
湖 南	3	1369	924	72600	186715
西部地区	**1**	**366**	**366**	**65460**	**190000**
内 蒙 古					
广 西					
重 庆					
四 川	1	366	366	65460	190000
贵 州					
云 南					
西 藏					
陕 西					
甘 肃					
青 海					
宁 夏					
新 疆					

2-8 续表 13

(金属材料市场)

地　区	市场数量(个)	总摊位数(个)	年末出租摊位数(个)	营业面积(平方米)	成交额(万元)
全　国	**219**	**97311**	**81253**	**23081878**	**164677242**
东部地区	**142**	**62288**	**52669**	**15195281**	**133559466**
北　京	3	413	342	150184	346646
天　津	6	852	715	237132	1273383
河　北	14	13419	13193	2612747	3132391
上　海	7	2569	2474	396316	55960476
江　苏	32	18709	13956	3107033	36301149
浙　江	34	14047	12270	1814638	17527079
福　建	1	101	82	30300	312018
山　东	32	8753	7323	5800897	15550067
广　东	13	3425	2314	1046034	3156257
海　南					
东北地区	**18**	**10245**	**7183**	**1582160**	**3349917**
辽　宁	12	6671	3709	1101160	2014270
吉　林	2	2461	2461	141000	172847
黑龙江	4	1113	1013	340000	1162800
中部地区	**27**	**9832**	**8643**	**3219095**	**12522120**
山　西	1	213	213	80000	53210
安　徽	4	1414	1261	351938	2846030
江　西	1	679	679	46021	35600
河　南	10	3303	2916	1725783	5831542
湖　北	7	2341	1963	272800	1893109
湖　南	4	1882	1611	742553	1862629
西部地区	**32**	**14946**	**12758**	**3085342**	**15245739**
内蒙古	2	330	330	390000	186231
广　西	3	1529	1529	393631	1465000
重　庆	11	5070	4344	798174	6533843
四　川	3	2281	1956	650379	1224479
贵　州	4	1782	1330	275700	367700
云　南					
西　藏					
陕　西	1	210	105	5200	326400
甘　肃	3	1650	1314	218000	424260
青　海	1	22	22	1000	15654
宁　夏	2	1702	1655	242470	197819
新　疆	2	370	173	110788	4504353

2-8 续表 14

(机械设备市场)

地 区	市场数量（个）	总摊位数（个）	年末出租摊位数（个）	营业面积（平方米）	成交额（万元）
全 国	**49**	**27559**	**24964**	**2807314**	**7035642**
东部地区	**28**	**12315**	**10779**	**1670165**	**4395568**
北 京	1	377	262	33000	80000
天 津					
河 北	4	1366	1353	410075	207765
上 海	1	187	162	4500	85316
江 苏	5	3456	2397	256151	1330554
浙 江	8	2109	1842	85880	789900
福 建					
山 东	7	3763	3722	387859	1382088
广 东	2	1057	1041	492700	519945
海 南					
东北地区					
辽 宁					
吉 林					
黑 龙 江					
中部地区	**7**	**5036**	**4315**	**185310**	**513704**
山 西					
安 徽					
江 西					
河 南					
湖 北	1	340	312	6000	31108
湖 南	6	4696	4003	179310	482596
西部地区	**14**	**10208**	**9870**	**951839**	**2126370**
内 蒙 古					
广 西	1	500	496	30000	70000
重 庆	5	2685	2633	187776	684917
四 川	3	4132	3932	286000	589500
贵 州					
云 南	1	465	390	63507	13484
西 藏					
陕 西	1	800	793	180000	168560
甘 肃					
青 海					
宁 夏	2	426	426	132556	99909
新 疆	1	1200	1200	72000	500000

2-8 续表 15

(其他生产资料市场)

地 区	市场数量(个)	总摊位数(个)	年末出租摊位数(个)	营业面积(平方米)	成交额(万元)
全 国	**36**	**18043**	**16055**	**2344900**	**21594966**
东部地区	**22**	**8837**	**8037**	**1383108**	**15170897**
北 京	1	286	286	21070	112967
天 津					
河 北					
上 海	4	1287	1287	131592	12193346
江 苏	2	1099	993	27800	168928
浙 江	9	3235	2759	172938	2005028
福 建	2	489	480	35708	136565
山 东	3	1488	1279	814000	213223
广 东	1	953	953	180000	340840
海 南					
东北地区	**6**	**1575**	**1480**	**259700**	**5099705**
辽 宁	2	315	295	30000	4904589
吉 林	3	1110	1070	109700	94116
黑龙江	1	150	115	120000	101000
中部地区	**2**	**677**	**672**	**34117**	**50610**
山 西					
安 徽					
江 西					
河 南					
湖 北					
湖 南	2	677	672	34117	50610
西部地区	**6**	**6954**	**5866**	**667975**	**1273754**
内蒙古	1	1228	1228	140327	516020
广 西	1	850	260	110000	195372
重 庆	2	1038	1038	118000	224163
四 川					
贵 州					
云 南					
西 藏					
陕 西					
甘 肃					
青 海					
宁 夏					
新 疆	2	3838	3340	299648	338199

2-8 续表 16

(农产品市场)

地 区	市场数量（个）	总摊位数（个）	年末出租摊位数（个）	营业面积（平方米）	成交额（万元）
全 国	**966**	**590239**	**522891**	**43718321**	**174665222**
东部地区	**604**	**395163**	**345595**	**27200825**	**109518336**
北 京	17	19601	9570	951965	3809194
天 津	12	11175	9216	974928	3095332
河 北	65	97954	86625	4678671	9482794
上 海	27	10708	8762	662867	4015550
江 苏	107	54341	48349	3350394	19387259
浙 江	140	60042	51585	3072294	24429084
福 建	36	10186	9747	728779	5266506
山 东	131	105233	98950	10784867	27670146
广 东	68	25246	22114	1991060	12337683
海 南	1	677	677	5000	24788
东北地区	**63**	**24133**	**22499**	**2260204**	**7982573**
辽 宁	36	13335	12793	1325320	4074206
吉 林	10	5848	5499	378538	1284446
黑龙江	17	4950	4207	556346	2623921
中部地区	**139**	**75237**	**68230**	**5592039**	**29985635**
山 西	7	3390	3206	280680	799597
安 徽	25	12978	10849	959680	2714416
江 西	18	10418	10000	482000	4024120
河 南	27	19853	18815	2169306	13500680
湖 北	20	12034	11034	751229	4676403
湖 南	42	16564	14326	949144	4270419
西部地区	**160**	**95706**	**86567**	**8665253**	**27178678**
内蒙古	23	8942	8760	1699680	1134540
广 西	19	15076	14299	871577	2934387
重 庆	19	9134	7894	446402	3764381
四 川	20	11983	10650	700143	4040841
贵 州	13	6165	5323	304411	3687733
云 南	9	4533	4469	387703	1996671
西 藏					
陕 西	12	6161	5454	379040	1849836
甘 肃	13	10073	8882	488449	1546590
青 海	3	2285	2235	393203	359235
宁 夏	12	10674	9246	1430711	1882160
新 疆	17	10680	9355	1563934	3982304

2-8 续表 17

(粮油市场)

地　区	市场数量(个)	总摊位数(个)	年末出租摊位数(个)	营业面积(平方米)	成交额(万元)
全　国	**106**	**33586**	**29932**	**3647592**	**16692071**
东部地区	**75**	**26865**	**23965**	**2726412**	**11407522**
北　京	1	289	289	30000	36100
天　津	3	1611	1611	174410	677294
河　北	4	427	226	262766	77584
上　海	8	895	895	32385	143643
江　苏	13	6695	5516	843794	3730870
浙　江	21	5025	3768	468943	2877562
福　建	3	405	387	72100	244413
山　东	15	9714	9576	580534	2791658
广　东	7	1804	1697	261480	828398
海　南					
东北地区	**4**	**712**	**712**	**157283**	**824574**
辽　宁	2	448	448	130000	308977
吉　林					
黑龙江	2	264	264	27283	515597
中部地区	**9**	**1670**	**1483**	**180316**	**1499853**
山　西	1	132	132	16000	74280
安　徽	1	270	270	40000	305270
江　西	2	101	101	44600	560347
河　南	1	256	212	9395	68581
湖　北	1	235	235	24000	12370
湖　南	3	676	533	46321	479005
西部地区	**18**	**4339**	**3772**	**583581**	**2960122**
内蒙古	5	322	322	325890	155145
广　西	1	94	86	10000	10450
重　庆	1	1000	536	8000	53953
四　川	2	637	594	32000	201110
贵　州	2	381	365	40900	1592180
云　南	2	928	928	65431	395361
西　藏					
陕　西	1	244	244	5496	294245
甘　肃	2	460	460	63000	202954
青　海					
宁　夏	1	65	62	7864	17724
新　疆	1	208	175	25000	37000

2-8 续表 18

(肉禽蛋市场)

地区	市场数量(个)	总摊位数(个)	年末出租摊位数(个)	营业面积(平方米)	成交额(万元)
全国	**116**	**46080**	**41934**	**2934265**	**15464209**
东部地区	**69**	**21494**	**18915**	**1155839**	**9475365**
北京	1	103	103	1100	23085
天津					
河北	4	1328	1280	240812	773551
上海	4	596	594	16160	867322
江苏	26	9219	7668	335089	3825017
浙江	13	3067	2919	98680	1728403
福建	3	620	510	12400	160694
山东	5	3164	2775	87660	155231
广东	13	3397	3066	363938	1942062
海南					
东北地区	**5**	**1066**	**860**	**22355**	**203423**
辽宁	3	454	323	10200	81130
吉林					
黑龙江	2	612	537	12155	122293
中部地区	**16**	**5140**	**4706**	**365371**	**1491998**
山西					
安徽	5	1418	1066	207851	322451
江西	5	2064	2064	67960	991734
河南	1	643	643	35200	49105
湖北					
湖南	5	1015	933	54360	128708
西部地区	**26**	**18380**	**17453**	**1390700**	**4293423**
内蒙古	3	684	591	30000	65760
广西	8	7569	7346	112624	469213
重庆	4	2049	1903	105996	1526665
四川	2	1948	1852	87977	1317930
贵州	1	341	332	5700	14159
云南	1	650	593	16812	25723
西藏					
陕西	1	1200	897	31526	18920
甘肃					
青海					
宁夏	2	617	617	85000	155946
新疆	4	3322	3322	915065	699107

2-8 续表 19

(水产品市场)

地　　区	市场数量(个)	总摊位数(个)	年末出租摊位数(个)	营业面积(平方米)	成交额(万元)
全　　国	**141**	**75452**	**67230**	**4285616**	**32339409**
东部地区	**111**	**58439**	**51840**	**3059308**	**22934529**
北　　京	3	2343	2246	75830	1207728
天　　津	1	200	200	8000	360000
河　　北	4	2601	2566	68000	113465
上　　海	3	2060	1839	189000	1137219
江　　苏	22	8653	7538	748160	2735425
浙　　江	33	17602	15606	570382	6211885
福　　建	9	2894	2829	176379	3038185
山　　东	21	18245	15695	943032	5104657
广　　东	15	3841	3321	280525	3025965
海　　南					
东北地区	**10**	**6230**	**6140**	**396580**	**2726122**
辽　　宁	8	4895	4805	268200	2057936
吉　　林	1	1305	1305	120601	648186
黑 龙 江	1	30	30	7779	20000
中部地区	**14**	**7749**	**6780**	**578528**	**5818136**
山　　西					
安　　徽	1	386	386	52000	129800
江　　西	1	780	779	43000	426612
河　　南	3	1061	1055	107424	1222251
湖　　北	4	4497	3553	283534	2722991
湖　　南	5	1025	1007	92570	1316482
西部地区	**6**	**3034**	**2470**	**251200**	**860622**
内 蒙 古					
广　　西	1	371	345	13000	35800
重　　庆	2	900	561	114000	744000
四　　川					
贵　　州					
云　　南					
西　　藏					
陕　　西	1	720	650	23000	20800
甘　　肃	1	88	88	1200	10022
青　　海					
宁　　夏					
新　　疆	1	955	826	100000	50000

2-8 续表 20

(蔬菜市场)

地区	市场数量(个)	总摊位数(个)	年末出租摊位数(个)	营业面积(平方米)	成交额(万元)
全国	**293**	**229987**	**203548**	**16876456**	**42610862**
东部地区	**168**	**157368**	**136033**	**10941212**	**25416088**
北京	8	10924	3560	517800	2265796
天津	6	7670	5885	493292	619218
河北	39	59771	53547	2755749	3633485
上海	3	940	940	80082	826564
江苏	14	7962	7613	449650	2198289
浙江	25	12758	9376	705582	3514649
福建	7	1824	1784	302044	890594
山东	56	50690	48917	5163930	10458735
广东	10	4829	4411	473083	1008758
海南					
东北地区	**19**	**5358**	**5038**	**746061**	**2109027**
辽宁	11	2826	2820	454620	660364
吉林	3	877	777	56800	324287
黑龙江	5	1655	1441	234641	1124376
中部地区	**48**	**26341**	**25118**	**2143626**	**6479064**
山西	4	2916	2732	224800	677317
安徽	10	4922	4741	339471	828484
江西	3	1198	1198	86500	216322
河南	16	10367	9587	934487	2652141
湖北	6	1459	1439	107700	340473
湖南	9	5479	5421	450668	1764327
西部地区	**58**	**40920**	**37359**	**3045557**	**8606683**
内蒙古	5	4990	4960	321590	365189
广西	4	2279	2279	351620	766626
重庆	7	2746	2734	82879	439881
四川	7	4533	3742	239800	1210945
贵州	5	3222	2498	69528	1154642
云南	4	1955	1948	192380	721023
西藏					
陕西	6	2622	2496	207718	975420
甘肃	8	8374	7183	348249	572006
青海	2	1885	1885	277000	324235
宁夏	4	4599	4351	665000	476464
新疆	6	3715	3283	289793	1600252

2-8 续表 21

(干鲜果品市场)

地　区	市场数量(个)	总摊位数(个)	年末出租摊位数(个)	营业面积(平方米)	成交额(万元)
全　国	**129**	**77564**	**66886**	**6329336**	**31026704**
东部地区	**75**	**51865**	**45404**	**3765570**	**21085119**
北　京	1	2500	380	235000	117405
天　津					
河　北	7	16907	15872	825854	3899652
上　海	3	857	750	162250	92507
江　苏	9	6285	5207	337717	1945235
浙　江	21	7579	6926	582123	4853379
福　建	6	1078	1044	87326	516026
山　东	20	13231	12346	1032055	5000541
广　东	8	3428	2879	503245	4660374
海　南					
东北地区	**11**	**3578**	**3046**	**536688**	**1513351**
辽　宁	5	2062	1993	279000	771734
吉　林	2	178	142	47700	105435
黑龙江	4	1338	911	209988	636182
中部地区	**19**	**9127**	**8228**	**680075**	**2978385**
山　西	2	342	342	39880	48000
安　徽	1	443	443	33350	91250
江　西	3	1179	1162	66500	1117586
河　南	2	835	804	110000	56352
湖　北	4	4256	4221	245775	1435664
湖　南	7	2072	1256	184570	229533
西部地区	**24**	**12994**	**10208**	**1347003**	**5449849**
内蒙古					
广　西	3	1449	929	159957	604351
重　庆	2	1168	1168	60787	461638
四　川	5	1558	1215	79300	243568
贵　州	4	971	971	53283	580214
云　南	1	600	600	100000	817031
西　藏					
陕　西	2	275	260	71300	87851
甘　肃	1	511	511	34800	161608
青　海					
宁　夏	3	4382	3205	620900	976148
新　疆	3	2080	1349	166676	1517440

2-8 续表 22

(棉麻土畜、烟叶市场)

地 区	市场数量 (个)	总摊位数 (个)	年末出租摊位数 (个)	营业面积 (平方米)	成交额 (万元)
全 国	**18**	**21483**	**17577**	**3972684**	**6841903**
东部地区	**12**	**19493**	**15669**	**3396234**	**6592326**
北 京					
天 津					
河 北	3	15496	11760	380090	913500
上 海					
江 苏	2	2440	2411	430484	2500018
浙 江	3	787	741	86700	1012548
福 建					
山 东	4	770	757	2498960	2166260
广 东					
海 南					
东北地区	**1**	**800**	**800**	**66600**	**43700**
辽 宁	1	800	800	66600	43700
吉 林					
黑 龙 江					
中部地区	**2**	**456**	**374**	**49850**	**81877**
山 西					
安 徽	1	376	298	16850	36877
江 西					
河 南	1	80	76	33000	45000
湖 北					
湖 南					
西部地区	**3**	**734**	**734**	**460000**	**124000**
内 蒙 古	3	734	734	460000	124000
广 西					
重 庆					
四 川					
贵 州					
云 南					
西 藏					
陕 西					
甘 肃					
青 海					
宁 夏					
新 疆					

2-8 续表 23

(其他农产品市场)

地　区	市场数量（个）	总摊位数（个）	年末出租摊位数（个）	营业面积（平方米）	成交额（万元）
全　国	**163**	**106087**	**95784**	**5672372**	**29690064**
东部地区	**94**	**59639**	**53769**	**2156250**	**12607387**
北　京	3	3442	2992	92235	159080
天　津	2	1694	1520	299226	1438820
河　北	4	1424	1374	145400	71557
上　海	6	5360	3744	182990	948295
江　苏	21	13087	12396	205500	2452405
浙　江	24	13224	12249	559884	4230658
福　建	8	3365	3193	78530	416594
山　东	10	9419	8884	478696	1993064
广　东	15	7947	6740	108789	872126
海　南	1	677	677	5000	24788
东北地区	**13**	**6389**	**5903**	**334637**	**562376**
辽　宁	6	1850	1604	116700	150365
吉　林	4	3488	3275	153437	206538
黑龙江	3	1051	1024	64500	205473
中部地区	**31**	**24754**	**21541**	**1594273**	**11636322**
山　西					
安　徽	6	5163	3645	270158	1000284
江　西	4	5096	4696	173440	711519
河　南	3	6611	6438	939800	9407250
湖　北	5	1587	1586	90220	164905
湖　南	13	6297	5176	120655	352364
西部地区	**25**	**15305**	**14571**	**1587212**	**4883979**
内蒙古	7	2212	2153	562200	424446
广　西	2	3314	3314	224376	1047947
重　庆	3	1271	992	74740	538244
四　川	4	3307	3247	261066	1067288
贵　州	1	1250	1157	135000	346538
云　南	1	400	400	13080	37533
西　藏					
陕　西	1	1100	907	40000	452600
甘　肃	1	640	640	41200	600000
青　海	1	400	350	116203	35000
宁　夏	2	1011	1011	51947	255878
新　疆	2	400	400	67400	78505

2-8 续表 24

(食品、饮料及烟酒市场)

地 区	市场数量(个)	总摊位数(个)	年末出租摊位数(个)	营业面积(平方米)	成交额(万元)
全 国	**124**	**86485**	**69639**	**4059773**	**13451552**
东部地区	**74**	**57991**	**44660**	**2922479**	**8725407**
北 京	1	150	150	4500	39600
天 津	2	2399	2270	272800	581311
河 北	2	1385	1385	14100	135786
上 海	3	1385	1119	83000	448005
江 苏	15	5430	4515	364721	1091465
浙 江	15	20114	9941	737407	3284914
福 建	5	3742	2945	204208	442904
山 东	23	19649	18881	1074610	2520324
广 东	8	3737	3454	167133	181098
海 南					
东北地区	**7**	**5335**	**4433**	**84698**	**1499095**
辽 宁	2	2358	1506	37998	232458
吉 林	1	115	115	1300	11031
黑 龙 江	4	2862	2812	45400	1255606
中部地区	**22**	**10941**	**9466**	**509371**	**1731533**
山 西	1	120	89	3000	11100
安 徽	4	2745	2417	192159	586989
江 西	1	400	400	14000	19880
河 南	2	500	500	35473	159120
湖 北	6	3210	3100	171200	535654
湖 南	8	3966	2960	93539	418790
西部地区	**21**	**12218**	**11080**	**543225**	**1495517**
内 蒙 古					
广 西	7	3811	2784	71903	222766
重 庆	4	1794	1794	55066	195463
四 川	3	2026	2026	198116	108304
贵 州	2	1065	1008	25756	557984
云 南	2	756	756	69371	88734
西 藏					
陕 西	1	1616	1616	51000	79325
甘 肃	1	950	950	65000	216900
青 海					
宁 夏					
新 疆	1	200	146	7013	26041

2-8 续表 25

(食品饮料市场)

地 区	市场数量 (个)	总摊位数 (个)	年末出租摊位数 (个)	营业面积 (平方米)	成交额 (万元)
全 国	**38**	**28577**	**25248**	**1186638**	**3429901**
东部地区	**21**	**16730**	**16065**	**676055**	**2354623**
北 京					
天 津					
河 北	2	1385	1385	14100	135786
上 海					
江 苏	3	790	687	95679	231928
浙 江	3	1610	1535	67693	644334
福 建	1	681	396	15000	28532
山 东	8	9674	9625	370410	1250404
广 东	4	2590	2437	113173	63639
海 南					
东北地区	**3**	**2710**	**1836**	**53128**	**351602**
辽 宁	1	1978	1149	30128	223962
吉 林					
黑 龙 江	2	732	687	23000	127640
中部地区	**8**	**3757**	**2959**	**223356**	**462225**
山 西					
安 徽					
江 西					
河 南	2	500	500	35473	159120
湖 北	3	1031	1031	145500	178703
湖 南	3	2226	1428	42383	124402
西部地区	**6**	**5380**	**4388**	**234099**	**261451**
内 蒙 古					
广 西	1	1900	962	30020	48500
重 庆	3	1580	1580	27066	157463
四 川	1	1700	1700	170000	29447
贵 州					
云 南					
西 藏					
陕 西					
甘 肃					
青 海					
宁 夏					
新 疆	1	200	146	7013	26041

2-8　续表 26

(茶叶市场)

地　区	市场数量(个)	总摊位数(个)	年末出租摊位数(个)	营业面积(平方米)	成交额(万元)
全　国	**28**	**23157**	**13059**	**1088365**	**2790416**
东部地区	**16**	**17710**	**7787**	**752278**	**2031536**
北　京	1	150	150	4500	39600
天　津					
河　北					
上　海	2	671	669	38000	66005
江　苏					
浙　江	6	12918	3009	382218	1142769
福　建	1	2192	2192	55000	307158
山　东	3	1160	1160	226000	377700
广　东	3	619	607	46560	98304
海　南					
东北地区					
辽　宁					
吉　林					
黑龙江					
中部地区	**3**	**2170**	**2052**	**142600**	**338222**
山　西					
安　徽	1	835	827	135000	187500
江　西					
河　南					
湖　北	2	1335	1225	7600	150722
湖　南					
西部地区	**9**	**3277**	**3220**	**193487**	**420658**
内蒙古					
广　西	2	240	240	12500	91442
重　庆	1	214	214	28000	38000
四　川	2	326	326	28116	78857
贵　州	1	125	68	4500	44300
云　南	2	756	756	69371	88734
西　藏					
陕　西	1	1616	1616	51000	79325
甘　肃					
青　海					
宁　夏					
新　疆					

2-8 续表 27

(烟酒市场)

地　区	市场数量(个)	总摊位数(个)	年末出租摊位数(个)	营业面积(平方米)	成交额(万元)
全　国	**12**	**4529**	**4092**	**350508**	**1096748**
东部地区	**8**	**2872**	**2704**	**271740**	**839632**
北　京					
天　津					
河　北					
上　海					
江　苏	1	200	188	3200	31899
浙　江	1	400	388	120000	419119
福　建					
山　东	6	2272	2128	148540	388614
广　东					
海　南					
东北地区					
辽　宁					
吉　林					
黑龙江					
中部地区	**4**	**1657**	**1388**	**78768**	**257116**
山　西					
安　徽	1	565	364	45000	185600
江　西	1	400	400	14000	19880
河　南					
湖　北					
湖　南	2	692	624	19768	51636
西部地区					
内蒙古					
广　西					
重　庆					
四　川					
贵　州					
云　南					
西　藏					
陕　西					
甘　肃					
青　海					
宁　夏					
新　疆					

2-8　续表 28

(其他食品饮料及烟酒市场)

地　区	市场数量 (个)	总摊位数 (个)	年末出租摊位数 (个)	营业面积 (平方米)	成交额 (万元)
全　国	**46**	**30222**	**27240**	**1434262**	**6134487**
东部地区	**29**	**20679**	**18104**	**1222406**	**3499616**
北　京					
天　津	2	2399	2270	272800	581311
河　北					
上　海	1	714	450	45000	382000
江　苏	11	4440	3640	265842	827638
浙　江	5	5186	5009	167496	1078692
福　建	3	869	357	134208	107214
山　东	6	6543	5968	329660	503606
广　东	1	528	410	7400	19155
海　南					
东北地区	**4**	**2625**	**2597**	**31570**	**1147493**
辽　宁	1	380	357	7870	8496
吉　林	1	115	115	1300	11031
黑龙江	2	2130	2125	22400	1127966
中部地区	**7**	**3357**	**3067**	**64647**	**673970**
山　西	1	120	89	3000	11100
安　徽	2	1345	1226	12159	213889
江　西					
河　南					
湖　北	1	844	844	18100	206229
湖　南	3	1048	908	31388	242752
西部地区	**6**	**3561**	**3472**	**115639**	**813408**
内蒙古					
广　西	4	1671	1582	29383	82824
重　庆					
四　川					
贵　州	1	940	940	21256	513684
云　南					
西　藏					
陕　西					
甘　肃	1	950	950	65000	216900
青　海					
宁　夏					
新　疆					

2-8 续表 29

(纺织、服装、鞋帽市场)

地 区	市场数量(个)	总摊位数(个)	年末出租摊位数(个)	营业面积(平方米)	成交额(万元)
全 国	**541**	**756358**	**680422**	**32108585**	**146172513**
东部地区	**288**	**422669**	**382964**	**21266579**	**116187637**
北 京	17	22494	20639	648915	2445622
天 津	2	1261	1261	58000	120551
河 北	23	47042	38931	3371764	8113039
上 海	10	7644	7167	145384	608513
江 苏	34	86028	80281	3934272	44740818
浙 江	75	116613	112461	6118308	39760298
福 建	6	7269	6793	305635	1717563
山 东	57	53148	50885	2124596	6922119
广 东	64	81170	64546	4559705	11759114
海 南					
东北地区	**56**	**100014**	**91105**	**2243786**	**13493539**
辽 宁	28	63169	58202	1254289	12107780
吉 林	9	14227	13951	261800	511088
黑龙江	19	22618	18952	727697	874671
中部地区	**113**	**107722**	**95605**	**4106631**	**7861332**
山 西	7	5443	4303	308320	316675
安 徽	9	12241	12017	394029	816488
江 西	7	3793	3321	157066	757078
河 南	24	27713	24083	1437973	1909589
湖 北	22	20059	17131	778929	2052535
湖 南	44	38473	34750	1030314	2008967
西部地区	**84**	**125953**	**110748**	**4491589**	**8630005**
内蒙古	12	8202	7765	276167	353688
广 西	12	15419	14149	505557	675803
重 庆	6	3798	3662	243027	1881465
四 川	16	19200	18767	834507	1480561
贵 州	5	4305	4305	201000	716906
云 南	3	37997	26226	759418	1565407
西 藏					
陕 西	7	9340	9015	471382	750687
甘 肃	2	5545	5405	425000	367700
青 海	3	3947	3946	129000	99472
宁 夏	4	5916	5866	128000	177683
新 疆	14	12284	11642	518531	560633

2-8 续表 30

(布料及纺织品市场)

地 区	市场数量（个）	总摊位数（个）	年末出租摊位数（个）	营业面积（平方米）	成交额（万元）
全 国	**71**	**123391**	**108749**	**9022405**	**62938560**
东部地区	**55**	**112131**	**99447**	**8689594**	**62328232**
北 京	3	1999	1606	98528	123900
天 津					
河 北	3	5473	5051	656000	1396010
上 海	1	27	15	5000	43912
江 苏	8	22945	22306	1809620	26719385
浙 江	19	46102	45087	2859547	25892398
福 建	1	98	88	2420	57012
山 东	8	3553	3331	250680	1188204
广 东	12	31934	21963	3007799	6907411
海 南					
东北地区	**4**	**3918**	**3595**	**71137**	**109419**
辽 宁					
吉 林					
黑龙江	4	3918	3595	71137	109419
中部地区	**10**	**6455**	**4984**	**201674**	**433032**
山 西					
安 徽	2	2810	2690	65000	79200
江 西	1	270	270	27000	190000
河 南	3	2508	1191	81300	64669
湖 北	2	235	235	10974	31536
湖 南	2	632	598	17400	67627
西部地区	**2**	**887**	**723**	**60000**	**67877**
内蒙古					
广 西					
重 庆					
四 川	1	567	403	40000	49940
贵 州					
云 南					
西 藏					
陕 西	1	320	320	20000	17937
甘 肃					
青 海					
宁 夏					
新 疆					

2-8 续表 31

(服装市场)

地　区	市场数量(个)	总摊位数(个)	年末出租摊位数(个)	营业面积(平方米)	成交额(万元)
全　国	**340**	**462760**	**416724**	**17956032**	**57551268**
东部地区	**172**	**241645**	**218972**	**10045677**	**43029075**
北　京	11	18244	17107	484567	2166869
天　津	1	909	909	19000	65201
河　北	16	38733	31550	2653110	6062179
上　海	7	4968	4503	123224	515172
江　苏	11	35371	31803	1318114	14444374
浙　江	44	56810	53853	2620976	9949491
福　建	4	6371	6355	203215	1620551
山　东	33	37423	36122	1302746	4178140
广　东	45	42816	36770	1320725	4027098
海　南					
东北地区	**35**	**45485**	**42336**	**1510535**	**3430556**
辽　宁	18	23425	22361	730755	2558615
吉　林	6	11430	11424	202800	442906
黑龙江	11	10630	8551	576980	429035
中部地区	**80**	**76038**	**70058**	**2924346**	**5419004**
山　西	6	4833	3693	270320	304275
安　徽	6	8731	8728	304901	726105
江　西	4	2655	2197	94066	212241
河　南	16	20626	19443	889173	1189973
湖　北	14	13402	10561	653911	1738939
湖　南	34	25791	25436	711975	1247471
西部地区	**53**	**99592**	**85358**	**3475474**	**5672633**
内蒙古	7	5259	4928	151400	182688
广　西	7	11088	10245	385837	539255
重　庆	2	1228	1228	101391	187859
四　川	12	17360	17091	745907	1295582
贵　州	3	2894	2894	156000	559084
云　南	3	37997	26226	759418	1565407
西　藏					
陕　西	5	6911	6674	301200	503127
甘　肃	2	5545	5405	425000	367700
青　海	1	320	319	19000	11486
宁　夏	1	518	518	8000	10044
新　疆	10	10472	9830	422321	450401

2-8 续表 32

(鞋帽市场)

地　区	市场数量(个)	总摊位数(个)	年末出租摊位数(个)	营业面积(平方米)	成交额(万元)
全　国	**38**	**28304**	**24758**	**1287540**	**4792043**
东部地区	**23**	**15508**	**14037**	**799258**	**2912911**
北　京	1	650	580	23000	50000
天　津	1	352	352	39000	55350
河　北	1	535	532	8025	335110
上　海					
江　苏	3	2898	2747	162200	458299
浙　江	3	1099	1030	91615	483100
福　建	1	800	350	100000	40000
山　东	7	3554	3385	156237	685047
广　东	6	5620	5061	219181	806005
海　南					
东北地区	**4**	**6050**	**4200**	**40500**	**133407**
辽　宁	2	2750	1900	16500	57682
吉　林					
黑龙江	2	3300	2300	24000	75725
中部地区	**8**	**3710**	**3577**	**188500**	**439631**
山　西	1	610	610	38000	12400
安　徽					
江　西	1	500	486	22500	22160
河　南	1	600	600	16000	296000
湖　北	2	720	635	50000	41100
湖　南	3	1280	1246	62000	67971
西部地区	**3**	**3036**	**2944**	**259282**	**1306094**
内蒙古					
广　西					
重　庆	1	536	532	80100	1060722
四　川	1	391	391	29000	15749
贵　州					
云　南					
西　藏					
陕　西	1	2109	2021	150182	229623
甘　肃					
青　海					
宁　夏					
新　疆					

2-8 续表 33

(其他纺织服装鞋帽市场)

地　区	市场数量(个)	总摊位数(个)	年末出租摊位数(个)	营业面积(平方米)	成交额(万元)
全　国	**92**	**141903**	**130191**	**3842608**	**20890642**
东部地区	**38**	**53385**	**50508**	**1732050**	**7917419**
北　京	2	1601	1346	42820	104853
天　津					
河　北	3	2301	1798	54629	319740
上　海	2	2649	2649	17160	49429
江　苏	12	24814	23425	644338	3118760
浙　江	9	12602	12491	546170	3435309
福　建					
山　东	9	8618	8047	414933	870728
广　东	1	800	752	12000	18600
海　南					
东北地区	**13**	**44561**	**40974**	**621614**	**9820157**
辽　宁	8	36994	33941	507034	9491483
吉　林	3	2797	2527	59000	68182
黑龙江	2	4770	4506	55580	260492
中部地区	**15**	**21519**	**16986**	**792111**	**1569665**
山　西					
安　徽	1	700	599	24128	11183
江　西	1	368	368	13500	332677
河　南	4	3979	2849	451500	358947
湖　北	4	5702	5700	64044	240960
湖　南	5	10770	7470	238939	625898
西部地区	**26**	**22438**	**21723**	**696833**	**1583401**
内蒙古	5	2943	2837	124767	171000
广　西	5	4331	3904	119720	136548
重　庆	3	2034	1902	61536	632884
四　川	2	882	882	19600	119290
贵　州	2	1411	1411	45000	157822
云　南					
西　藏					
陕　西					
甘　肃					
青　海	2	3627	3627	110000	87986
宁　夏	3	5398	5348	120000	167639
新　疆	4	1812	1812	96210	110232

2-8 续表 34

(日用品及文化用品市场)

地 区	市场数量 (个)	总摊位数 (个)	年末出租摊位数 (个)	营业面积 (平方米)	成交额 (万元)
全 国	**85**	**62261**	**55421**	**2740561**	**11799762**
东部地区	**65**	**54189**	**47552**	**2406474**	**9787078**
北 京	4	3760	3617	56325	464163
天 津					
河 北	1	7200	6750	40000	365210
上 海	1	70	70	5000	2030000
江 苏	9	6347	6227	207148	1102236
浙 江	10	8310	6004	277300	717176
福 建	1	650	650	196050	139002
山 东	18	11950	10932	730539	3032907
广 东	21	15902	13302	894112	1936384
海 南					
东北地区	**3**	**3275**	**3201**	**77000**	**867134**
辽 宁	3	3275	3201	77000	867134
吉 林					
黑 龙 江					
中部地区	**13**	**3316**	**3205**	**223226**	**904479**
山 西					
安 徽					
江 西					
河 南	3	618	598	21000	52635
湖 北	6	1966	1966	167776	661178
湖 南	4	732	641	34450	190666
西部地区	**4**	**1481**	**1463**	**33861**	**241071**
内 蒙 古					
广 西					
重 庆	3	1076	1076	27861	226392
四 川					
贵 州					
云 南					
西 藏					
陕 西					
甘 肃					
青 海					
宁 夏					
新 疆	1	405	387	6000	14679

2-8 续表 35

(小商品市场)

地 区	市场数量(个)	总摊位数(个)	年末出租摊位数(个)	营业面积(平方米)	成交额(万元)
全 国	**33**	**32006**	**29904**	**880527**	**4642779**
东部地区	**30**	**31083**	**28999**	**862527**	**4585059**
北 京	2	2774	2752	33000	233663
天 津					
河 北	1	7200	6750	40000	365210
上 海					
江 苏	5	4975	4914	139648	1019291
浙 江	1	632	632	21600	158377
福 建					
山 东	8	7824	6978	394479	2377853
广 东	13	7678	6973	233800	430665
海 南					
东北地区					
辽 宁					
吉 林					
黑龙江					
中部地区	**2**	**518**	**518**	**12000**	**43041**
山 西					
安 徽					
江 西					
河 南	1	192	192	8000	16541
湖 北	1	326	326	4000	26500
湖 南					
西部地区	**1**	**405**	**387**	**6000**	**14679**
内蒙古					
广 西					
重 庆					
四 川					
贵 州					
云 南					
西 藏					
陕 西					
甘 肃					
青 海					
宁 夏					
新 疆	1	405	387	6000	14679

2-8 续表 36

(箱包市场)

地　区	市场数量(个)	总摊位数(个)	年末出租摊位数(个)	营业面积(平方米)	成交额(万元)
全　国	**5**	**6566**	**5312**	**591400**	**1890734**
东部地区	**2**	**4380**	**3200**	**508400**	**1085320**
北　京					
天　津					
河　北					
上　海					
江　苏					
浙　江					
福　建					
山　东	1	150	150	8400	15320
广　东	1	4230	3050	500000	1070000
海　南					
东北地区	**1**	**1580**	**1506**	**29000**	**750520**
辽　宁	1	1580	1506	29000	750520
吉　林					
黑龙江					
中部地区	**2**	**606**	**606**	**54000**	**54894**
山　西					
安　徽					
江　西					
河　南	1	246	246	7000	24894
湖　北	1	360	360	47000	30000
湖　南					
西部地区					
内蒙古					
广　西					
重　庆					
四　川					
贵　州					
云　南					
西　藏					
陕　西					
甘　肃					
青　海					
宁　夏					
新　疆					

2-8 续表 37

(玩具市场)

地　区	市场数量(个)	总摊位数(个)	年末出租摊位数(个)	营业面积(平方米)	成交额(万元)
全　国	**3**	**1133**	**1050**	**119410**	**239958**
东部地区	**3**	**1133**	**1050**	**119410**	**239958**
北　京					
天　津					
河　北					
上　海					
江　苏					
浙　江					
福　建					
山　东	2	1023	940	106660	158708
广　东	1	110	110	12750	81250
海　南					
东北地区					
辽　宁					
吉　林					
黑龙江					
中部地区					
山　西					
安　徽					
江　西					
河　南					
湖　北					
湖　南					
西部地区					
内蒙古					
广　西					
重　庆					
四　川					
贵　州					
云　南					
西　藏					
陕　西					
甘　肃					
青　海					
宁　夏					
新　疆					

2-8 续表 38

(文具市场)

地　区	市场数量(个)	总摊位数(个)	年末出租摊位数(个)	营业面积(平方米)	成交额(万元)
全　国	**5**	**1836**	**1762**	**137204**	**293409**
东部地区	**4**	**1771**	**1700**	**124204**	**272909**
北　京	1	786	765	19758	150500
天　津					
河　北					
上　海					
江　苏	1	300	250	40000	18900
浙　江					
福　建					
山　东	1	578	578	60000	32125
广　东	1	107	107	4446	71384
海　南					
东北地区					
辽　宁					
吉　林					
黑龙江					
中部地区	**1**	**65**	**62**	**13000**	**20500**
山　西					
安　徽					
江　西					
河　南					
湖　北					
湖　南	1	65	62	13000	20500
西部地区					
内蒙古					
广　西					
重　庆					
四　川					
贵　州					
云　南					
西　藏					
陕　西					
甘　肃					
青　海					
宁　夏					
新　疆					

2-8 续表 39

(图书、报刊杂志市场)

地 区	市场数量(个)	总摊位数(个)	年末出租摊位数(个)	营业面积(平方米)	成交额(万元)
全 国	**8**	**1629**	**1428**	**84756**	**419543**
东部地区	**6**	**783**	**582**	**67556**	**225288**
北 京	1	200	100	3567	80000
天 津					
河 北					
上 海					
江 苏					
浙 江	1	91	70	10000	17800
福 建					
山 东	3	395	325	41000	107156
广 东	1	97	87	12989	20332
海 南					
东北地区					
辽 宁					
吉 林					
黑 龙 江					
中部地区	**2**	**846**	**846**	**17200**	**194255**
山 西					
安 徽					
江 西					
河 南					
湖 北	1	427	427	4100	65000
湖 南	1	419	419	13100	129255
西部地区					
内 蒙 古					
广 西					
重 庆					
四 川					
贵 州					
云 南					
西 藏					
陕 西					
甘 肃					
青 海					
宁 夏					
新 疆					

2-8 续表 40

(音像制品及电子出版物市场)

地 区	市场数量(个)	总摊位数(个)	年末出租摊位数(个)	营业面积(平方米)	成交额(万元)
全 国	**3**	**691**	**608**	**20500**	**153775**
东部地区	**1**	**328**	**328**	**11000**	**27371**
北 京					
天 津					
河 北					
上 海					
江 苏	1	328	328	11000	27371
浙 江					
福 建					
山 东					
广 东					
海 南					
东北地区	**1**	**200**	**200**	**3000**	**99860**
辽 宁	1	200	200	3000	99860
吉 林					
黑龙江					
中部地区	**1**	**163**	**80**	**6500**	**26544**
山 西					
安 徽					
江 西					
河 南					
湖 北					
湖 南	1	163	80	6500	26544
西部地区					
内蒙古					
广 西					
重 庆					
四 川					
贵 州					
云 南					
西 藏					
陕 西					
甘 肃					
青 海					
宁 夏					
新 疆					

2-8 续表 41

(体育用品市场)

地　区	市场数量(个)	总摊位数(个)	年末出租摊位数(个)	营业面积(平方米)	成交额(万元)
全　国	**1**	**324**	**230**	**12800**	**17500**
东部地区	**1**	**324**	**230**	**12800**	**17500**
北　京					
天　津					
河　北					
上　海					
江　苏					
浙　江					
福　建					
山　东					
广　东	1	324	230	12800	17500
海　南					
东北地区					
辽　宁					
吉　林					
黑 龙 江					
中部地区					
山　西					
安　徽					
江　西					
河　南					
湖　北					
湖　南					
西部地区					
内 蒙 古					
广　西					
重　庆					
四　川					
贵　州					
云　南					
西　藏					
陕　西					
甘　肃					
青　海					
宁　夏					
新　疆					

2-8 续表 42

(其他日用品及文化用品市场)

地 区	市场数量 (个)	总摊位数 (个)	年末出租摊位数 (个)	营业面积 (平方米)	成交额 (万元)
全 国	**27**	**18076**	**15127**	**893964**	**4142064**
东部地区	**18**	**14387**	**11463**	**700577**	**3333673**
北 京					
天 津					
河 北					
上 海	1	70	70	5000	2030000
江 苏	2	744	735	16500	36674
浙 江	8	7587	5302	245700	540999
福 建	1	650	650	196050	139002
山 东	3	1980	1961	120000	341745
广 东	3	3356	2745	117327	245253
海 南					
东北地区	**1**	**1495**	**1495**	**45000**	**16754**
辽 宁	1	1495	1495	45000	16754
吉 林					
黑 龙 江					
中部地区	**5**	**1118**	**1093**	**120526**	**565245**
山 西					
安 徽					
江 西					
河 南	1	180	160	6000	11200
湖 北	3	853	853	112676	539678
湖 南	1	85	80	1850	14367
西部地区	**3**	**1076**	**1076**	**27861**	**226392**
内 蒙 古					
广 西					
重 庆	3	1076	1076	27861	226392
四 川					
贵 州					
云 南					
西 藏					
陕 西					
甘 肃					
青 海					
宁 夏					
新 疆					

2-8 续表 43

(黄金、珠宝、玉器等首饰市场)

地 区	市场数量(个)	总摊位数(个)	年末出租摊位数(个)	营业面积(平方米)	成交额(万元)
全 国	**25**	**17065**	**14339**	**1929820**	**5415120**
东部地区	**16**	**11902**	**9597**	**1257781**	**4857389**
北 京	2	830	569	18829	163290
天 津					
河 北					
上 海					
江 苏	2	1500	1440	60000	971750
浙 江	2	2740	1545	126973	2088861
福 建	4	1525	1443	49980	602071
山 东	3	2393	2048	318699	877941
广 东	3	2914	2552	683300	153476
海 南					
东北地区	**3**	**2180**	**1764**	**38180**	**62909**
辽 宁	3	2180	1764	38180	62909
吉 林					
黑龙江					
中部地区	**3**	**200**	**195**	**78000**	**337763**
山 西					
安 徽					
江 西	1	50	50	50000	32000
河 南	1	100	99	8000	26710
湖 北					
湖 南	1	50	46	20000	279053
西部地区	**3**	**2783**	**2783**	**555859**	**157059**
内蒙古	2	2335	2335	521600	138947
广 西					
重 庆					
四 川					
贵 州					
云 南					
西 藏					
陕 西					
甘 肃					
青 海					
宁 夏					
新 疆	1	448	448	34259	18112

2-8 续表 44

(电器、通讯器材、电子设备市场)

地区	市场数量(个)	总摊位数(个)	年末出租摊位数(个)	营业面积(平方米)	成交额(万元)
全国	**128**	**60051**	**51436**	**3230237**	**8160828**
东部地区	**69**	**31509**	**26607**	**1090034**	**3173265**
北京	6	3282	3167	69464	402081
天津					
河北	2	359	359	54000	54312
上海	4	781	477	34512	81444
江苏	9	3869	3451	97149	398174
浙江	22	8106	6448	300536	860449
福建	1	719	719	38000	111893
山东	9	3429	3190	293800	867558
广东	15	10684	8516	192073	371474
海南	1	280	280	10500	25880
东北地区	**6**	**3920**	**3132**	**146559**	**375810**
辽宁	2	1250	712	41800	18017
吉林	1	320	320	2200	62793
黑龙江	3	2350	2100	102559	295000
中部地区	**29**	**15555**	**13159**	**1550420**	**2870103**
山西					
安徽	1	3902	2299	875253	917792
江西	2	1239	1207	53994	52300
河南	6	4215	4040	316505	813311
湖北	6	2121	1908	109400	290912
湖南	14	4078	3705	195268	795788
西部地区	**24**	**9067**	**8538**	**443224**	**1741650**
内蒙古					
广西	1	700	680	20678	90000
重庆	10	3124	2708	191948	599263
四川	1	78	78	4000	16748
贵州	2	529	520	39800	123775
云南					
西藏					
陕西	5	2477	2477	131000	557393
甘肃					
青海					
宁夏	1	327	314	9000	34105
新疆	4	1832	1761	46798	320366

2-8 续表 45

(家电市场)

地 区	市场数量(个)	总摊位数(个)	年末出租摊位数(个)	营业面积(平方米)	成交额(万元)
全 国	**33**	**12885**	**10148**	**1495720**	**2888789**
东部地区	**16**	**4229**	**3623**	**328413**	**936733**
北 京					
天 津					
河 北					
上 海	1	180		18000	
江 苏	1	400	385	11000	54200
浙 江	5	548	499	59101	188104
福 建					
山 东	4	1284	1224	188800	582747
广 东	5	1817	1515	51512	111682
海 南					
东北地区	**1**	**728**	**500**	**24000**	**16647**
辽 宁	1	728	500	24000	16647
吉 林					
黑 龙 江					
中部地区	**15**	**7897**	**5994**	**1128307**	**1856068**
山 西					
安 徽	1	3902	2299	875253	917792
江 西	2	1239	1207	53994	52300
河 南	4	1166	991	94428	473660
湖 北	1	280	200	8400	12500
湖 南	7	1310	1297	96232	399816
西部地区	**1**	**31**	**31**	**15000**	**79341**
内 蒙 古					
广 西					
重 庆	1	31	31	15000	79341
四 川					
贵 州					
云 南					
西 藏					
陕 西					
甘 肃					
青 海					
宁 夏					
新 疆					

2-8 续表 46

(通讯器材市场)

地 区	市场数量(个)	总摊位数(个)	年末出租摊位数(个)	营业面积(平方米)	成交额(万元)
全 国	**20**	**10972**	**9673**	**351876**	**1101934**
东部地区	**8**	**6429**	**5423**	**164335**	**244904**
北 京					
天 津					
河 北	2	359	359	54000	54312
上 海					
江 苏	1	1604	1604	44232	50149
浙 江	2	874	865	40503	42279
福 建					
山 东					
广 东	3	3592	2595	25600	98164
海 南					
东北地区	**1**	**320**	**320**	**2200**	**62793**
辽 宁					
吉 林	1	320	320	2200	62793
黑 龙 江					
中部地区	**5**	**1243**	**1127**	**54036**	**258811**
山 西					
安 徽					
江 西					
河 南					
湖 北	3	961	880	51000	220050
湖 南	2	282	247	3036	38761
西部地区	**6**	**2980**	**2803**	**131305**	**535426**
内 蒙 古					
广 西					
重 庆	3	1149	980	82505	247400
四 川					
贵 州					
云 南					
西 藏					
陕 西	2	1057	1057	30800	122896
甘 肃					
青 海					
宁 夏					
新 疆	1	774	766	18000	165130

2-8 续表 47

(照相、摄像器材市场)

地 区	市场数量(个)	总摊位数(个)	年末出租摊位数(个)	营业面积(平方米)	成交额(万元)
全 国	**3**	**1105**	**1012**	**56800**	**91484**
东部地区	**2**	**535**	**442**	**16800**	**68591**
北 京	1	288	264	9000	34793
天 津					
河 北					
上 海	1	247	178	7800	33798
江 苏					
浙 江					
福 建					
山 东					
广 东					
海 南					
东北地区					
辽 宁					
吉 林					
黑 龙 江					
中部地区					
山 西					
安 徽					
江 西					
河 南					
湖 北					
湖 南					
西部地区	**1**	**570**	**570**	**40000**	**22893**
内 蒙 古					
广 西					
重 庆					
四 川					
贵 州					
云 南					
西 藏					
陕 西	1	570	570	40000	22893
甘 肃					
青 海					
宁 夏					
新 疆					

2-8 续表 48

(计算机及辅助设备市场)

地 区	市场数量 (个)	总摊位数 (个)	年末出租摊位数 (个)	营业面积 (平方米)	成交额 (万元)
全 国	**61**	**30328**	**26208**	**1148761**	**3444322**
东部地区	**37**	**17305**	**14422**	**499506**	**1601456**
北 京	3	2287	2236	43264	252171
天 津					
河 北					
上 海	2	354	299	8712	47646
江 苏	6	1740	1337	39917	274183
浙 江	13	4785	3459	149652	469124
福 建	1	719	719	38000	111893
山 东	5	2145	1966	105000	284811
广 东	7	5275	4406	114961	161628
海 南					
东北地区	**4**	**2872**	**2312**	**120359**	**296370**
辽 宁	1	522	212	17800	1370
吉 林					
黑 龙 江	3	2350	2100	102559	295000
中部地区	**7**	**5455**	**5121**	**340077**	**681180**
山 西					
安 徽					
江 西					
河 南	1	2769	2769	206077	320000
湖 北	2	880	828	50000	58362
湖 南	4	1806	1524	84000	302818
西部地区	**13**	**4696**	**4353**	**188819**	**865316**
内 蒙 古					
广 西	1	700	680	20678	90000
重 庆	4	1535	1288	63143	139158
四 川	1	78	78	4000	16748
贵 州	1	148	148	3000	18465
云 南					
西 藏					
陕 西	2	850	850	60200	411604
甘 肃					
青 海					
宁 夏	1	327	314	9000	34105
新 疆	3	1058	995	28798	155236

2-8 续表 49

(其他电器、通讯器材、电子设备市场)

地　区	市场数量(个)	总摊位数(个)	年末出租摊位数(个)	营业面积(平方米)	成交额(万元)
全　国	**11**	**4761**	**4395**	**177080**	**634299**
东部地区	**6**	**3011**	**2697**	**80980**	**321581**
北　京	2	707	667	17200	115117
天　津					
河　北					
上　海					
江　苏	1	125	125	2000	19642
浙　江	2	1899	1625	51280	160942
福　建					
山　东					
广　东					
海　南	1	280	280	10500	25880
东北地区					
辽　宁					
吉　林					
黑龙江					
中部地区	**2**	**960**	**917**	**28000**	**74044**
山　西					
安　徽					
江　西					
河　南	1	280	280	16000	19651
湖　北					
湖　南	1	680	637	12000	54393
西部地区	**3**	**790**	**781**	**68100**	**238674**
内蒙古					
广　西					
重　庆	2	409	409	31300	133364
四　川					
贵　州	1	381	372	36800	105310
云　南					
西　藏					
陕　西					
甘　肃					
青　海					
宁　夏					
新　疆					

2-8　续表 50

(医药、医疗用品及器材市场)

地　区	市场数量（个）	总摊位数（个）	年末出租摊位数（个）	营业面积（平方米）	成交额（万元）
全　国	**23**	**76765**	**49010**	**2652735**	**12289933**
东部地区	**8**	**17772**	**10073**	**531011**	**2341517**
北　京					
天　津					
河　北	1	14000	7000	360000	2000000
上　海	1	190	170	8000	35000
江　苏					
浙　江	2	1828	1298	86540	128821
福　建	1	28	28	1500	13950
山　东	1	968	872	60000	32859
广　东	2	758	705	14971	130887
海　南					
东北地区	**3**	**2764**	**2350**	**142900**	**1135000**
辽　宁	1	724	310	93900	300000
吉　林	2	2040	2040	49000	835000
黑龙江					
中部地区	**7**	**12832**	**12360**	**656102**	**4409470**
山　西					
安　徽	2	7300	7244	44500	2875880
江　西	1	700	378	19000	452200
河　南	2	3046	3036	114950	367020
湖　北					
湖　南	2	1786	1702	477652	714370
西部地区	**5**	**43397**	**24227**	**1322722**	**4403946**
内蒙古	1	174	135	17040	33723
广　西	1	1116	1000	23000	802000
重　庆					
四　川	1	41612	22597	1255000	3347610
贵　州					
云　南	1	445	445	19682	197613
西　藏					
陕　西					
甘　肃					
青　海	1	50	50	8000	23000
宁　夏					
新　疆					

2-8 续表 51

(中药材市场)

地　区	市场数量(个)	总摊位数(个)	年末出租摊位数(个)	营业面积(平方米)	成交额(万元)
全　国	**23**	**76765**	**49010**	**2652735**	**12289933**
东部地区	**8**	**17772**	**10073**	**531011**	**2341517**
北　京					
天　津					
河　北	1	14000	7000	360000	2000000
上　海	1	190	170	8000	35000
江　苏					
浙　江	2	1828	1298	86540	128821
福　建	1	28	28	1500	13950
山　东	1	968	872	60000	32859
广　东	2	758	705	14971	130887
海　南					
东北地区	**3**	**2764**	**2350**	**142900**	**1135000**
辽　宁	1	724	310	93900	300000
吉　林	2	2040	2040	49000	835000
黑龙江					
中部地区	**7**	**12832**	**12360**	**656102**	**4409470**
山　西					
安　徽	2	7300	7244	44500	2875880
江　西	1	700	378	19000	452200
河　南	2	3046	3036	114950	367020
湖　北					
湖　南	2	1786	1702	477652	714370
西部地区	**5**	**43397**	**24227**	**1322722**	**4403946**
内蒙古	1	174	135	17040	33723
广　西	1	1116	1000	23000	802000
重　庆					
四　川	1	41612	22597	1255000	3347610
贵　州					
云　南	1	445	445	19682	197613
西　藏					
陕　西					
甘　肃					
青　海	1	50	50	8000	23000
宁　夏					
新　疆					

2-8 续表 52

(家具、五金及装饰材料市场)

地区	市场数量(个)	总摊位数(个)	年末出租摊位数(个)	营业面积(平方米)	成交额(万元)
全国	**583**	**326049**	**296510**	**43573319**	**54678923**
东部地区	**351**	**199799**	**180161**	**27006187**	**36783881**
北京	22	12122	10975	1412814	1633295
天津	6	3716	2566	224849	544182
河北	25	15983	14196	4923137	4576844
上海	18	12063	11787	1284959	1278627
江苏	91	52619	46918	6821168	8851159
浙江	87	51775	48008	5353605	9500696
福建	6	1721	1474	275000	1243021
山东	76	39873	35868	4689532	7580586
广东	20	9927	8369	2021123	1575471
海南					
东北地区	**36**	**18417**	**16977**	**1827238**	**1631289**
辽宁	25	13293	12491	1038033	1321952
吉林	5	3578	3057	463205	132833
黑龙江	6	1546	1429	326000	176504
中部地区	**107**	**59503**	**54831**	**8351390**	**9517568**
山西	3	903	804	172369	44027
安徽	15	10026	9344	966317	1242843
江西	19	20880	19594	2915139	2994189
河南	17	8453	7697	1681468	1038056
湖北	22	6962	6542	1242168	1773477
湖南	31	12279	10850	1373929	2424976
西部地区	**89**	**48330**	**44541**	**6388504**	**6746185**
内蒙古	4	1128	1118	115600	155291
广西	7	5197	4017	689800	522634
重庆	24	10469	9580	1476989	2969791
四川	10	10537	10023	1307473	1063120
贵州	8	4387	4235	483711	350091
云南	8	2909	2664	583714	555894
西藏					
陕西	6	2772	2231	479189	164901
甘肃	9	3268	3115	259803	215520
青海	1	1578	1578	12165	160060
宁夏	7	3365	3365	643547	132221
新疆	5	2720	2615	336513	456662

2-8 续表 53

(家具市场)

地区	市场数量(个)	总摊位数(个)	年末出租摊位数(个)	营业面积(平方米)	成交额(万元)
全国	**179**	**93749**	**85067**	**16967232**	**17468598**
东部地区	**103**	**55838**	**49376**	**10186102**	**11618950**
北京	11	5606	5444	925455	652146
天津	1	377	377	47711	30672
河北	8	8896	7338	3476719	3248163
上海	4	847	789	222859	85671
江苏	26	15185	12437	2002201	1872930
浙江	30	16126	15306	2021053	3154524
福建	2	710	607	213000	862447
山东	18	7233	6277	1146212	1669608
广东	3	858	801	130892	42789
海南					
东北地区	**17**	**6487**	**6194**	**899852**	**735429**
辽宁	11	4037	3863	477852	585201
吉林	3	1827	1825	247000	74680
黑龙江	3	623	506	175000	75548
中部地区	**34**	**18292**	**17391**	**3501391**	**2352266**
山西	1	571	571	123563	32691
安徽	3	522	511	142000	110917
江西	12	12256	11687	1972624	1510483
河南	4	2715	2555	897998	385277
湖北	7	1130	1006	203206	131480
湖南	7	1098	1061	162000	181418
西部地区	**25**	**13132**	**12106**	**2379887**	**2761953**
内蒙古	3	933	928	103600	141641
广西	2	1476	1214	109640	192076
重庆	3	1966	1884	561868	1628850
四川	4	4736	4573	611426	390579
贵州	2	197	188	53000	33614
云南	3	836	713	294517	252020
西藏					
陕西	2	920	671	288109	40711
甘肃	2	412	344	85508	23815
青海					
宁夏	3	1146	1146	228163	40347
新疆	1	510	445	44056	18300

2-8 续表 54

(装饰材料市场)

地区	市场数量(个)	总摊位数(个)	年末出租摊位数(个)	营业面积(平方米)	成交额(万元)
全国	**240**	**119948**	**109875**	**16096260**	**18554296**
东部地区	**141**	**65938**	**60461**	**9704140**	**10719482**
北京	7	3686	3199	366713	714387
天津	2	436	436	40800	42624
河北	11	3673	3625	746788	491040
上海	8	5702	5505	706904	847963
江苏	37	18045	16821	2801719	2895450
浙江	31	16224	15070	1778245	2425477
福建	4	1011	867	62000	380574
山东	30	11975	10526	1587458	2187488
广东	11	5186	4412	1613513	734479
海南					
东北地区	**11**	**5486**	**5059**	**456081**	**555838**
辽宁	9	5026	4599	326081	524882
吉林					
黑龙江	2	460	460	130000	30956
中部地区	**51**	**28727**	**26006**	**3753639**	**5334786**
山西	2	332	233	48806	11336
安徽	9	4495	4148	614317	925719
江西	5	7708	7193	915829	1173071
河南	5	3714	3171	626700	355826
湖北	14	5283	5036	1002140	1592497
湖南	16	7195	6225	545847	1276337
西部地区	**37**	**19797**	**18349**	**2182400**	**1944190**
内蒙古	1	195	190	12000	13650
广西	2	960	921	175500	52586
重庆	16	6517	5757	671576	961260
四川	3	3331	3004	259800	185341
贵州	3	3390	3385	265480	257179
云南	3	1386	1274	209410	228918
西藏					
陕西	2	772	697	168080	93000
甘肃	4	1099	1014	97000	85105
青海					
宁夏	2	1627	1627	216028	51271
新疆	1	520	480	107526	15880

2-8 续表 55

(灯具市场)

地　区	市场数量(个)	总摊位数(个)	年末出租摊位数(个)	营业面积(平方米)	成交额(万元)
全　国	**15**	**7596**	**6922**	**1116865**	**2030669**
东部地区	**7**	**5211**	**4729**	**721220**	**1581877**
北　京					
天　津					
河　北	1	302	280	6930	11560
上　海					
江　苏	1	3000	2940	411000	952100
浙　江	2	550	150	35290	128150
福　建					
山　东	3	1359	1359	268000	490067
广　东					
海　南					
东北地区	**2**	**455**	**334**	**110100**	**49952**
辽　宁	2	455	334	110100	49952
吉　林					
黑龙江					
中部地区					
山　西					
安　徽					
江　西					
河　南					
湖　北					
湖　南					
西部地区	**6**	**1930**	**1859**	**285545**	**398840**
内蒙古					
广　西					
重　庆	4	1390	1343	193545	308650
四　川	1	260	236	80000	69000
贵　州					
云　南					
西　藏					
陕　西	1	280	280	12000	21190
甘　肃					
青　海					
宁　夏					
新　疆					

2-8　续表 56

(厨具、盥洗设备市场)

地　区	市场数量(个)	总摊位数(个)	年末出租摊位数(个)	营业面积(平方米)	成交额(万元)
全　国	**5**	**3257**	**2346**	**373768**	**259368**
东部地区	**2**	**866**	**862**	**34608**	**134006**
北　京					
天　津					
河　北					
上　海					
江　苏					
浙　江	1	500	500	13000	111990
福　建					
山　东	1	366	362	21608	22016
广　东					
海　南					
东北地区					
辽　宁					
吉　林					
黑龙江					
中部地区	**1**	**380**	**352**	**81200**	**26200**
山　西					
安　徽					
江　西					
河　南	1	380	352	81200	26200
湖　北					
湖　南					
西部地区	**2**	**2011**	**1132**	**257960**	**99162**
内蒙古					
广　西	1	1811	932	204660	47972
重　庆					
四　川					
贵　州					
云　南					
西　藏					
陕　西					
甘　肃					
青　海					
宁　夏					
新　疆	1	200	200	53300	51190

2-8 续表 57

(五金材料市场)

地　区	市场数量(个)	总摊位数(个)	年末出租摊位数(个)	营业面积(平方米)	成交额(万元)
全　国	**79**	**52978**	**47230**	**4174564**	**10553052**
东部地区	**57**	**40110**	**35718**	**2823273**	**8311149**
北　京	3	1650	1601	70646	250134
天　津	2	717	717	84819	461476
河　北	1	1650	1491	258000	466112
上　海	2	3200	3200	174179	261382
江　苏	17	10780	9223	854425	1745861
浙　江	11	8855	8011	333901	2478212
福　建					
山　东	15	9375	8319	770585	1849769
广　东	6	3883	3156	276718	798203
海　南					
东北地区	**1**	**1369**	**850**	**199301**	**47300**
辽　宁					
吉　林	1	1369	850	199301	47300
黑龙江					
中部地区	**14**	**6277**	**5677**	**645292**	**1343131**
山　西					
安　徽					
江　西	1	738	536	11686	291400
河　南	7	1644	1619	75570	270753
湖　北	1	549	500	36822	49500
湖　南	5	3346	3022	521214	731478
西部地区	**7**	**5222**	**4985**	**506698**	**851472**
内蒙古					
广　西	1	400	400	50000	50000
重　庆	1	596	596	50000	71031
四　川	2	2210	2210	356247	418200
贵　州	1	194	174	15451	11898
云　南					
西　藏					
陕　西	1	800	583	11000	10000
甘　肃					
青　海					
宁　夏					
新　疆	1	1022	1022	24000	290343

2-8 续表 58

(其他装修市场)

地 区	市场数量(个)	总摊位数(个)	年末出租摊位数(个)	营业面积(平方米)	成交额(万元)
全 国	**65**	**48521**	**45070**	**4844630**	**5812940**
东部地区	**41**	**31836**	**29015**	**3536844**	**4418417**
北 京	1	1180	731	50000	16628
天 津	1	2186	1036	51519	9410
河 北	4	1462	1462	434700	359969
上 海	4	2314	2293	181017	83611
江 苏	10	5609	5497	751823	1384818
浙 江	12	9520	8971	1172116	1202343
福 建					
山 东	9	9565	9025	895669	1361638
广 东					
海 南					
东北地区	**5**	**4620**	**4540**	**161904**	**242770**
辽 宁	3	3775	3695	124000	161917
吉 林	1	382	382	16904	10853
黑 龙 江	1	463	463	21000	70000
中部地区	**7**	**5827**	**5405**	**369868**	**461185**
山 西					
安 徽	3	5009	4685	210000	206207
江 西	1	178	178	15000	19235
河 南					
湖 北					
湖 南	3	640	542	144868	235743
西部地区	**12**	**6238**	**6110**	**776014**	**690568**
内 蒙 古					
广 西	1	550	550	150000	180000
重 庆					
四 川					
贵 州	2	606	488	149780	47400
云 南	2	687	677	79787	74956
西 藏					
陕 西					
甘 肃	3	1757	1757	77295	106600
青 海	1	1578	1578	12165	160060
宁 夏	2	592	592	199356	40603
新 疆	1	468	468	107631	80949

2-8 续表 59

(汽车、摩托车及零配件市场)

地 区	市场数量(个)	总摊位数(个)	年末出租摊位数(个)	营业面积(平方米)	成交额(万元)
全 国	**269**	**87531**	**73761**	**15129465**	**66290242**
东部地区	**177**	**42476**	**37156**	**7750488**	**43966699**
北 京	12	4194	3540	854996	9637466
天 津	3	1418	1047	242648	1708528
河 北	9	2985	2973	587240	1116972
上 海	12	1797	1751	255217	2735916
江 苏	16	5535	4233	1710771	5303067
浙 江	59	14158	12019	1459345	13862610
福 建	3	319	313	41128	376137
山 东	37	7622	7098	1556608	3686128
广 东	26	4448	4182	1042535	5539875
海 南					
东北地区	**14**	**14185**	**10139**	**1513614**	**5420953**
辽 宁	10	7494	6515	828790	2871184
吉 林	3	5491	2424	652949	2521188
黑 龙 江	1	1200	1200	31875	28581
中部地区	**34**	**13431**	**10761**	**2266596**	**9478411**
山 西					
安 徽	6	2149	1892	264163	1174926
江 西	6	2806	2419	251500	1952247
河 南	8	2867	2823	381736	1129857
湖 北	6	2755	1199	510905	3079355
湖 南	8	2854	2428	858292	2142026
西部地区	**44**	**17439**	**15705**	**3598767**	**7424179**
内 蒙 古	1	43	24	2600	45367
广 西	5	1493	1445	150300	164859
重 庆	10	5999	5090	729448	2871058
四 川	7	2247	1942	403409	508897
贵 州	5	1399	1297	767240	1261737
云 南	5	1508	1508	573457	486200
西 藏					
陕 西	3	1556	1539	90951	552542
甘 肃	1	96	90	10440	25730
青 海					
宁 夏	1	944	810	229000	21823
新 疆	6	2154	1960	641922	1485966

2-8 续表 60

(汽车市场)

地 区	市场数量 (个)	总摊位数 (个)	年末出租摊位数 (个)	营业面积 (平方米)	成交额 (万元)
全 国	**189**	**50239**	**41178**	**11723668**	**55196569**
东部地区	**128**	**21553**	**18009**	**5918430**	**38214949**
北 京	9	1592	1430	669016	9042365
天 津	3	1418	1047	242648	1708528
河 北	4	810	810	263340	449538
上 海	8	384	368	173178	2380039
江 苏	11	2568	2038	1373771	4646320
浙 江	52	9606	7540	1079594	12135684
福 建	2	119	118	34000	340914
山 东	22	3240	2980	1201149	2369945
广 东	17	1816	1678	881734	5141616
海 南					
东北地区	**10**	**12158**	**8789**	**1307614**	**5228397**
辽 宁	6	5467	5165	622790	2678628
吉 林	3	5491	2424	652949	2521188
黑 龙 江	1	1200	1200	31875	28581
中部地区	**17**	**4517**	**3592**	**1489915**	**5920534**
山 西					
安 徽	3	1100	968	202000	1002510
江 西	3	1154	1067	143000	296934
河 南	3	266	262	147178	881794
湖 北	5	755	419	250905	1688355
湖 南	3	1242	876	746832	2050941
西部地区	**34**	**12011**	**10788**	**3007709**	**5832689**
内 蒙 古	1	43	24	2600	45367
广 西	4	1158	1125	140500	147359
重 庆	8	4115	3665	567448	1844732
四 川	6	1747	1457	313409	426897
贵 州	4	1137	1037	724240	1236447
云 南	3	598	598	413333	425277
西 藏					
陕 西	2	1136	1133	89551	487612
甘 肃					
青 海					
宁 夏	1	944	810	229000	21823
新 疆	5	1133	939	527628	1197175

2-8 续表 61

(摩托车市场)

地　区	市场数量(个)	总摊位数(个)	年末出租摊位数(个)	营业面积(平方米)	成交额(万元)
全　国	**10**	**3839**	**3502**	**276930**	**565480**
东部地区	**2**	**1034**	**1034**	**65226**	**84060**
北　京					
天　津					
河　北	1	814	814	50000	52250
上　海					
江　苏					
浙　江	1	220	220	15226	31810
福　建					
山　东					
广　东					
海　南					
东北地区					
辽　宁					
吉　林					
黑龙江					
中部地区	**5**	**1694**	**1658**	**151464**	**193190**
山　西					
安　徽	1	100	96	10000	46500
江　西					
河　南	2	1280	1280	126664	105935
湖　北					
湖　南	2	314	282	14800	40755
西部地区	**3**	**1111**	**810**	**60240**	**288230**
内蒙古					
广　西	1	335	320	9800	17500
重　庆	1	680	400	40000	245000
四　川					
贵　州					
云　南					
西　藏					
陕　西					
甘　肃	1	96	90	10440	25730
青　海					
宁　夏					
新　疆					

2-8 续表 62

(机动车零配件市场)

地　区	市场数量(个)	总摊位数(个)	年末出租摊位数(个)	营业面积(平方米)	成交额(万元)
全　国	**70**	**33453**	**29081**	**3128867**	**10528193**
东部地区	**47**	**19889**	**18113**	**1766832**	**5667690**
北　京	3	2602	2110	185980	595101
天　津					
河　北	4	1361	1349	273900	615184
上　海	4	1413	1383	82039	355877
江　苏	5	2967	2195	337000	656747
浙　江	6	4332	4259	364525	1695116
福　建	1	200	195	7128	35223
山　东	15	4382	4118	355459	1316183
广　东	9	2632	2504	160801	398259
海　南					
东北地区	**4**	**2027**	**1350**	**206000**	**192556**
辽　宁	4	2027	1350	206000	192556
吉　林					
黑龙江					
中部地区	**12**	**7220**	**5511**	**625217**	**3364687**
山　西					
安　徽	2	949	828	52163	125916
江　西	3	1652	1352	108500	1655313
河　南	3	1321	1281	107894	142128
湖　北	1	2000	780	260000	1391000
湖　南	3	1298	1270	96660	50330
西部地区	**7**	**4317**	**4107**	**530818**	**1303260**
内蒙古					
广　西					
重　庆	1	1204	1025	122000	781326
四　川	1	500	485	90000	82000
贵　州	1	262	260	43000	25290
云　南	2	910	910	160124	60923
西　藏					
陕　西	1	420	406	1400	64930
甘　肃					
青　海					
宁　夏					
新　疆	1	1021	1021	114294	288791

2-8 续表 63

(花鸟鱼虫市场)

地　区	市场数量(个)	总摊位数(个)	年末出租摊位数(个)	营业面积(平方米)	成交额(万元)
全　国	**30**	**20632**	**19594**	**2077773**	**4436956**
东部地区	**18**	**11202**	**10436**	**1684153**	**3330484**
北　京	1	392	325	12190	15232
天　津	1	580	580	21000	14126
河　北	1	395	395	19260	30620
上　海	2	575	575	43601	25660
江　苏	3	3994	3658	633000	2249078
浙　江	4	1646	1572	65287	596972
福　建	2	205	196	31855	125699
山　东	2	1950	1670	189960	133455
广　东	2	1465	1465	668000	139642
海　南					
东北地区	**5**	**2424**	**2412**	**55832**	**178558**
辽　宁	4	2162	2162	35832	165558
吉　林					
黑龙江	1	262	250	20000	13000
中部地区	**5**	**4306**	**4306**	**263256**	**464314**
山　西					
安　徽	2	1770	1770	130160	203944
江　西					
河　南	2	2180	2180	54000	240120
湖　北					
湖　南	1	356	356	79096	20250
西部地区	**2**	**2700**	**2440**	**74532**	**463600**
内蒙古					
广　西					
重　庆					
四　川					
贵　州					
云　南	1	2300	2040	44532	441600
西　藏					
陕　西					
甘　肃					
青　海					
宁　夏					
新　疆	1	400	400	30000	22000

2-8　续表 64

(花卉市场)

地　区	市场数量(个)	总摊位数(个)	年末出租摊位数(个)	营业面积(平方米)	成交额(万元)
全　国	**25**	**19104**	**18075**	**2016186**	**4228774**
东部地区	**15**	**10374**	**9617**	**1643866**	**3167910**
北　京	1	392	325	12190	15232
天　津	1	580	580	21000	14126
河　北	1	395	395	19260	30620
上　海	1	177	177	15069	13000
江　苏	3	3994	3658	633000	2249078
浙　江	3	1346	1272	59907	561572
福　建	1	75	75	25480	11185
山　东	2	1950	1670	189960	133455
广　东	2	1465	1465	668000	139642
海　南					
东北地区	**3**	**1724**	**1712**	**34532**	**132950**
辽　宁	2	1462	1462	14532	119950
吉　林					
黑龙江	1	262	250	20000	13000
中部地区	**5**	**4306**	**4306**	**263256**	**464314**
山　西					
安　徽	2	1770	1770	130160	203944
江　西					
河　南	2	2180	2180	54000	240120
湖　北					
湖　南	1	356	356	79096	20250
西部地区	**2**	**2700**	**2440**	**74532**	**463600**
内蒙古					
广　西					
重　庆					
四　川					
贵　州					
云　南	1	2300	2040	44532	441600
西　藏					
陕　西					
甘　肃					
青　海					
宁　夏					
新　疆	1	400	400	30000	22000

2-8 续表 65

(其他花鸟鱼虫市场)

地　区	市场数量(个)	总摊位数(个)	年末出租摊位数(个)	营业面积(平方米)	成交额(万元)
全　国	**5**	**1528**	**1519**	**61587**	**208182**
东部地区	**3**	**828**	**819**	**40287**	**162574**
北　京					
天　津					
河　北					
上　海	1	398	398	28532	12660
江　苏					
浙　江	1	300	300	5380	35400
福　建	1	130	121	6375	114514
山　东					
广　东					
海　南					
东北地区	**2**	**700**	**700**	**21300**	**45608**
辽　宁	2	700	700	21300	45608
吉　林					
黑龙江					
中部地区					
山　西					
安　徽					
江　西					
河　南					
湖　北					
湖　南					
西部地区					
内蒙古					
广　西					
重　庆					
四　川					
贵　州					
云　南					
西　藏					
陕　西					
甘　肃					
青　海					
宁　夏					
新　疆					

2-8 续表 66

(旧货市场)

地　区	市场数量（个）	总摊位数（个）	年末出租摊位数（个）	营业面积（平方米）	成交额（万元）
全　国	**13**	**7195**	**6658**	**255165**	**333129**
东部地区	**10**	**5891**	**5398**	**207065**	**282332**
北　京	1	3732	3732	39635	36580
天　津					
河　北					
上　海					
江　苏	1	73	70	25000	19998
浙　江	6	1502	1093	102710	194260
福　建	1	368	368	14720	10466
山　东	1	216	135	25000	21028
广　东					
海　南					
东北地区					
辽　宁					
吉　林					
黑 龙 江					
中部地区	**2**	**1257**	**1240**	**28120**	**31980**
山　西					
安　徽					
江　西	1	750	750	15000	20220
河　南	1	507	490	13120	11760
湖　北					
湖　南					
西部地区	**1**	**47**	**20**	**19980**	**18817**
内 蒙 古					
广　西					
重　庆					
四　川					
贵　州					
云　南	1	47	20	19980	18817
西　藏					
陕　西					
甘　肃					
青　海					
宁　夏					
新　疆					

2-8 续表 67

(古玩、古董、字画市场)

地 区	市场数量(个)	总摊位数(个)	年末出租摊位数(个)	营业面积(平方米)	成交额(万元)
全 国	**2**	**875**	**858**	**27840**	**22226**
东部地区	**1**	**368**	**368**	**14720**	**10466**
北 京					
天 津					
河 北					
上 海					
江 苏					
浙 江					
福 建	1	368	368	14720	10466
山 东					
广 东					
海 南					
东北地区					
辽 宁					
吉 林					
黑 龙 江					
中部地区	**1**	**507**	**490**	**13120**	**11760**
山 西					
安 徽					
江 西					
河 南	1	507	490	13120	11760
湖 北					
湖 南					
西部地区					
内 蒙 古					
广 西					
重 庆					
四 川					
贵 州					
云 南					
西 藏					
陕 西					
甘 肃					
青 海					
宁 夏					
新 疆					

2-8 续表 68

(其他旧货市场)

地 区	市场数量(个)	总摊位数(个)	年末出租摊位数(个)	营业面积(平方米)	成交额(万元)
全 国	**11**	**6320**	**5800**	**227325**	**310903**
东部地区	**9**	**5523**	**5030**	**192345**	**271866**
北 京	1	3732	3732	39635	36580
天 津					
河 北					
上 海					
江 苏	1	73	70	25000	19998
浙 江	6	1502	1093	102710	194260
福 建					
山 东	1	216	135	25000	21028
广 东					
海 南					
东北地区					
辽 宁					
吉 林					
黑 龙 江					
中部地区	**1**	**750**	**750**	**15000**	**20220**
山 西					
安 徽					
江 西	1	750	750	15000	20220
河 南					
湖 北					
湖 南					
西部地区	**1**	**47**	**20**	**19980**	**18817**
内 蒙 古					
广 西					
重 庆					
四 川					
贵 州					
云 南	1	47	20	19980	18817
西 藏					
陕 西					
甘 肃					
青 海					
宁 夏					
新 疆					

2-8 续表 69

(其他专业市场)

地　区	市场数量（个）	总摊位数（个）	年末出租摊位数（个）	营业面积（平方米）	成交额（万元）
全　国	**50**	**41713**	**35459**	**3125134**	**6401310**
东部地区	**31**	**18512**	**17754**	**1996607**	**3320602**
北　京	1	136	136	41012	15266
天　津	1	180	150	8000	12100
河　北	5	8001	7681	1046750	1724070
上　海	2	948	932	85000	22577
江　苏	7	2198	2039	199689	703752
浙　江	3	1078	1049	122012	281585
福　建					
山　东	11	5627	5502	474950	459252
广　东	1	344	265	19194	102000
海　南					
东北地区	**5**	**6470**	**5959**	**144000**	**294147**
辽　宁	5	6470	5959	144000	294147
吉　林					
黑龙江					
中部地区	**7**	**6761**	**6506**	**582128**	**1299513**
山　西					
安　徽	2	1688	1447	125500	93325
江　西	1	871	871	203468	54538
河　南	3	3857	3843	244360	1125051
湖　北					
湖　南	1	345	345	8800	26599
西部地区	**7**	**9970**	**5240**	**402399**	**1487048**
内蒙古	5	4410	4310	344709	1363500
广　西					
重　庆					
四　川	1	560	560	15000	109796
贵　州					
云　南	1	5000	370	42690	13752
西　藏					
陕　西					
甘　肃					
青　海					
宁　夏					
新　疆					

2-9 商品交易市场情况(按营业状态分)

(常年营业)

地区	市场数量(个)	总摊位数(个)	年末出租摊位数(个)	营业面积(平方米)	成交额(万元)
全国	**4796**	**3942338**	**3432463**	**296326496**	**1014785427**
东部地区	**2802**	**2167692**	**1909303**	**166503302**	**694418623**
北京	132	115150	99215	6940024	39784325
天津	55	44125	38238	3594076	14303082
河北	217	344848	299584	25979303	54991254
上海	148	62223	57648	5136432	85873869
江苏	496	391403	342849	32022213	168855664
浙江	753	490939	444774	31195359	164596325
福建	124	54674	48521	3322388	16108156
山东	537	402653	374166	38805027	94345758
广东	335	258571	201205	18804180	55129402
海南	5	3106	3103	704300	430788
东北地区	**330**	**298509**	**266135**	**14998891**	**53032788**
辽宁	195	186170	166563	8270860	35734189
吉林	56	54307	48860	3223179	6560707
黑龙江	79	58032	50712	3504852	10737892
中部地区	**878**	**696051**	**604653**	**51277626**	**145114622**
山西	32	26999	24986	2552764	6345511
安徽	130	135790	122359	12698440	27012255
江西	100	103412	83855	5879356	20629972
河南	141	148062	118713	12577288	35700674
湖北	150	86067	75920	6244094	22065961
湖南	325	195721	178820	11325684	33360249
西部地区	**786**	**780086**	**652372**	**63546677**	**122219394**
内蒙古	65	37354	35352	7120897	5494381
广西	93	88326	78779	4031585	9396378
重庆	151	109271	99654	8039363	35865293
四川	132	200053	149586	12246656	24267501
贵州	58	63888	48895	5281229	10261579
云南	46	65619	48089	2799423	5464073
西藏	3	3267	2617	35400	150926
陕西	51	38748	35672	3377062	6518428
甘肃	41	36731	30729	1910105	3627286
青海	9	7882	7831	543368	657421
宁夏	40	30553	28125	4510715	3134120
新疆	97	98394	87043	13650874	17382008

2-9 续表 1

(季节性营业)

地　　区	市场数量 (个)	总摊位数 (个)	年末出租摊位数 (个)	营业面积 (平方米)	成交额 (万元)
全　　国	**57**	**37568**	**22988**	**3475464**	**6337751**
东部地区	**37**	**31510**	**17318**	**2245561**	**4705424**
北　　京	3	4156	1934	279000	161768
天　　津					
河　　北	7	3706	2376	567106	399730
上　　海	1	165	165	2250	10507
江　　苏	4	1289	1155	37355	141337
浙　　江	3	10955	1259	226086	809142
福　　建	1	28	28	1500	13950
山　　东	17	11090	10401	1107264	3168990
广　　东	1	121		25000	
海　　南					
东北地区	**7**	**1687**	**1564**	**442060**	**748295**
辽　　宁	5	1463	1351	296060	624344
吉　　林					
黑 龙 江	2	224	213	146000	123951
中部地区	**5**	**3463**	**3238**	**153643**	**207598**
山　　西					
安　　徽	1	443	443	33350	91250
江　　西	1	318	318	60000	31598
河　　南	2	2252	2222	53328	29750
湖　　北					
湖　　南	1	450	255	6965	55000
西部地区	**8**	**908**	**868**	**634200**	**676434**
内 蒙 古	5	434	394	450200	209010
广　　西	2	445	445	114000	150402
重　　庆					
四　　川					
贵　　州					
云　　南	1	29	29	70000	317022
西　　藏					
陕　　西					
甘　　肃					
青　　海					
宁　　夏					
新　　疆					

2-9 续表 2

(其他)

地　区	市场数量(个)	总摊位数(个)	年末出租摊位数(个)	营业面积(平方米)	成交额(万元)
全　国	**8**	**3901**	**2448**	**431776**	**273811**
东部地区	**4**	**1021**	**951**	**135066**	**175749**
北　京	1	650	580	23000	50000
天　津					
河　北	1	200	200	20000	13000
上　海	1	91	91	36066	101649
江　苏	1	80	80	56000	11100
浙　江					
福　建					
山　东					
广　东					
海　南					
东北地区					
辽　宁					
吉　林					
黑龙江					
中部地区	**3**	**2564**	**1181**	**291500**	**87982**
山　西					
安　徽					
江　西					
河　南	1	1130		262000	
湖　北	1	360	360	10500	38253
湖　南	1	1074	821	19000	49729
西部地区	**1**	**316**	**316**	**5210**	**10080**
内蒙古					
广　西					
重　庆					
四　川					
贵　州					
云　南					
西　藏					
陕　西					
甘　肃					
青　海					
宁　夏					
新　疆	1	316	316	5210	10080

2-10 商品交易市场情况(按经营方式分)

(批发为主)

地　区	市场数量(个)	总摊位数(个)	年末出租摊位数(个)	营业面积(平方米)	成交额(万元)
全　国	**2812**	**2793654**	**2394577**	**233901024**	**878593431**
东部地区	**1647**	**1589930**	**1382202**	**134114957**	**612160483**
北　京	56	66682	52647	4022034	26996258
天　津	39	32980	30187	2857508	13603670
河　北	163	301132	259871	23883006	52488704
上　海	65	34337	32337	3075563	81142575
江　苏	274	265549	231308	23729576	151218319
浙　江	372	353507	313458	23627469	138234415
福　建	57	29283	25587	2392119	12593340
山　东	401	306100	284043	33882633	87715172
广　东	219	199580	151984	15965049	47851524
海　南	1	780	780	680000	316506
东北地区	**157**	**144840**	**129906**	**9393178**	**40830506**
辽　宁	90	86682	78104	5128057	28988691
吉　林	30	24628	21943	2051109	4252471
黑龙江	37	33530	29859	2214012	7589344
中部地区	**520**	**485682**	**414741**	**39696695**	**121685153**
山　西	27	24700	22810	2199395	6124909
安　徽	83	108135	97887	10932728	23712927
江　西	64	78926	61455	4852178	18695670
河　南	97	113962	86491	10088682	31527553
湖　北	76	54495	47875	3602506	16223442
湖　南	173	105464	98223	8021206	25400652
西部地区	**488**	**573202**	**467728**	**50696194**	**103917289**
内蒙古	47	20351	18863	6319695	3925329
广　西	53	46259	40503	3122158	7761713
重　庆	86	79008	72647	6048268	31282200
四　川	88	169502	122161	9868263	21872849
贵　州	37	55639	42251	4022599	8304341
云　南	24	53558	36623	2060017	4651353
西　藏	1	2172	1954	10000	94754
陕　西	30	20931	18828	1670902	4318547
甘　肃	33	28117	26053	1725690	3380542
青　海	5	5334	5284	494203	452057
宁　夏	22	17788	15797	3508148	2661549
新　疆	62	74543	66764	11846251	15212055

2-10 续表

(零售为主)

地 区	市场数量（个）	总摊位数（个）	年末出租摊位数（个）	营业面积（平方米）	成交额（万元）
全 国	**2049**	**1190153**	**1063322**	**66332712**	**142803558**
东部地区	**1196**	**610293**	**545370**	**34768972**	**87139313**
北 京	80	53274	49082	3219990	12999835
天 津	16	11145	8051	736568	699412
河 北	62	47622	42289	2683403	2915280
上 海	85	28142	25567	2099185	4843450
江 苏	227	127223	112776	8385992	17789782
浙 江	384	148387	132575	7793976	27171052
福 建	68	25419	22962	931769	3528766
山 东	153	107643	100524	6029658	9799576
广 东	117	59112	49221	2864131	7277878
海 南	4	2326	2323	24300	114282
东北地区	**180**	**155356**	**137793**	**6047773**	**12950577**
辽 宁	110	100951	89810	3438863	7369842
吉 林	26	29679	26917	1172070	2308236
黑龙江	44	24726	21066	1436840	3272499
中部地区	**366**	**216396**	**194331**	**12026074**	**23725049**
山 西	5	2299	2176	353369	220602
安 徽	48	28098	24915	1799062	3390578
江 西	37	24804	22718	1087178	1965900
河 南	47	37482	34444	2803934	4202871
湖 北	75	31932	28405	2652088	5880772
湖 南	154	91781	81673	3330443	8064326
西部地区	**307**	**208108**	**185828**	**13489893**	**18988619**
内蒙古	23	17437	16883	1251402	1778062
广 西	42	42512	38721	1023427	1785067
重 庆	65	30263	27007	1991095	4583093
四 川	44	30551	27425	2378393	2394652
贵 州	21	8249	6644	1258630	1957238
云 南	23	12090	11495	809406	1129742
西 藏	2	1095	663	25400	56172
陕 西	21	17817	16844	1706160	2199881
甘 肃	8	8614	4676	184415	246744
青 海	4	2548	2547	49165	205364
宁 夏	18	12765	12328	1002567	472571
新 疆	36	24167	20595	1809833	2180033

2-11 商品交易市场情况(按经营环境分)

(露天式)

地　区	市场数量(个)	总摊位数(个)	年末出租摊位数(个)	营业面积(平方米)	成交额(万元)
全　国	**712**	**416871**	**370652**	**50174043**	**121651869**
东部地区	**419**	**268564**	**239500**	**28615736**	**78699972**
北　京	21	23503	13710	2427068	18573692
天　津	16	13556	10704	1379459	2748378
河　北	70	93357	87422	6663997	7747400
上　海	9	18820	17545	1881144	9602266
江　苏	51	14092	13253	911074	2564702
浙　江	53	1647	1637	119477	1080846
福　建	7	83819	78380	13178547	25758918
山　东	153	9997	8761	628100	5607808
广　东	38	7161	5534	644266	3235735
海　南	1	2612	2554	782604	1780227
东北地区	**53**	**15842**	**15320**	**1793926**	**3331337**
辽　宁	40	5970	5804	460900	236318
吉　林	5	5983	5915	879175	1654028
黑龙江	8	3889	3601	453851	1440991
中部地区	**105**	**46241**	**42440**	**5876630**	**16542054**
山　西	5	2561	2300	325400	292894
安　徽	20	10317	10107	736966	3768326
江　西	11	17484	15500	2033243	6344119
河　南	28	11303	10209	1601370	4430717
湖　北	17	3796	3544	499651	1389492
湖　南	24	780	780	680000	316506
西部地区	**135**	**86224**	**73392**	**13887751**	**23078506**
内蒙古	30	13226	13025	4900195	2807371
广　西	7	8809	8571	1128808	4883612
重　庆	11	7161	5534	644266	3235735
四　川	22	8809	8571	1128808	4883612
贵　州	9	2612	2554	782604	1780227
云　南	5	7115	2397	196586	457249
西　藏					
陕　西	12	9065	8453	1012622	1399957
甘　肃	13	14240	10030	525342	1312530
青　海	2	422	372	117203	50654
宁　夏	9	6539	5939	850037	658807
新　疆	15	8226	7946	2601280	1608752

2-11 续表 1

(封闭式)

地区	市场数量(个)	总摊位数(个)	年末出租摊位数(个)	营业面积(平方米)	成交额(万元)
全国	**3551**	**2769986**	**2343719**	**185314342**	**614603986**
东部地区	**2086**	**1397230**	**1241830**	**96759875**	**350430617**
北京	108	86404	78776	4492021	19438652
天津	35	29226	26229	2051711	11097956
河北	123	220557	187084	17559572	44116935
上海	114	445711	394952	26872865	136002447
江苏	379	78348	68563	6973013	15184420
浙江	631	47145	41150	3008173	14192242
福建	103	282957	263633	20767826	61981133
山东	347	65975	58333	4928179	15588044
广东	242	90207	82896	6508050	27185925
海南	4	50700	40214	3598465	5642863
东北地区	**270**	**142183**	**126197**	**8361222**	**86782047**
辽宁	152	43323	38563	2255074	6076389
吉林	46	52243	44980	2763898	9187815
黑龙江	72	46617	42654	3342250	71517843
中部地区	**638**	**502839**	**393560**	**31845378**	**89025434**
山西	19	20015	18658	1945139	5836888
安徽	84	84398	66458	4837892	14358480
江西	78	115611	87507	9400956	25723432
河南	92	211167	157412	13008312	37260994
湖北	113	69322	61202	2628779	5731358
湖南	252	2326	2323	24300	114282
西部地区	**557**	**727734**	**582132**	**48347867**	**88365888**
内蒙古	37	22552	20711	1965767	2772120
广西	61	179822	129737	10222888	16552723
重庆	127	90207	82896	6508050	27185925
四川	100	179822	129737	10222888	16552723
贵州	36	50700	40214	3598465	5642863
云南	35	54952	42204	2342333	3887867
西藏	3	3267	2617	35400	150926
陕西	30	23938	22318	1945160	3562177
甘肃	19	16076	15668	1056788	1911307
青海	7	7460	7459	426165	606767
宁夏	29	21196	20545	3177778	2051433
新疆	73	77742	68026	6846185	7489057

2-11 续表 2

(其他)

地　区	市场数量(个)	总摊位数(个)	年末出租摊位数(个)	营业面积(平方米)	成交额(万元)
全　国	**598**	**392512**	**349769**	**38278462**	**116703895**
东部地区	**338**	**213199**	**187577**	**18991498**	**54949482**
北　京	7	10049	9243	322935	1983749
天　津	4	1343	1305	162906	456748
河　北	32	34840	27654	2342840	3539649
上　海	27	37363	33536	2667436	19800754
江　苏	71	43793	40986	4847703	9354383
浙　江	72	5910	5762	196238	849018
福　建	15	46967	42554	5965918	9774697
山　东	54	10455	9186	698315	908362
广　东	56	11903	11224	887047	5443633
海　南		10576	6127	900160	2838489
东北地区	**14**	**17017**	**16172**	**1893631**	**13295191**
辽　宁	8	5014	4493	507205	248000
吉　林	5	30	30	7779	20000
黑龙江	1	11973	11649	1378647	13027191
中部地区	**143**	**83662**	**77626**	**7341793**	**22276987**
山　西	8	4423	4028	282225	215729
安　徽	27	9015	7608	364498	2534764
江　西	12	18349	17928	1458417	3662873
河　南	24	36222	33584	4219498	13437691
湖　北	21	15653	14478	1017155	2425930
湖　南	51				
西部地区	**103**	**78634**	**68394**	**10051540**	**26182235**
内蒙古	3	2010	2010	705135	123900
广　西	27	11422	11278	894960	2831166
重　庆	13	11903	11224	887047	5443633
四　川	10	11422	11278	894960	2831166
贵　州	13	10576	6127	900160	2838489
云　南	7	3581	3517	330504	1435979
西　藏					
陕　西	9	5745	4901	419280	1556294
甘　肃	9	6415	5031	327975	403449
青　海					
宁　夏	2	2818	1641	482900	423880
新　疆	10	12742	11387	4208619	8294279

2-12 商品交易市场成交情况(按摊位分)

地区	粮油、食品类		#粮油类		#肉禽蛋类	
	摊位数(个)	成交额(万元)	摊位数(个)	成交额(万元)	摊位数(个)	成交额(万元)
全国	**981739**	**288643773**	**96121**	**38841361**	**138586**	**40322150**
东部地区	**590045**	**173525157**	**52736**	**22892247**	**74352**	**23788540**
北京	33204	21425199	1900	1769456	4591	1950609
天津	16019	6282538	2673	1360779	1072	608333
河北	110161	12247554	5050	771141	6295	1250125
上海	20785	7767238	2728	767175	3719	1981857
江苏	80441	32726449	10411	7319229	14624	6505837
浙江	113593	35633850	9498	5147021	17401	4584739
福建	22257	7763460	1946	620264	4349	764904
山东	140788	29181921	12824	3283786	9730	1372960
广东	51327	20430930	5584	1850542	12168	4741928
海南	1470	66018	122	2854	403	27248
东北地区	**52156**	**14251802**	**5432**	**1521898**	**8468**	**1235935**
辽宁	30376	6715016	2884	669931	5207	756667
吉林	8356	1426947	989	45023	1317	59019
黑龙江	13424	6109839	1559	806944	1944	420249
中部地区	**159163**	**55259386**	**19357**	**7897152**	**26556**	**7869080**
山西	6963	1964441	846	223439	361	83320
安徽	29178	8545675	2368	880281	5191	1272067
江西	21979	8400530	2201	1456645	4630	1839377
河南	30080	17299487	4327	2392363	3372	1467011
湖北	21753	7861821	2035	647082	3649	1607888
湖南	49210	11187432	7580	2297342	9353	1599417
西部地区	**180375**	**45607428**	**18596**	**6530064**	**29210**	**7428595**
内蒙古	8441	1418007	751	317345	1076	206472
广西	29861	3964559	4898	726771	6225	906146
重庆	26477	9417969	2643	1173799	4081	1805642
四川	45268	11730108	4375	1284235	6771	2310992
贵州	9297	4093354	1078	1788334	1001	212660
云南	8242	2244564	1225	355166	1791	237724
西藏	2522	142560	98	17941	345	21013
陕西	7856	2948147	617	337770	1088	202204
甘肃	11280	1688081	1064	260148	771	267366
青海	2017	324074	135	9878	137	19691
宁夏	10584	2076524	628	81107	1159	352066
新疆	18530	5559481	1084	177570	4765	886619

2-12 续表 1

地 区	#水产品类		#蔬菜类		#干鲜果品类	
	摊位数（个）	成交额（万元）	摊位数（个）	成交额（万元）	摊位数（个）	成交额（万元）
全 国	**140800**	**55884759**	**393686**	**76196380**	**174385**	**69466501**
东部地区	**99181**	**38689416**	**249162**	**45349676**	**97836**	**39304560**
北 京	3922	2780294	11464	7454881	5800	6538138
天 津	1393	1683968	8101	1509267	2688	1120189
河 北	4391	492535	69872	5059428	23817	4608175
上 海	4156	2177754	6643	1560573	3419	1246766
江 苏	15330	6873451	27636	6248787	10991	5067154
浙 江	27716	10399245	38265	6976732	17627	7877115
福 建	6345	4053701	5740	1230001	3050	947644
山 东	26854	6379257	64447	11089106	22785	6227623
广 东	8812	3832495	16597	4208442	7373	5665015
海 南	262	16716	397	12459	286	6741
东北地区	**10431**	**3400792**	**15595**	**4313035**	**8687**	**3256719**
辽 宁	7044	2356312	8470	1260591	5002	1289436
吉 林	1249	434609	2368	652992	834	183005
黑龙江	2138	609871	4757	2399452	2851	1784278
中部地区	**17212**	**9647132**	**56616**	**13651325**	**30133**	**13877344**
山 西	425	74756	3694	966716	1614	613538
安 徽	2488	1430957	10785	2045688	6141	1988556
江 西	1771	746516	8203	1717100	4374	2361963
河 南	4056	2971484	12148	5415963	5638	4991744
湖 北	3644	2331291	7265	1571884	3415	1501432
湖 南	4828	2092128	14521	1933974	8951	2420111
西部地区	**13976**	**4147419**	**72313**	**12882344**	**37729**	**13027878**
内蒙古	602	65710	3812	516902	2199	244071
广 西	4057	206857	8233	973444	5048	1058677
重 庆	2662	1632878	8150	2012151	4157	1518145
四 川	2468	864899	21215	3866753	9881	3357614
贵 州	272	31420	4112	990966	2414	1047465
云 南	534	45540	3098	719038	1239	886001
西 藏	82	17032	1705	68269	292	18305
陕 西	702	283333	3685	825435	1659	1295172
甘 肃	666	277300	7201	540365	1438	322959
青 海	130	8819	846	203518	769	82168
宁 夏	556	210922	4018	445888	4219	986541
新 疆	1245	502709	6238	1719615	4414	2210760

2-12　续表 2

地　区	饮料类		烟酒类		服装、鞋帽、针纺织品类	
	摊位数（个）	成交额（万元）	摊位数（个）	成交额（万元）	摊位数（个）	成交额（万元）
全　国	**48901**	**10731781**	**41873**	**10846569**	**952706**	**173877438**
东部地区	**26140**	**6811520**	**21938**	**6047056**	**498339**	**129401864**
北　京	1114	471057	1273	805853	26740	2685121
天　津	419	118457	440	177510	6841	588467
河　北	2422	235997	2883	341055	53483	9929327
上　海	775	84055	614	268201	8642	714812
江　苏	4381	1686572	3417	1324245	93070	45120687
浙　江	6150	2017395	2590	1388588	139638	45396675
福　建	2710	507443	399	250082	11041	2380082
山　东	6477	1354957	9368	1098940	81253	10084331
广　东	1643	334250	885	391530	77242	12484279
海　南	49	1337	69	1052	389	18083
东北地区	**1887**	**538848**	**1930**	**784248**	**111534**	**14009100**
辽　宁	1063	156832	695	170048	74023	12407608
吉　林	419	13847	630	9994	15962	538499
黑龙江	405	368169	605	604206	21549	1062993
中部地区	**11186**	**2014029**	**11428**	**3157358**	**161771**	**15281689**
山　西	127	14650	349	359247	9813	977467
安　徽	2374	569431	1995	482144	25958	2542572
江　西	1027	246410	1294	458573	16983	3212459
河　南	1788	356403	2123	249469	32958	2569446
湖　北	1892	317888	736	258157	21988	2639397
湖　南	3978	509247	4931	1349768	54071	3340348
西部地区	**9688**	**1367384**	**6577**	**857907**	**181062**	**15184785**
内蒙古	251	60329	245	44499	10983	405372
广　西	715	132485	485	68287	25565	875336
重　庆	1557	271094	1423	109254	19888	6252882
四　川	1815	249277	1442	208326	45131	2868416
贵　州	899	218566	631	210263	16169	1803264
云　南	1174	124565	365	7522	19141	769745
西　藏	4	292	58	6625		
陕　西	1999	93673	215	1790	9667	738364
甘　肃	371	48810	439	92495	7467	465287
青　海	16	462	9	230	2308	69322
宁　夏	273	62877	159	22601	7652	204629
新　疆	614	104954	1106	86015	17091	732168

2-12 续表 3

地区	服装类		鞋帽类		针纺织品类	
	摊位数（个）	成交额（万元）	摊位数（个）	成交额（万元）	摊位数（个）	成交额（万元）
全　国	**587696**	**75881609**	**138080**	**17435355**	**226930**	**80560474**
东部地区	**288324**	**47828958**	**62638**	**9914451**	**147377**	**71658455**
北　京	19401	2301781	2974	128888	4365	254452
天　津	4522	364089	1493	168332	826	56046
河　北	38128	6665896	6427	844596	8928	2418835
上　海	6592	595993	548	37620	1502	81199
江　苏	43456	12911059	13485	2685591	36129	29524037
浙　江	70655	13480517	12406	2692681	56577	29223477
福　建	9131	2032000	1237	169131	673	178951
山　东	51798	5167598	14893	2061185	14562	2855548
广　东	44319	4292927	9130	1125666	23793	7065686
海　南	322	17098	45	761	22	224
东北地区	**67315**	**8810712**	**16785**	**1390770**	**27434**	**3807618**
辽　宁	42879	7677666	11562	1203881	19582	3526061
吉　林	12193	462343	1663	38578	2106	37578
黑龙江	12243	670703	3560	148311	5746	243979
中部地区	**106888**	**9805909**	**28462**	**2799556**	**26421**	**2676224**
山　西	6052	703063	2065	174900	1696	99504
安　徽	15533	1467019	4290	516111	6135	559442
江　西	9464	1699169	4041	579223	3478	934067
河　南	21476	1663968	6005	554429	5477	351049
湖　北	15655	2030679	3274	346709	3059	262009
湖　南	38708	2242011	8787	628184	6576	470153
西部地区	**125169**	**9436030**	**30195**	**3330578**	**25698**	**2418177**
内蒙古	7020	269285	2185	84339	1778	51748
广　西	17701	649922	3617	94382	4247	131032
重　庆	12285	3054215	4179	1924670	3424	1273997
四　川	33095	2120422	7416	426140	4620	321854
贵　州	11008	1212017	3340	346728	1821	244519
云　南	14688	566559	2270	113516	2183	89670
西　藏						
陕　西	6749	492977	1621	164766	1297	80621
甘　肃	5989	414033	780	20613	698	30641
青　海	1346	56269	486	10598	476	2455
宁　夏	4487	120307	1453	31304	1712	53018
新　疆	10801	480024	2848	113522	3442	138622

2-12 续表 4

地区	化妆品类		金银珠宝类		日用品类	
	摊位数（个）	成交额（万元）	摊位数（个）	成交额（万元）	摊位数（个）	成交额（万元）
全国	**25178**	**3157018**	**27190**	**7709989**	**179307**	**30790822**
东部地区	**11636**	**1519062**	**14642**	**6180738**	**114329**	**22199269**
北京	920	42222	554	188770	7041	741635
天津	200	9699	13	219	1893	204449
河北	947	118450	623	45125	15829	3878787
上海	75	3563	43	13862	944	2217337
江苏	1780	277805	1713	1281179	22147	3936829
浙江	2317	514814	4525	2845449	20290	3966069
福建	88	13758	1663	639115	1260	231029
山东	2838	362489	2009	959737	29178	5042848
广东	2436	175565	3499	207282	15725	1979641
海南	35	697			22	645
东北地区	**2465**	**443863**	**2267**	**190772**	**13320**	**2497775**
辽宁	1808	413820	1863	146009	11484	2411425
吉林	322	10167	65	20100	1213	55671
黑龙江	335	19876	339	24663	623	30679
中部地区	**4748**	**582392**	**2596**	**847449**	**26971**	**3421241**
山西	183	4354	5	522	1655	566014
安徽	667	81140	1778	342491	5779	493387
江西	729	95251	135	47598	2972	409210
河南	1216	99893	195	79887	5598	253475
湖北	501	132824	108	42282	2822	434878
湖南	1452	168930	375	334669	8145	1264277
西部地区	**6329**	**611701**	**7685**	**491030**	**24687**	**2672537**
内蒙古	408	8498	1732	116816	724	40489
广西	800	9594	264	11920	4223	186725
重庆	867	192180	38	13289	5441	1091950
四川	1311	102522	234	9100	3402	330830
贵州	111	19787	6	2420	1544	399367
云南	890	129526	902	167181	3257	215846
西藏					30	1389
陕西	120	3797	46	843	824	33895
甘肃	390	60693	52	9645	1654	193198
青海	177	5233	3	165	175	1260
宁夏	445	26429	61	5388	843	45902
新疆	810	53442	4347	154263	2570	131686

2-12 续表 5

地区	#儿童玩具类		五金、电料类		体育、娱乐用品类	
	摊位数(个)	成交额(万元)	摊位数(个)	成交额(万元)	摊位数(个)	成交额(万元)
全国	**28824**	**4207687**	**117651**	**24389317**	**13869**	**2304212**
东部地区	**18831**	**3140121**	**67523**	**16963149**	**7568**	**1577414**
北京	1381	48474	2529	349130	698	61700
天津	57	5903	2997	1026956	80	10932
河北	7682	1621135	5055	1473944	1669	663780
上海	142	30321	4382	401491	260	49222
江苏	3029	696174	15424	3470365	808	217054
浙江	1144	142278	15643	5945779	1056	190673
福建	113	8471	536	37746	102	58630
山东	4017	412950	13856	2549705	1991	206379
广东	1258	174236	6925	1677530	904	119044
海南	8	179	176	30503		
东北地区	**1727**	**84288**	**5953**	**430737**	**542**	**19930**
辽宁	1426	68314	2848	305931	465	12135
吉林	156	4256	2758	106425	24	1048
黑龙江	145	11718	347	18381	53	6747
中部地区	**3913**	**578410**	**22509**	**4280204**	**2426**	**278526**
山西	219	1953	583	237058	48	1830
安徽	524	104517	4796	502384	254	19525
江西	662	122265	1525	408738	217	68072
河南	924	35628	5265	847975	748	53992
湖北	332	57104	3430	472821	127	19867
湖南	1252	256943	6910	1811228	1032	115240
西部地区	**4353**	**404868**	**21666**	**2715227**	**3333**	**428342**
内蒙古	121	6257	527	118148	49	1384
广西	1027	52069	1530	119629	304	16811
重庆	329	96188	5916	1084208	346	99785
四川	998	55825	3708	573698	227	18036
贵州	254	30669	2059	198424	116	12390
云南	944	104506	503	24300	914	215868
西藏						
陕西	72	634	1058	31337	464	18973
甘肃	171	44025	880	34613	211	22396
青海	14	216	279	8708	93	557
宁夏	91	4383	149	9534	124	4546
新疆	332	10096	5057	512628	485	17596

2-12 续表 6

地区	#照相器材类		书报杂志类		电子出版物及音像制品类	
	摊位数（个）	成交额（万元）	摊位数（个）	成交额（万元）	摊位数（个）	成交额（万元）
全国	**1471**	**229615**	**4882**	**908957**	**8640**	**2071397**
东部地区	**767**	**101009**	**1952**	**374078**	**3861**	**1511577**
北京	153	28887	113	81683	9	409
天津			13	175	15	1581
河北	5	1725	195	21708	2288	1248256
上海	179	34049	13	3092	43	2082
江苏	86	3540	308	27516	706	83857
浙江	2	100	156	40339	117	33291
福建	6	9652	6	55	12	521
山东	218	19029	1037	178260	532	57574
广东	118	4027	111	21250	139	84006
海南						
东北地区	**14**	**1019**	**181**	**90785**	**887**	**215812**
辽宁	13	235	136	89758	570	200200
吉林			30	115	269	14107
黑龙江	1	784	15	912	48	1505
中部地区	**129**	**60926**	**1865**	**423904**	**2216**	**277830**
山西			1	5	59	740
安徽	7	322	241	185968	154	10120
江西	76	56586	110	7963	206	31790
河南	5	105	529	22186	547	24869
湖北	2	132	449	102658	200	30121
湖南	39	3781	535	105124	1050	180190
西部地区	**561**	**66661**	**884**	**20190**	**1676**	**66178**
内蒙古	1	32	26	225	65	1316
广西	1	25	59	380	151	13213
重庆	5	25	46	2276	92	19403
四川			115	4570	56	3576
贵州	6	1335	15	666	23	931
云南	94	45345	14	84	899	9877
西藏						
陕西	360	15157	2	18	1	8
甘肃	55	966	277	1140	200	10048
青海			1	69	37	155
宁夏	2	10	39	7803	61	1813
新疆	37	3766	290	2959	91	5838

2-12 续表 7

地　区	家用电器和音像器材类		中西药品类		#西药类	
	摊位数（个）	成交额（万元）	摊位数（个）	成交额（万元）	摊位数（个）	成交额（万元）
全　国	**33022**	**7023429**	**30195**	**12090581**	**1085**	**411928**
东部地区	**13249**	**2693045**	**11047**	**2847118**	**368**	**250813**
北　京	597	41770	27	3656	20	2504
天　津	144	13479	14	217	8	74
河　北	786	208289	7073	2008899	57	8550
上　海	98	19163	174	36218	4	1218
江　苏	1987	301522	180	290642	116	222769
浙　江	2883	885085	1350	261866	5	203
福　建	394	63574	99	16558	4	158
山　东	4072	929591	1127	47642	123	6309
广　东	2285	230254	1003	181420	31	9028
海　南	3	318				
东北地区	**1780**	**355872**	**2423**	**1013069**	**104**	**23213**
辽　宁	1236	199406	273	173482	85	22132
吉　林	391	44602	2148	839357	19	1081
黑龙江	153	111864	2	230		
中部地区	**10946**	**2775157**	**12337**	**4716796**	**337**	**102403**
山　西	113	3488	1	2		
安　徽	2246	889145	6817	2894694	40	39200
江　西	2020	318480	504	489550	38	14295
河　南	2311	557131	2795	372589	145	6852
湖　北	817	64298	34	13866	3	148
湖　南	3439	942615	2186	946095	111	41908
西部地区	**7047**	**1199355**	**4388**	**3513598**	**276**	**35499**
内蒙古	206	35052	188	35239	46	954
广　西	465	21586	1146	810679	29	3977
重　庆	975	417145	73	22562	31	14549
四　川	673	202029	2082	2203621	44	1184
贵　州	565	133425	43	2311	8	1150
云　南	1989	87527	528	200811	26	2225
西　藏			3	60	3	60
陕　西	186	12243	98	200177		
甘　肃	677	164740	33	3721	24	2644
青　海	156	3172	52	23168	1	95
宁　夏	46	553	23	218	13	149
新　疆	1109	121883	119	11031	51	8512

2-12 续表 8

地区	#中草药及中成药类		文化办公用品类		#计算机及其配套产品	
	摊位数(个)	成交额(万元)	摊位数(个)	成交额(万元)	摊位数(个)	成交额(万元)
全国	**28410**	**11503545**	**59132**	**10446398**	**24866**	**3301035**
东部地区	**10353**	**2471463**	**33499**	**5975782**	**13033**	**1668328**
北京	7	1152	5118	922571	1827	215111
天津	3	60	441	42082	7	12
河北	7015	2000319	4621	1535977	211	15198
上海	170	35000	479	62282	295	42509
江苏	56	15208	4091	864538	1633	321460
浙江	1267	226398	8892	1409725	3507	430550
福建	87	14633	685	91374	393	70916
山东	923	34591	5167	649842	2014	294042
广东	825	144102	3725	371511	2996	265674
海南			280	25880	150	12856
东北地区	**2308**	**989401**	**5826**	**1022093**	**2193**	**300715**
辽宁	183	151235	3203	715135	93	5715
吉林	2125	838166	450	7691		
黑龙江			2173	299267	2100	295000
中部地区	**11781**	**4572746**	**10750**	**2214096**	**5310**	**641689**
山西			183	5973		
安徽	6756	2849908	759	151403	212	3973
江西	394	459502	899	157145	193	8516
河南	2647	365659	3751	395448	2818	322071
湖北	3	233	1795	617082	751	47255
湖南	1981	897444	3363	887045	1336	259874
西部地区	**3968**	**3469935**	**9057**	**1234427**	**4330**	**690303**
内蒙古	139	33969	298	31831	43	11235
广西	1066	804952	974	127106	721	92064
重庆	36	5995	2190	281903	1411	163524
四川	2013	2200561	774	91754	79	17948
贵州	35	1161	592	148382	228	41215
云南	499	198402	414	15893	195	8604
西藏						
陕西	98	200177	832	217409	432	183318
甘肃	9	1077	575	63020	17	1252
青海	51	23073	410	10737		
宁夏	9	68	453	44150	314	34105
新疆	13	500	1545	202242	890	137038

2-12 续表 9

地区	家具类		通讯器材类		煤炭及制品类	
	摊位数（个）	成交额（万元）	摊位数（个）	成交额（万元）	摊位数（个）	成交额（万元）
全 国	**117190**	**24166880**	**20372**	**3060851**	**3715**	**3329565**
东部地区	**62345**	**14826342**	**11819**	**1351429**	**3124**	**3048464**
北 京	5556	665794	151	16847		
天 津	426	37716	62	31369	2733	1754921
河 北	8871	3719162	1191	225078	18	4540
上 海	2093	158041	72	15591		
江 苏	14728	2669574	1624	130899	239	641503
浙 江	17816	3894021	2662	301339	64	634361
福 建	680	909922	123	10183		
山 东	11507	2690602	1664	237380	70	13139
广 东	668	81510	4270	382743		
海 南						
东北地区	**8465**	**856850**	**1099**	**105275**	**3**	**145**
辽 宁	5694	593058	555	23073	3	145
吉 林	2081	142515	476	60279		
黑龙江	690	121277	68	21923		
中部地区	**24246**	**4397806**	**2700**	**786478**	**119**	**23032**
山 西	1207	45797	5	10	3	18946
安 徽	3151	1170894	117	10858	3	327
江 西	12186	1598209	89	13785		
河 南	2515	636204	503	386152	55	770
湖 北	2012	257902	992	274986		
湖 南	3175	688800	994	100687	58	2989
西部地区	**22134**	**4085882**	**4754**	**817669**	**469**	**257924**
内蒙古	1291	209852	53	2482	16	157335
广 西	1183	318401	66	4940		
重 庆	3033	2077336	1095	347821	3	475
四 川	7125	565537	279	2609		
贵 州	1866	118043	15	996		
云 南	766	227328	488	7643	3	25
西 藏						
陕 西	614	52606	1313	234521		
甘 肃	1155	70848	42	9570	2	61
青 海	281	33960	4	130		
宁 夏	1044	46389	149	5429	318	97703
新 疆	3776	365582	1250	201528	127	2325

2-12　续表 10

地　区	木材及制品类		石油及制品类		化工材料及制品类	
	摊位数（个）	成交额（万元）	摊位数（个）	成交额（万元）	摊位数（个）	成交额（万元）
全　国	**27786**	**9369892**	**2243**	**19159820**	**48235**	**39875971**
东部地区	**18593**	**7789246**	**1034**	**14121356**	**40620**	**38412194**
北　京	127	18624			113	20273
天　津	62	19745			231	233787
河　北	222	250841	13	5712	17924	3517641
上　海	1102	666139	557	11197000	643	2058654
江　苏	6588	1358755	41	852	8240	13175224
浙　江	4263	1176516	125	1567101	4415	8767086
福　建	519	103213	2	56	222	41677
山　东	4647	3738369	288	1350352	4153	6532083
广　东	1063	457044	8	283	4679	4065769
海　南						
东北地区	**1701**	**118170**	**170**	**4880000**	**1166**	**73062**
辽　宁	1164	88174	170	4880000	94	10162
吉　林	462	20996			1016	22910
黑龙江	75	9000			56	39990
中部地区	**3859**	**813138**	**1005**	**131630**	**4128**	**601276**
山　西					4	200
安　徽	1208	250454	3	212	597	191966
江　西	432	44466			344	41467
河　南	318	208877	970	121740	1803	81984
湖　北	679	218169	3	1010	177	43781
湖　南	1222	91172	29	8668	1203	241878
西部地区	**3633**	**649338**	**34**	**26834**	**2321**	**789439**
内蒙古	403	265497			44	30728
广　西	298	47690	1	872	173	82942
重　庆	515	179683			216	77569
四　川	1156	92631			536	234040
贵　州	114	1934				
云　南	155	11563			291	15363
西　藏						
陕　西	5	153			30	123100
甘　肃	1	110			63	2550
青　海						
宁　夏	13	133	7	935	93	8663
新　疆	973	49944	26	25027	875	214484

2-12 续表 11

地区	#化肥类		金属材料类		建筑及装潢材料类	
	摊位数(个)	成交额(万元)	摊位数(个)	成交额(万元)	摊位数(个)	成交额(万元)
全国	**3667**	**980251**	**89614**	**167389296**	**273565**	**48594549**
东部地区	**1048**	**585985**	**55460**	**134420778**	**128444**	**26073839**
北京			411	349781	6107	1176501
天津	5	2538	1199	1420983	1463	182164
河北	258	138901	13320	3173336	7324	1198798
上海	5	946	1830	55602112	8352	1392503
江苏	345	262004	15907	36673175	39279	7008218
浙江	2	1046	12377	18614146	30053	5890689
福建			98	323911	3074	1695497
山东	431	180451	7878	14998208	26701	6132315
广东	2	99	2440	3265126	5581	1131924
海南					510	265230
东北地区	**855**	**56333**	**6141**	**3296124**	**14331**	**1698946**
辽宁	8	730	4028	2108103	6834	887138
吉林	791	15613	1320	142021	2518	230259
黑龙江	56	39990	793	1046000	4979	581549
中部地区	**933**	**124012**	**11164**	**14078135**	**66177**	**12651316**
山西			333	659183	1806	726913
安徽	22	4238	2021	3079366	14883	2062194
江西	37	9622	1009	67890	12012	1942941
河南	756	51721	3212	5821643	9641	2378456
湖北	34	15750	2509	2538313	9911	2432476
湖南	84	42681	2080	1911740	17924	3108336
西部地区	**831**	**213921**	**16849**	**15594259**	**64613**	**8170448**
内蒙古	42	29900	619	280398	1275	462861
广西	76	70451	1574	1466220	3053	522501
重庆	51	12541	4487	6578059	11394	2465360
四川	131	43121	2866	1352189	19383	1711526
贵州			1592	374080	3337	602562
云南	111	7676	171	7912	2355	384068
西藏						
陕西			75	203300	7678	783876
甘肃	27	501	1429	426381	1677	168371
青海			22	15654	1248	121000
宁夏	47	1959	1653	197258	1790	76610
新疆	346	47772	2361	4692808	11423	871713

2-12 续表 12

地区	机电产品及设备类		#农机类		汽车类	
	摊位数（个）	成交额（万元）	摊位数（个）	成交额（万元）	摊位数（个）	成交额（万元）
全国	**53481**	**15346756**	**6523**	**2437834**	**72830**	**67836212**
东部地区	**24773**	**8620872**	**3293**	**1359113**	**37666**	**44745377**
北京	356	98182			3558	9637766
天津	652	376536	1	28	1062	1739873
河北	3749	1126802	1383	836098	3921	1840556
上海	653	104753			1752	2737116
江苏	7231	2272159	953	216097	3953	5328212
浙江	4416	2403846	11	1570	12047	13760357
福建	134	7352			313	376137
山东	6202	1694970	765	259527	6878	3785485
广东	1280	515247	180	45793	4182	5539875
海南	100	21025				
东北地区	**1071**	**50379**	**93**	**5512**	**10503**	**5471551**
辽宁	624	37393			6513	2871585
吉林	447	12986	93	5512	2738	2566885
黑龙江					1252	33081
中部地区	**9297**	**2501296**	**2004**	**834320**	**9069**	**10293784**
山西	215	217957			33	472137
安徽	2118	703569	1003	392990	1015	1155719
江西	920	424848	467	209126	2319	1953312
河南	1476	199611	308	97559	1819	1046754
湖北	661	71766	8	328	1244	3122393
湖南	3907	883545	218	134317	2639	2543469
西部地区	**18340**	**4174209**	**1133**	**238889**	**15592**	**7325500**
内蒙古	149	95514	97	84509	24	45367
广西	1067	132981			1475	160833
重庆	4414	1507725	61	911	4778	2616504
四川	5004	751300	214	47537	1991	513018
贵州	499	312676	56	3411	1297	1261737
云南	532	23175	165	8978	1088	402975
西藏						
陕西	806	168810			1339	552542
甘肃	160	29997	10	200		
青海					1	15
宁夏	493	121883	201	66233	810	21823
新疆	5216	1030148	329	27110	2589	1750686

2-12 续表 13

地　区	种子饲料类		棉麻类		其他类	
	摊位数（个）	成交额（万元）	摊位数（个）	成交额（万元）	摊位数（个）	成交额（万元）
全　国	**8305**	**1336888**	**4346**	**5163537**	**211932**	**31775091**
东部地区	**3679**	**541456**	**3545**	**5073428**	**120702**	**22648186**
北　京	6	233	62	700	5345	190616
天　津	7	1365			812	27862
河　北	2268	70064	769	45851	34535	6268455
上　海	10	1350	13	286	3500	409862
江　苏	278	83561	1185	1859285	14338	6197424
浙　江	141	25077	661	997148	37793	6844182
福　建	194	255978			1938	344753
山　东	738	102877	837	2166694	13311	1368058
广　东	37	951	18	3464	9130	996974
海　南						
东北地区	**532**	**54308**	**232**	**3021**	**19134**	**1308546**
辽　宁	231	10795	21	161	11940	731941
吉　林	236	7513	203	2576	4326	263197
黑龙江	65	36000	8	284	2868	313408
中部地区	**1688**	**258023**	**321**	**82346**	**34387**	**3261885**
山　西					1297	68577
安　徽	548	51360	33	21800	14109	694707
江　西	135	21197	83	4961	4044	196725
河　南	573	82929	107	45590	8039	1537464
湖　北	95	7300			1345	128158
湖　南	337	95237	98	9995	5553	636254
西部地区	**2406**	**483101**	**248**	**4742**	**37709**	**4556474**
内蒙古	147	39410	16	440	7566	1796302
广　西	546	127799	119	1600	3127	321691
重　庆	355	152889	15	1545	4020	584427
四　川	248	23028	2	25	4758	425735
贵　州	128	22606	54	493	7923	322902
云　南	238	8830	10	36	2789	478868
西　藏						
陕　西	2	76			242	98770
甘　肃	12	2472	3	19	1679	59020
青　海					542	39350
宁　夏	131	8654	10	161	702	35512
新　疆	599	97337	19	423	4361	393897

（三）36城市

2-13 商品交易市场总体情况

地 区	市场数量（个）	总摊位数（个）	年末出租摊位数（个）	营业面积（平方米）	成交额（万元）
36城市合计	**1829**	**1580854**	**1328045**	**115007302**	**467063945**
北 京	136	119956	101729	7242024	39996093
天 津	55	44125	38238	3594076	14303082
石家庄	50	67834	57589	5373141	13327906
太 原	7	4016	3871	536063	515239
呼和浩特	8	4148	4118	207600	357465
沈 阳	53	58732	48162	2334853	10426380
大 连	40	37361	35775	1827567	13212387
长 春	26	30237	25802	2366259	4541790
哈尔滨	45	37772	33286	2425299	7747549
上 海	150	62479	57904	5174748	85986025
南 京	37	34848	33519	2429799	9597352
杭 州	166	90644	84686	4419808	31360410
宁 波	128	59091	52531	4303788	32578146
合 肥	34	26310	22437	2974329	8221081
福 州	34	12232	11691	834535	6344638
厦 门	19	6911	6683	595132	2099235
南 昌	32	42714	27991	1637792	9885393
济 南	32	21566	20967	1866620	3996757
青 岛	67	62886	60369	5321666	11930735
郑 州	30	60078	36952	3825362	14306500
武 汉	49	31172	26192	2524501	9774488
长 沙	62	45548	42461	5702493	17617539
广 州	136	105044	85926	7196049	20757746
深 圳	30	53733	30999	1700289	5963153
南 宁	35	26300	22794	1592208	4095302
海 口	2	1060	1060	690500	342386
重 庆	151	109271	99654	8039363	35865293
成 都	43	119123	77894	8596462	17844928
贵 阳	19	28063	23324	3448745	6635724
昆 明	26	53769	36812	2035918	4429687
拉 萨	3	3267	2617	35400	150926
西 安	35	28545	26052	2354080	5103201
兰 州	26	17689	16997	1381601	2882273
西 宁	6	7323	7273	506368	593346
银 川	23	18757	17085	2107420	1812484
乌鲁木齐	34	48250	46605	7805444	12461306

2-14 商品交易市场情况(按市场类别分)

(综合市场)

地　　区	市场数量(个)	总摊位数(个)	年末出租摊位数(个)	营业面积(平方米)	成交额(万元)
36城市总计	**444**	**545689**	**459548**	**28970360**	**121908588**
北　　京	38	45436	41774	2684421	20362556
天　　津	17	18097	16493	1328681	4826773
石 家 庄	13	29569	24053	2060924	6076951
太　　原	2	2450	2305	271500	322658
呼和浩特	1	590	590	96000	171432
沈　　阳	7	6166	4458	105853	171439
大　　连	18	23339	22154	884143	5075506
长　　春	8	9314	8826	476587	511573
哈 尔 滨	11	8927	7518	497800	3312873
上　　海	44	19850	18869	970813	4235829
南　　京	14	13127	12831	773157	5624664
杭　　州	47	24917	23698	1138622	6355927
宁　　波	46	26275	23258	1124319	5017367
合　　肥	4	4133	4095	420000	2208643
福　　州	13	4257	4037	92525	1264578
厦　　门	8	3493	3266	267226	396180
南　　昌	8	29309	15347	530391	5216038
济　　南	5	5440	5336	293000	432525
青　　岛	12	31460	30788	1163100	3653642
郑　　州	2	24400	8754	642124	295089
武　　汉	9	6883	6504	708217	1917455
长　　沙	11	18959	18687	1913432	10208521
广　　州	14	11884	10756	342854	984372
深　　圳	12	40781	20462	1380407	5189669
南　　宁	5	3807	3383	148800	640134
海　　口					
重　　庆	45	61270	56368	3085493	14715804
成　　都	8	15337	13722	1369014	6555632
贵　　阳	2	20337	16777	1823000	2215954
昆　　明	1	618	618	19980	15820
拉　　萨	3	3267	2617	35400	150926
西　　安	3	2610	1926	153200	1304976
兰　　州	4	4200	4091	255600	516489
西　　宁					
银　　川	4	3044	3044	107020	225023
乌鲁木齐	5	22143	22143	1806757	1735570

2-14 续表 1

(生产资料综合市场)

地 区	市场数量（个）	总摊位数（个）	年末出租摊位数（个）	营业面积（平方米）	成交额（万元）
36城市总计	**14**	**16728**	**15381**	**2087597**	**2850801**
北 京					
天 津					
石家庄	2	1930	1630	520000	615703
太 原					
呼和浩特					
沈 阳					
大 连	1	610	600	11990	30000
长 春					
哈尔滨					
上 海					
南 京					
杭 州	1	1293	1293	98388	396945
宁 波	3	1177	377	99122	292265
合 肥					
福 州					
厦 门					
南 昌					
济 南					
青 岛					
郑 州					
武 汉	1	3533	3340	519100	294692
长 沙					
广 州					
深 圳	1	1351	1351	31860	47906
南 宁					
海 口					
重 庆	2	2230	2230	304123	786443
成 都	2	2229	2185	131180	297460
贵 阳					
昆 明					
拉 萨					
西 安					
兰 州					
西 宁					
银 川					
乌鲁木齐	1	2375	2375	371834	89387

2-14 续表 2

(工业消费品综合市场)

地 区	市场数量(个)	总摊位数(个)	年末出租摊位数(个)	营业面积(平方米)	成交额(万元)
36城市总计	**105**	**182903**	**153739**	**7919343**	**33006746**
北 京	13	11368	10135	238624	833105
天 津	4	5573	5387	146250	612258
石家庄	6	15708	14062	1151424	4271371
太 原	1	1100	955	51500	10561
呼和浩特					
沈 阳	1	1457	1293	14193	51660
大 连	10	11132	10217	297423	1251672
长 春	2	5257	5256	151000	196728
哈尔滨	3	2327	2322	43800	128915
上 海	2	1846	1694	42478	74066
南 京	2	1465	1428	56453	159681
杭 州	8	6902	6673	185173	968833
宁 波	6	7474	7024	427973	1604006
合 肥	1	2000	1962	200000	89856
福 州					
厦 门					
南 昌	3	10931	9826	226380	3348535
济 南	3	3160	3080	113000	63725
青 岛	4	5482	5473	405500	1876803
郑 州	1	1400	1100	36000	88871
武 汉	2	454	381	12440	10917
长 沙	4	11207	11074	861323	6858898
广 州	7	5914	5685	216694	613049
深 圳	4	32453	12407	1002564	1313460
南 宁					
海 口					
重 庆	13	33437	31592	1723551	8018366
成 都					
贵 阳					
昆 明					
拉 萨					
西 安	1	980	946	30000	24032
兰 州	3	3400	3291	245600	497049
西 宁					
银 川	1	476	476	40000	40329
乌鲁木齐					

2-14　续表 3

(农产品综合市场)

地　区	市场数量(个)	总摊位数(个)	年末出租摊位数(个)	营业面积(平方米)	成交额(万元)
36城市总计	**241**	**180654**	**162364**	**10667586**	**67436818**
北　京	20	26819	24813	2161496	17728869
天　津	4	3176	2827	350000	2418599
石家庄	5	11931	8361	389500	1189877
太　原	1	1350	1350	220000	312097
呼和浩特	1	590	590	96000	171432
沈　阳	4	3580	2036	66360	99696
大　连	3	2075	2075	82980	468287
长　春	2	1050	707	217195	213586
哈尔滨	7	4600	4236	439000	3158658
上　海	37	15237	14440	847310	3829212
南　京	8	6525	6432	551685	4828014
杭　州	29	10599	9774	328075	1341341
宁　波	34	15729	14035	446207	2914035
合　肥	2	2031	2031	202000	2098106
福　州	12	4097	3924	89025	1252119
厦　门	4	1527	1487	45516	175820
南　昌	3	2917	2711	146411	1742105
济　南	2	2280	2256	180000	368800
青　岛	5	2866	2495	173000	713138
郑　州					
武　汉	6	2896	2783	176677	1611846
长　沙	2	5208	5208	874000	3106259
广　州	6	5460	4762	122180	357779
深　圳	5	5809	5666	325183	3795221
南　宁	4	2930	2506	130800	615836
海　口					
重　庆	20	18046	15707	562164	5038405
成　都	4	11455	10581	1128258	5940522
贵　阳					
昆　明	1	618	618	19980	15820
拉　萨	3	3267	2617	35400	150926
西　安	2	1630	980	123200	1280944
兰　州	1	800	800	10000	19440
西　宁					
银　川	2	1495	1495	31020	36074
乌鲁木齐	2	2061	2061	96964	443955

2-14 续表 4

(其他综合市场)

地　区	市场数量（个）	总摊位数（个）	年末出租摊位数（个）	营业面积（平方米）	成交额（万元）
36城市总计	**84**	**165404**	**128064**	**8295834**	**18614223**
北　京	5	7249	6826	284301	1800582
天　津	9	9348	8279	832431	1795916
石家庄					
太　原					
呼和浩特					
沈　阳	2	1129	1129	25300	20083
大　连	4	9522	9262	491750	3325547
长　春	4	3007	2863	108392	101259
哈尔滨	1	2000	960	15000	25300
上　海	5	2767	2735	81025	332551
南　京	4	5137	4971	165019	636969
杭　州	9	6123	5958	526986	3648808
宁　波	3	1895	1822	151017	207061
合　肥	1	102	102	18000	20681
福　州	1	160	113	3500	12459
厦　门	4	1966	1779	221710	220360
南　昌	2	15461	2810	157600	125398
济　南					
青　岛	3	23112	22820	584600	1063701
郑　州	1	23000	7654	606124	206218
武　汉					
长　沙	5	2544	2405	178109	243364
广　州	1	510	309	3980	13544
深　圳	2	1168	1038	20800	33082
南　宁	1	877	877	18000	24298
海　口					
重　庆	10	7557	6839	495655	872590
成　都	2	1653	956	109576	317650
贵　阳	2	20337	16777	1823000	2215954
昆　明					
拉　萨					
西　安					
兰　州					
西　宁					
银　川	1	1073	1073	36000	148620
乌鲁木齐	2	17707	17707	1337959	1202228

2-14 续表 5

(专业市场)

地 区	市场数量(个)	总摊位数(个)	年末出租摊位数(个)	营业面积(平方米)	成交额(万元)
36城市总计	**1385**	**1035165**	**868497**	**86036942**	**345155357**
北 京	98	74520	59955	4557603	19633537
天 津	38	26028	21745	2265395	9476309
石家庄	37	38265	33536	3312217	7250955
太 原	5	1566	1566	264563	192581
呼和浩特	7	3558	3528	111600	186033
沈 阳	46	52566	43704	2229000	10254941
大 连	22	14022	13621	943424	8136881
长 春	18	20923	16976	1889672	4030217
哈尔滨	34	28845	25768	1927499	4434676
上 海	106	42629	39035	4203935	81750196
南 京	23	21721	20688	1656642	3972688
杭 州	119	65727	60988	3281186	25004483
宁 波	82	32816	29273	3179469	27560779
合 肥	30	22177	18342	2554329	6012438
福 州	21	7975	7654	742010	5080060
厦 门	11	3418	3417	327906	1703055
南 昌	24	13405	12644	1107401	4669355
济 南	27	16126	15631	1573620	3564232
青 岛	55	31426	29581	4158566	8277093
郑 州	28	35678	28198	3183238	14011411
武 汉	40	24289	19688	1816284	7857033
长 沙	51	26589	23774	3789061	7409018
广 州	122	93160	75170	6853195	19773374
深 圳	18	12952	10537	319882	773484
南 宁	30	22493	19411	1443408	3455168
海 口	2	1060	1060	690500	342386
重 庆	106	48001	43286	4953870	21149489
成 都	35	103786	64172	7227448	11289296
贵 阳	17	7726	6547	1625745	4419770
昆 明	25	53151	36194	2015938	4413867
拉 萨					
西 安	32	25935	24126	2200880	3798225
兰 州	22	13489	12906	1126001	2365784
西 宁	6	7323	7273	506368	593346
银 川	19	15713	14041	2000400	1587461
乌鲁木齐	29	26107	24462	5998687	10725736

2-14 续表 6

(生产资料市场)

地 区	市场数量 (个)	总摊位数 (个)	年末出租摊位数 (个)	营业面积 (平方米)	成交额 (万元)
36城市总计	**249**	**156769**	**119162**	**26296699**	**142175474**
北 京	14	3827	3535	446958	971748
天 津	11	5299	4655	463170	3400179
石家庄	3	917	915	395716	143522
太 原	1	213	213	80000	53210
呼和浩特					
沈 阳	7	5180	2637	505471	1602691
大 连	4	588	538	114300	4994629
长 春	4	3424	3376	466000	226479
哈尔滨	6	4729	4591	898000	1762990
上 海	26	6468	6225	1596395	70468904
南 京	4	9359	9355	506266	664561
杭 州	10	2537	2117	200294	2315833
宁 波	26	11065	9616	1628467	21942181
合 肥	6	2892	2793	465819	2783095
福 州	3	830	828	291738	1070613
厦 门					
南 昌	4	2798	2673	161645	853414
济 南	5	1137	1013	213000	284085
青 岛	7	1618	1424	1477960	952186
郑 州	3	7833	2279	1033288	119927
武 汉	6	2511	2053	258800	1724602
长 沙	15	8021	5864	1652220	1990513
广 州	6	2034	1614	677686	1948156
深 圳					
南 宁	7	2577	2427	295631	1585136
海 口	1	780	780	680000	316506
重 庆	30	12607	11482	1783129	8641676
成 都	12	34834	15741	3804147	3112146
贵 阳	6	2313	1848	555700	616407
昆 明	3	931	856	85775	36747
拉 萨					
西 安	6	5873	5479	979300	955406
兰 州	4	1685	1343	229066	451356
西 宁					
银 川	4	2178	2131	291170	250808
乌鲁木齐	5	9711	8761	4059588	5935768

2-14 续表 7

(农业生产用具市场)

地 区	市场数量（个）	总摊位数（个）	年末出租摊位数（个）	营业面积（平方米）	成交额（万元）
36城市总计	**6**	**1598**	**1447**	**284144**	**626023**
北 京					
天 津					
石家庄	1	7	5	4000	11676
太 原					
呼和浩特					
沈 阳					
大 连					
长 春					
哈尔滨					
上 海					
南 京					
杭 州					
宁 波					
合 肥	1	638	638	120000	385010
福 州					
厦 门					
南 昌	1	457	332	8000	135474
济 南					
青 岛	2	316	292	136000	65753
郑 州					
武 汉					
长 沙					
广 州					
深 圳					
南 宁					
海 口					
重 庆					
成 都					
贵 阳					
昆 明					
拉 萨					
西 安					
兰 州					
西 宁					
银 川	1	180	180	16144	28110
乌鲁木齐					

2-14 续表 8

(农用生产资料市场)

地　区	市场数量(个)	总摊位数(个)	年末出租摊位数(个)	营业面积(平方米)	成交额(万元)
36城市总计	**6**	**1630**	**1426**	**95702**	**421399**
北　京					
天　津					
石家庄					
太　原					
呼和浩特					
沈　阳					
大　连					
长　春					
哈尔滨	1	39	36	1000	17990
上　海					
南　京					
杭　州					
宁　波	1	185	86	6880	14571
合　肥					
福　州					
厦　门					
南　昌					
济　南					
青　岛					
郑　州					
武　汉					
长　沙					
广　州					
深　圳					
南　宁	2	710	708	52000	226560
海　口					
重　庆	1	380	280	28554	150000
成　都					
贵　阳					
昆　明	1	316	316	7268	12278
拉　萨					
西　安					
兰　州					
西　宁					
银　川					
乌鲁木齐					

2-14　续表 9

(煤炭市场)

地　区	市场数量(个)	总摊位数(个)	年末出租摊位数(个)	营业面积(平方米)	成交额(万元)
36城市总计	**3**	**2844**	**2782**	**406400**	**2372702**
北　京					
天　津	2	2795	2733	1400	1754921
石家庄					
太　原					
呼和浩特					
沈　阳					
大　连					
长　春					
哈尔滨					
上　海					
南　京					
杭　州					
宁　波	1	49	49	405000	617781
合　肥					
福　州					
厦　门					
南　昌					
济　南					
青　岛					
郑　州					
武　汉					
长　沙					
广　州					
深　圳					
南　宁					
海　口					
重　庆					
成　都					
贵　阳					
昆　明					
拉　萨					
西　安					
兰　州					
西　宁					
银　川					
乌鲁木齐					

2-14 续表 10

(木材市场)

地 区	市场数量(个)	总摊位数(个)	年末出租摊位数(个)	营业面积(平方米)	成交额(万元)
36城市总计	**14**	**2404**	**2272**	**1290996**	**1086050**
北 京					
天 津					
石家庄					
太 原					
呼和浩特					
沈 阳	1	200	200	2800	29300
大 连					
长 春	1	168	160	225000	13421
哈尔滨					
上 海	6	612	586	297396	595211
南 京					
杭 州	2	287	287	54000	60341
宁 波					
合 肥					
福 州	1	402	402	186580	103507
厦 门					
南 昌					
济 南					
青 岛	1	200	198	399960	87454
郑 州					
武 汉					
长 沙					
广 州					
深 圳					
南 宁					
海 口					
重 庆	2	535	439	125260	196816
成 都					
贵 阳					
昆 明					
拉 萨					
西 安					
兰 州					
西 宁					
银 川					
乌鲁木齐					

2-14 续表 11

(建材市场)

地　区	市场数量(个)	总摊位数(个)	年末出租摊位数(个)	营业面积(平方米)	成交额(万元)
36城市总计	**80**	**83093**	**54520**	**13753416**	**9640764**
北　京	9	2751	2645	242704	432135
天　津	2	1318	983	215000	140952
石家庄					
太　原					
呼和浩特					
沈　阳	1	273	92	39171	154232
大　连					
长　春					
哈尔滨	1	3600	3600	450000	500000
上　海	7	1318	1221	753591	484555
南　京	3	8659	8655	206266	492901
杭　州	1	83	83	25000	41167
宁　波	5	1859	1657	221246	900963
合　肥	3	1170	1111	124481	61555
福　州	2	428	426	105158	967106
厦　门					
南　昌	2	1662	1662	107624	682340
济　南	1	420	420	40000	96000
青　岛	1	432	432	32000	36650
郑　州	2	7777	2229	900000	109327
武　汉	1	280	200	5000	10100
长　沙	9	4027	2527	923950	487391
广　州	1	887	720	163786	177360
深　圳					
南　宁	2	638	494	100000	43576
海　口	1	780	780	680000	316506
重　庆	9	2899	2748	525365	851937
成　都	8	28968	10025	2930108	1216517
贵　阳	2	531	518	280000	248707
昆　明	1	150	150	15000	10985
拉　萨					
西　安	4	4863	4581	794100	460446
兰　州	1	35	29	11066	27096
西　宁					
银　川					
乌鲁木齐	1	7285	6532	3862800	690260

2-14 续表 12

(化工材料及制品市场)

地 区	市场数量(个)	总摊位数(个)	年末出租摊位数(个)	营业面积(平方米)	成交额(万元)
36城市总计	**10**	**5707**	**5008**	**566798**	**9188804**
北 京					
天 津	1	334	224	9638	230923
石家庄					
太 原					
呼和浩特					
沈 阳					
大 连	1	98	98	4300	10040
长 春					
哈尔滨					
上 海	1	495	495	13000	1150000
南 京					
杭 州	1	90	90	2000	165178
宁 波	3	3155	3001	411800	7282081
合 肥					
福 州					
厦 门					
南 昌					
济 南					
青 岛					
郑 州					
武 汉					
长 沙	2	1169	734	60600	160582
广 州					
深 圳					
南 宁					
海 口					
重 庆					
成 都	1	366	366	65460	190000
贵 阳					
昆 明					
拉 萨					
西 安					
兰 州					
西 宁					
银 川					
乌鲁木齐					

2-14 续表 13

（金属材料市场）

地区	市场数量（个）	总摊位数（个）	年末出租摊位数（个）	营业面积（平方米）	成交额（万元）
36城市总计	**94**	**40552**	**33819**	**8226622**	**96832019**
北京	3	413	342	150184	346646
天津	6	852	715	237132	1273383
石家庄	1	110	110	201716	43110
太原	1	213	213	80000	53210
呼和浩特					
沈阳	5	4707	2345	463500	1419159
大连	1	175	145	80000	80000
长春	2	2461	2461	141000	172847
哈尔滨	3	940	840	327000	1144000
上海	7	2569	2474	396316	55960476
南京	1	700	700	300000	171660
杭州	4	1365	1212	93871	1860949
宁波	13	5180	4430	556441	11533133
合肥	2	1084	1044	221338	2336530
福州					
厦门					
南昌	1	679	679	46021	35600
济南	4	717	593	173000	188085
青岛	3	670	502	910000	762329
郑州	1	56	50	133288	10600
武汉	5	2231	1853	253800	1714502
长沙	1	1307	1100	634273	1280000
广州	4	810	561	501200	1717796
深圳					
南宁	2	729	729	113631	1245000
海口					
重庆	11	5070	4344	798174	6533843
成都	1	1800	1800	562579	1128629
贵阳	4	1782	1330	275700	367700
昆明					
拉萨					
西安	1	210	105	5200	326400
兰州	3	1650	1314	218000	424260
西宁					
银川	2	1702	1655	242470	197819
乌鲁木齐	2	370	173	110788	4504353

2-14 续表 14

(机械设备市场)

地　区	市场数量 (个)	总摊位数 (个)	年末出租摊位数 (个)	营业面积 (平方米)	成交额 (万元)
36城市总计	**20**	**12910**	**12196**	**1086742**	**2558320**
北　京	1	377	262	33000	80000
天　津					
石家庄	1	800	800	190000	88736
太　原					
呼和浩特					
沈　阳					
大　连					
长　春					
哈尔滨					
上　海	1	187	162	4500	85316
南　京					
杭　州	2	712	445	25423	188198
宁　波					
合　肥					
福　州					
厦　门					
南　昌					
济　南					
青　岛					
郑　州					
武　汉					
长　沙	2	851	836	9280	24230
广　州	1	337	333	12700	53000
深　圳					
南　宁	1	500	496	30000	70000
海　口					
重　庆	5	2685	2633	187776	684917
成　都	2	3700	3550	246000	577000
贵　阳					
昆　明	1	465	390	63507	13484
拉　萨					
西　安	1	800	793	180000	168560
兰　州					
西　宁					
银　川	1	296	296	32556	24879
乌鲁木齐	1	1200	1200	72000	500000

2-14 续表 15

(其他生产资料市场)

地区	市场数量 (个)	总摊位数 (个)	年末出租摊位数 (个)	营业面积 (平方米)	成交额 (万元)
36城市总计	**16**	**6031**	**5692**	**585879**	**19449393**
北京	1	286	286	21070	112967
天津					
石家庄					
太原					
呼和浩特					
沈阳					
大连	2	315	295	30000	4904589
长春	1	795	755	100000	40211
哈尔滨	1	150	115	120000	101000
上海	4	1287	1287	131592	12193346
南京					
杭州					
宁波	3	637	393	27100	1593652
合肥					
福州					
厦门					
南昌					
济南					
青岛					
郑州					
武汉					
长沙	1	667	667	24117	38310
广州					
深圳					
南宁					
海口					
重庆	2	1038	1038	118000	224163
成都					
贵阳					
昆明					
拉萨					
西安					
兰州					
西宁					
银川					
乌鲁木齐	1	856	856	14000	241155

2-14 续表 16

(农产品市场)

地　　区	市场数量(个)	总摊位数(个)	年末出租摊位数(个)	营业面积(平方米)	成交额(万元)
36城市总计	**304**	**177570**	**149553**	**14156988**	**74710392**
北　京	17	19601	9570	951965	3809194
天　津	12	11175	9216	974928	3095332
石 家 庄	9	3496	3110	197028	212693
太　原	2	172	172	23000	94280
呼和浩特	1	120	118	10000	11850
沈　阳	8	4047	3957	394000	2488687
大　连	4	1462	1462	94700	637627
长　春	3	2331	2296	230501	894198
哈 尔 滨	6	1472	1435	86123	477236
上　海	27	10708	8762	662867	4015550
南　京	8	3294	2650	437939	2221451
杭　州	30	17379	15339	707106	6884935
宁　波	18	9344	8457	368366	2494374
合　肥	8	3535	2096	431617	800965
福　州	6	1660	1612	137256	2545042
厦　门	9	3299	3299	293906	1362141
南　昌	4	1428	1427	95400	1346081
济　南	8	6935	6917	270500	1493974
青　岛	20	13148	12559	1320528	3580391
郑　州	5	5384	5205	956118	10329878
武　汉	4	4148	3204	222722	2335258
长　沙	4	2209	2201	382576	1702781
广　州	19	6345	5552	526101	4664582
深　圳	7	2992	2579	70433	421810
南　宁	5	4445	4043	254293	1015891
海　口					
重　庆	19	9134	7894	446402	3764381
成　都	6	5846	5033	415218	2371982
贵　阳	2	1781	1174	46549	1872100
昆　明	4	2646	2642	272411	1573259
拉　萨					
西　安	7	4024	3417	176338	879620
兰　州	7	2744	2734	209200	1132028
西　宁	2	2068	2018	376203	322300
银　川	5	5128	3700	923711	1032136
乌鲁木齐	8	4070	3703	1190983	2826385

2-14 续表 17

(粮油市场)

地 区	市场数量(个)	总摊位数(个)	年末出租摊位数(个)	营业面积(平方米)	成交额(万元)
36城市总计	**42**	**12066**	**10389**	**1026665**	**6249250**
北 京	1	289	289	30000	36100
天 津	3	1611	1611	174410	677294
石 家 庄	1	200	98	10000	31030
太 原	1	132	132	16000	74280
呼和浩特					
沈 阳	1	288	288	37000	285823
大 连					
长 春					
哈 尔 滨	1	84	84	13283	180338
上 海	8	895	895	32385	143643
南 京	2	136	136	83000	232411
杭 州	3	2867	2001	133000	1373730
宁 波	2	286	250	24500	202125
合 肥	1	270	270	40000	305270
福 州	1	268	260	30900	60500
厦 门					
南 昌					
济 南					
青 岛	3	378	359	152543	219047
郑 州					
武 汉					
长 沙					
广 州	3	865	770	40953	221792
深 圳					
南 宁	1	94	86	10000	10450
海 口					
重 庆	1	1000	536	8000	53953
成 都	1	217	190	15000	182000
贵 阳	1	281	265	8900	1012180
昆 明	2	928	928	65431	395361
拉 萨					
西 安	1	244	244	5496	294245
兰 州	2	460	460	63000	202954
西 宁					
银 川	1	65	62	7864	17724
乌鲁木齐	1	208	175	25000	37000

2-14 续表 18

(肉禽蛋市场)

地　区	市场数量(个)	总摊位数(个)	年末出租摊位数(个)	营业面积(平方米)	成交额(万元)
36城市总计	**39**	**14782**	**13815**	**1664852**	**8743062**
北　京	1	103	103	1100	23085
天　津					
石家庄	2	380	332	29826	44781
太　原					
呼和浩特	1	120	118	10000	11850
沈　阳	1	38	38	4000	29400
大　连					
长　春					
哈尔滨	1	27	27	7340	55000
上　海	4	596	594	16160	867322
南　京	2	565	527	21700	1067500
杭　州	4	1200	1186	53277	1060020
宁　波	1	760	760	17900	285462
合　肥	2	463	463	189467	170936
福　州	1	133	129	2000	11000
厦　门	1	85	85	3200	102586
南　昌	3	648	648	52400	919469
济　南					
青　岛					
郑　州					
武　汉					
长　沙					
广　州	4	833	694	81119	648096
深　圳	1	440	310	7000	78623
南　宁	2	3332	3271	74000	342428
海　口					
重　庆	4	2049	1903	105996	1526665
成　都	1	1718	1638	86777	1248542
贵　阳					
昆　明					
拉　萨					
西　安	1	1200	897	31526	18920
兰　州					
西　宁					
银　川					
乌鲁木齐	2	92	92	870064	231377

2-14 续表 19

(水产品市场)

地 区	市场数量(个)	总摊位数(个)	年末出租摊位数(个)	营业面积(平方米)	成交额(万元)
36城市总计	**57**	**35435**	**31506**	**2006741**	**18173366**
北 京	3	2343	2246	75830	1207728
天 津	1	200	200	8000	360000
石家庄	1	300	300	8000	33244
太 原					
呼和浩特					
沈 阳	4	2901	2811	109000	1356224
大 连	2	1034	1034	63200	585906
长 春	1	1305	1305	120601	648186
哈尔滨					
上 海	3	2060	1839	189000	1137219
南 京	2	2366	1786	285239	827675
杭 州	2	2170	1792	89135	1107886
宁 波	9	6241	5472	151733	1080389
合 肥					
福 州	2	795	795	81579	2185082
厦 门	2	799	799	60800	436832
南 昌	1	780	779	43000	426612
济 南	2	1600	1600	46000	769000
青 岛	5	2059	2036	86472	284840
郑 州	2	561	555	64800	1180000
武 汉	2	3263	2355	197947	2273227
长 沙	1	313	305	13340	508970
广 州	5	948	700	41865	749724
深 圳	2	734	672	33000	189800
南 宁					
海 口					
重 庆	2	900	561	114000	744000
成 都					
贵 阳					
昆 明					
拉 萨					
西 安	1	720	650	23000	20800
兰 州	1	88	88	1200	10022
西 宁					
银 川					
乌鲁木齐	1	955	826	100000	50000

2-14 续表 20

(蔬菜市场)

地 区	市场数量(个)	总摊位数(个)	年末出租摊位数(个)	营业面积(平方米)	成交额(万元)
36城市总计	**76**	**58802**	**47244**	**4499499**	**13577466**
北 京	8	10924	3560	517800	2265796
天 津	6	7670	5885	493292	619218
石家庄	3	2361	2272	134202	80816
太 原					
呼和浩特					
沈 阳	1	320	320	94000	166240
大 连					
长 春	1	300	265	45000	220133
哈尔滨	1	310	300	1000	36425
上 海	3	940	940	80082	826564
南 京	2	227	201	48000	93865
杭 州	4	3484	3438	51000	508678
宁 波	3	868	868	104933	489686
合 肥	2	698	563	72000	72587
福 州					
厦 门	3	1307	1307	188806	639630
南 昌					
济 南	4	2496	2488	111500	603179
青 岛	6	7532	7363	628422	1001079
郑 州	2	823	823	231318	649878
武 汉					
长 沙	2	1696	1696	299236	1166311
广 州	4	2508	2207	121879	289022
深 圳					
南 宁	1	220	220	46620	138500
海 口					
重 庆	7	2746	2734	82879	439881
成 都	2	1556	910	130666	234860
贵 阳	1	1500	909	37649	859920
昆 明	1	1118	1114	106980	360867
拉 萨					
西 安	2	635	594	38016	51365
兰 州	2	1045	1035	69000	157444
西 宁	1	1668	1668	260000	287300
银 川	2	2270	2022	405000	356118
乌鲁木齐	2	1580	1542	100219	962104

2-14 续表 21

(干鲜果品市场)

地区	市场数量（个）	总摊位数（个）	年末出租摊位数（个）	营业面积（平方米）	成交额（万元）
36城市总计	**35**	**19456**	**14925**	**2416886**	**10738914**
北京	1	2500	380	235000	117405
天津					
石家庄	2	255	108	15000	22822
太原	1	40	40	7000	20000
呼和浩特					
沈阳	1	500	500	150000	651000
大连	1	302	302	27000	36289
长春					
哈尔滨					
上海	3	857	750	162250	92507
南京					
杭州	5	1748	1528	121989	1022356
宁波	1	500	500	53000	227912
合肥	1	443	443	33350	91250
福州	1	302	302	18777	263000
厦门	1	250	250	25000	75251
南昌					
济南	1	2200	2200	110000	87245
青岛	3	1100	885	271300	1291786
郑州					
武汉	1	365	330	12775	36031
长沙	1	200	200	70000	27500
广州	3	1191	1181	240285	2755948
深圳					
南宁	1	799	466	123673	524513
海口					
重庆	2	1168	1168	60787	461638
成都					
贵阳					
昆明	1	600	600	100000	817031
拉萨					
西安	1	125	125	38300	41690
兰州	1	511	511	34800	161608
西宁					
银川	1	2300	1123	470900	413148
乌鲁木齐	1	1200	1033	35700	1500984

2-14　续表 22

(棉麻土畜、烟叶市场)

地　区	市场数量（个）	总摊位数（个）	年末出租摊位数（个）	营业面积（平方米）	成交额（万元）
36城市总计	**1**	**261**	**261**	**10000**	**192848**
北　京					
天　津					
石家庄					
太　原					
呼和浩特					
沈　阳					
大　连					
长　春					
哈尔滨					
上　海					
南　京					
杭　州					
宁　波	1	261	261	10000	192848
合　肥					
福　州					
厦　门					
南　昌					
济　南					
青　岛					
郑　州					
武　汉					
长　沙					
广　州					
深　圳					
南　宁					
海　口					
重　庆					
成　都					
贵　阳					
昆　明					
拉　萨					
西　安					
兰　州					
西　宁					
银　川					
乌鲁木齐					

2-14 续表 23

(其他农产品市场)

地 区	市场数量 (个)	总摊位数 (个)	年末出租摊位数 (个)	营业面积 (平方米)	成交额 (万元)
36城市总计	**54**	**36768**	**31413**	**2532345**	**17035486**
北 京	3	3442	2992	92235	159080
天 津	2	1694	1520	299226	1438820
石家庄					
太 原					
呼和浩特					
沈 阳					
大 连	1	126	126	4500	15432
长 春	1	726	726	64900	25879
哈尔滨	3	1051	1024	64500	205473
上 海	6	5360	3744	182990	948295
南 京					
杭 州	12	5910	5394	258705	1812265
宁 波	1	428	346	6300	15952
合 肥	2	1661	357	96800	160922
福 州	1	162	126	4000	25460
厦 门	2	858	858	16100	107842
南 昌					
济 南	1	639	629	3000	34550
青 岛	3	2079	1916	181791	783639
郑 州	1	4000	3827	660000	8500000
武 汉	1	520	519	12000	26000
长 沙					
广 州					
深 圳	4	1818	1597	30433	153387
南 宁					
海 口					
重 庆	3	1271	992	74740	538244
成 都	2	2355	2295	182775	706580
贵 阳					
昆 明					
拉 萨					
西 安	1	1100	907	40000	452600
兰 州	1	640	640	41200	600000
西 宁	1	400	350	116203	35000
银 川	1	493	493	39947	245146
乌鲁木齐	1	35	35	60000	44920

2-14 续表 24

(食品、饮料及烟酒市场)

地　区	市场数量（个）	总摊位数（个）	年末出租摊位数（个）	营业面积（平方米）	成交额（万元）
36城市总计	**38**	**23766**	**21171**	**1269236**	**5814383**
北　京	1	150	150	4500	39600
天　津	2	2399	2270	272800	581311
石家庄					
太　原					
呼和浩特					
沈　阳	1	1978	1149	30128	223962
大　连					
长　春	1	115	115	1300	11031
哈尔滨	1	1845	1845	20000	1109430
上　海	3	1385	1119	83000	448005
南　京					
杭　州	3	740	740	55500	366180
宁　波	3	2196	2184	190000	963651
合　肥	1	565	364	45000	185600
福　州					
厦　门					
南　昌					
济　南	2	800	800	96000	192900
青　岛	1	360	282	16000	258304
郑　州					
武　汉	1	135	135	1300	13496
长　沙	1	380	312	7600	21939
广　州	3	804	762	80000	90755
深　圳	1	1468	1436	36895	26171
南　宁	3	2140	1202	42520	139942
海　口					
重　庆	4	1794	1794	55066	195463
成　都	1	250	250	25000	48000
贵　阳	1	940	940	21256	513684
昆　明	2	756	756	69371	88734
拉　萨					
西　安	1	1616	1616	51000	79325
兰　州	1	950	950	65000	216900
西　宁					
银　川					
乌鲁木齐					

2-14 续表 25

(食品饮料市场)

地 区	市场数量(个)	总摊位数(个)	年末出租摊位数(个)	营业面积(平方米)	成交额(万元)
36城市总计	**9**	**8161**	**6320**	**233109**	**1094569**
北 京					
天 津					
石家庄					
太 原					
呼和浩特					
沈 阳	1	1978	1149	30128	223962
大 连					
长 春					
哈尔滨					
上 海					
南 京					
杭 州	1	220	220	19000	207000
宁 波	1	665	665	40000	419022
合 肥					
福 州					
厦 门					
南 昌					
济 南					
青 岛					
郑 州					
武 汉					
长 沙					
广 州	1	350	308	50000	12451
深 圳	1	1468	1436	36895	26171
南 宁	1	1900	962	30020	48500
海 口					
重 庆	3	1580	1580	27066	157463
成 都					
贵 阳					
昆 明					
拉 萨					
西 安					
兰 州					
西 宁					
银 川					
乌鲁木齐					

2-14 续表 26

(茶叶市场)

地 区	市场数量(个)	总摊位数(个)	年末出租摊位数(个)	营业面积(平方米)	成交额(万元)
36城市总计	**17**	**5806**	**5804**	**392171**	**894986**
北 京	1	150	150	4500	39600
天 津					
石家庄					
太 原					
呼和浩特					
沈 阳					
大 连					
长 春					
哈尔滨					
上 海	2	671	669	38000	66005
南 京					
杭 州	2	520	520	36500	159180
宁 波					
合 肥					
福 州					
厦 门					
南 昌					
济 南	2	800	800	96000	192900
青 岛					
郑 州					
武 汉	1	135	135	1300	13496
长 沙					
广 州	2	454	454	30000	78304
深 圳					
南 宁	2	240	240	12500	91442
海 口					
重 庆	1	214	214	28000	38000
成 都	1	250	250	25000	48000
贵 阳					
昆 明	2	756	756	69371	88734
拉 萨					
西 安	1	1616	1616	51000	79325
兰 州					
西 宁					
银 川					
乌鲁木齐					

2-14 续表 27

(烟酒市场)

地区	市场数量(个)	总摊位数(个)	年末出租摊位数(个)	营业面积(平方米)	成交额(万元)
36城市总计	**4**	**1705**	**1346**	**188600**	**884962**
北京					
天津					
石家庄					
太原					
呼和浩特					
沈阳					
大连					
长春					
哈尔滨					
上海					
南京					
杭州					
宁波	1	400	388	120000	419119
合肥	1	565	364	45000	185600
福州					
厦门					
南昌					
济南					
青岛	1	360	282	16000	258304
郑州					
武汉					
长沙	1	380	312	7600	21939
广州					
深圳					
南宁					
海口					
重庆					
成都					
贵阳					
昆明					
拉萨					
西安					
兰州					
西宁					
银川					
乌鲁木齐					

2-14 续表 28

(其他食品饮料及烟酒市场)

地　区	市场数量(个)	总摊位数(个)	年末出租摊位数(个)	营业面积(平方米)	成交额(万元)
36城市总计	**8**	**8094**	**7701**	**455356**	**2939866**
北　京					
天　津	2	2399	2270	272800	581311
石家庄					
太　原					
呼和浩特					
沈　阳					
大　连					
长　春	1	115	115	1300	11031
哈尔滨	1	1845	1845	20000	1109430
上　海	1	714	450	45000	382000
南　京					
杭　州					
宁　波	1	1131	1131	30000	125510
合　肥					
福　州					
厦　门					
南　昌					
济　南					
青　岛					
郑　州					
武　汉					
长　沙					
广　州					
深　圳					
南　宁					
海　口					
重　庆					
成　都					
贵　阳	1	940	940	21256	513684
昆　明					
拉　萨					
西　安					
兰　州	1	950	950	65000	216900
西　宁					
银　川					
乌鲁木齐					

2-14 续表 29

(纺织、服装、鞋帽市场)

地 区	市场数量(个)	总摊位数(个)	年末出租摊位数(个)	营业面积(平方米)	成交额(万元)
36城市总计	**222**	**346893**	**301628**	**12623102**	**41697004**
北 京	17	22494	20639	648915	2445622
天 津	2	1261	1261	58000	120551
石家庄	5	27243	22902	1243700	5394269
太 原	1	610	610	38000	12400
呼和浩特	3	2630	2612	44000	102675
沈 阳	9	26763	23061	490468	4324348
大 连	4	4686	4599	66234	368880
长 春	4	6431	6155	164000	304730
哈尔滨	13	17209	14647	604817	621022
上 海	10	7644	7167	145384	608513
南 京	2	3940	3800	82000	338226
杭 州	23	24045	23075	594857	5069586
宁 波	5	4316	4187	221086	756498
合 肥	2	5600	5480	205000	569000
福 州	3	2221	2208	129733	531379
厦 门					
南 昌	2	1008	994	39734	35420
济 南	3	3924	3700	247941	407770
青 岛	5	9532	9423	320500	2425372
郑 州	5	8851	7498	189285	490270
武 汉	13	12393	9467	653742	1586938
长 沙	8	6820	6788	180500	297729
广 州	42	55262	42656	3240311	8395652
深 圳					
南 宁	6	7528	7133	151126	204923
海 口					
重 庆	6	3798	3662	243027	1881465
成 都	8	12054	11672	553846	1141882
贵 阳					
昆 明	3	37997	26226	759418	1565407
拉 萨					
西 安	6	8389	8064	461182	702038
兰 州	2	5545	5405	425000	367700
西 宁	2	3627	3627	110000	87986
银 川	3	5398	5348	120000	167639
乌鲁木齐	5	7674	7562	191296	371114

2-14 续表 30

(布料及纺织品市场)

地区	市场数量(个)	总摊位数(个)	年末出租摊位数(个)	营业面积(平方米)	成交额(万元)
36城市总计	**25**	**41725**	**30146**	**3004929**	**8708590**
北京	3	1999	1606	98528	123900
天津					
石家庄	1	1487	1065	8000	400000
太原					
呼和浩特					
沈阳					
大连					
长春					
哈尔滨	3	3315	3085	67137	74060
上海	1	27	15	5000	43912
南京					
杭州	5	4572	4412	207290	2626744
宁波	1	1680	1680	35700	296000
合肥	1	2600	2480	60000	68000
福州					
厦门					
南昌					
济南					
青岛	1	358	358	20000	265350
郑州	2	1758	658	69300	26000
武汉	2	235	235	10974	31536
长沙					
广州	3	22807	13829	2363000	4685211
深圳					
南宁					
海口					
重庆					
成都	1	567	403	40000	49940
贵阳					
昆明					
拉萨					
西安	1	320	320	20000	17937
兰州					
西宁					
银川					
乌鲁木齐					

2-14 续表 31

(服装市场)

地区	市场数量(个)	总摊位数(个)	年末出租摊位数(个)	营业面积(平方米)	成交额(万元)
36城市总计	**153**	**243979**	**216155**	**7935259**	**24657505**
北京	11	18244	17107	484567	2166869
天津	1	909	909	19000	65201
石家庄	4	25756	21837	1235700	4994269
太原					
呼和浩特	1	1750	1732	30000	77131
沈阳	6	8529	7613	126968	335564
大连	3	3375	3288	46200	343375
长春	3	5901	5895	145000	286337
哈尔滨	7	6404	5336	463680	220845
上海	7	4968	4503	123224	515172
南京	1	1878	1738	7000	84288
杭州	17	18612	17839	373567	2425292
宁波	3	2281	2182	181586	432733
合肥	1	3000	3000	145000	501000
福州	3	2221	2208	129733	531379
厦门					
南昌	1	508	508	17234	13260
济南	1	2924	2819	190000	193920
青岛	2	8004	7910	268000	2064031
郑州	3	7093	6840	119985	464270
武汉	9	11438	8597	592768	1514302
长沙	8	6820	6788	180500	297729
广州	33	26835	23766	658130	2904436
深圳					
南宁	5	6638	6327	115466	187602
海口					
重庆	2	1228	1228	101391	187859
成都	7	11487	11269	513846	1091942
贵阳					
昆明	3	37997	26226	759418	1565407
拉萨					
西安	4	5960	5723	291000	454478
兰州	2	5545	5405	425000	367700
西宁					
银川					
乌鲁木齐	5	7674	7562	191296	371114

2-14 续表 32

(鞋帽市场)

地 区	市场数量（个）	总摊位数（个）	年末出租摊位数（个）	营业面积（平方米）	成交额（万元）
36城市总计	**21**	**18457**	**15653**	**731404**	**2697352**
北 京	1	650	580	23000	50000
天 津	1	352	352	39000	55350
石家庄					
太 原	1	610	610	38000	12400
呼和浩特					
沈 阳	2	2750	1900	16500	57682
大 连					
长 春					
哈尔滨	2	3300	2300	24000	75725
上 海					
南 京					
杭 州					
宁 波					
合 肥					
福 州					
厦 门					
南 昌	1	500	486	22500	22160
济 南	2	1000	881	57941	213850
青 岛	1	310	295	11000	72735
郑 州					
武 汉	2	720	635	50000	41100
长 沙					
广 州	6	5620	5061	219181	806005
深 圳					
南 宁					
海 口					
重 庆	1	536	532	80100	1060722
成 都					
贵 阳					
昆 明					
拉 萨					
西 安	1	2109	2021	150182	229623
兰 州					
西 宁					
银 川					
乌鲁木齐					

2-14　续表 33

(其他纺织服装鞋帽市场)

地　区	市场数量(个)	总摊位数(个)	年末出租摊位数(个)	营业面积(平方米)	成交额(万元)
36城市总计	**23**	**42732**	**39674**	**951510**	**5633557**
北　京	2	1601	1346	42820	104853
天　津					
石家庄					
太　原					
呼和浩特	2	880	880	14000	25544
沈　阳	1	15484	13548	347000	3931102
大　连	1	1311	1311	20034	25505
长　春	1	530	260	19000	18393
哈尔滨	1	4190	3926	50000	250392
上　海	2	2649	2649	17160	49429
南　京	1	2062	2062	75000	253938
杭　州	1	861	824	14000	17550
宁　波	1	355	325	3800	27765
合　肥					
福　州					
厦　门					
南　昌					
济　南					
青　岛	1	860	860	21500	23256
郑　州					
武　汉					
长　沙					
广　州					
深　圳					
南　宁	1	890	806	35660	17321
海　口					
重　庆	3	2034	1902	61536	632884
成　都					
贵　阳					
昆　明					
拉　萨					
西　安					
兰　州					
西　宁	2	3627	3627	110000	87986
银　川	3	5398	5348	120000	167639
乌鲁木齐					

2-14 续表 34

(日用品及文化用品市场)

地　区	市场数量(个)	总摊位数(个)	年末出租摊位数(个)	营业面积(平方米)	成交额(万元)
36城市总计	**42**	**25561**	**22701**	**1250924**	**5470917**
北　京	4	3760	3617	56325	464163
天　津					
石家庄					
太　原					
呼和浩特					
沈　阳	1	1495	1495	45000	16754
大　连					
长　春					
哈尔滨					
上　海	1	70	70	5000	2030000
南　京					
杭　州	2	208	187	14500	28217
宁　波					
合　肥					
福　州					
厦　门					
南　昌					
济　南					
青　岛	1	205	150	12000	15051
郑　州	2	426	406	13000	36094
武　汉	5	1640	1640	163776	634678
长　沙	2	484	481	26100	149755
广　州	19	15585	13047	879420	1846034
深　圳	1	207	145	1942	9100
南　宁					
海　口					
重　庆	3	1076	1076	27861	226392
成　都					
贵　阳					
昆　明					
拉　萨					
西　安					
兰　州					
西　宁					
银　川					
乌鲁木齐	1	405	387	6000	14679

2-14 续表 35

(小商品市场)

地 区	市场数量 (个)	总摊位数 (个)	年末出租摊位数 (个)	营业面积 (平方米)	成交额 (万元)
36城市总计	**16**	**10857**	**10112**	**272800**	**679007**
北 京	2	2774	2752	33000	233663
天 津					
石家庄					
太 原					
呼和浩特					
沈 阳					
大 连					
长 春					
哈尔滨					
上 海					
南 京					
杭 州					
宁 波					
合 肥					
福 州					
厦 门					
南 昌					
济 南					
青 岛					
郑 州					
武 汉					
长 沙					
广 州	13	7678	6973	233800	430665
深 圳					
南 宁					
海 口					
重 庆					
成 都					
贵 阳					
昆 明					
拉 萨					
西 安					
兰 州					
西 宁					
银 川					
乌鲁木齐	1	405	387	6000	14679

2-14 续表 36

(箱包市场)

地 区	市场数量（个）	总摊位数（个）	年末出租摊位数（个）	营业面积（平方米）	成交额（万元）
36城市总计	**3**	**4836**	**3656**	**554000**	**1124894**
北 京					
天 津					
石家庄					
太 原					
呼和浩特					
沈 阳					
大 连					
长 春					
哈尔滨					
上 海					
南 京					
杭 州					
宁 波					
合 肥					
福 州					
厦 门					
南 昌					
济 南					
青 岛					
郑 州	1	246	246	7000	24894
武 汉	1	360	360	47000	30000
长 沙					
广 州	1	4230	3050	500000	1070000
深 圳					
南 宁					
海 口					
重 庆					
成 都					
贵 阳					
昆 明					
拉 萨					
西 安					
兰 州					
西 宁					
银 川					
乌鲁木齐					

2-14 续表 37

(文具市场)

地 区	市场数量 (个)	总摊位数 (个)	年末出租摊位数 (个)	营业面积 (平方米)	成交额 (万元)
36城市总计	**3**	**958**	**934**	**37204**	**242384**
北 京	1	786	765	19758	150500
天 津					
石 家 庄					
太 原					
呼和浩特					
沈 阳					
大 连					
长 春					
哈 尔 滨					
上 海					
南 京					
杭 州					
宁 波					
合 肥					
福 州					
厦 门					
南 昌					
济 南					
青 岛					
郑 州					
武 汉					
长 沙	1	65	62	13000	20500
广 州	1	107	107	4446	71384
深 圳					
南 宁					
海 口					
重 庆					
成 都					
贵 阳					
昆 明					
拉 萨					
西 安					
兰 州					
西 宁					
银 川					
乌鲁木齐					

2-14 续表 38

(图书、报刊杂志市场)

地 区	市场数量(个)	总摊位数(个)	年末出租摊位数(个)	营业面积(平方米)	成交额(万元)
36城市总计	**6**	**1439**	**1253**	**55756**	**327438**
北 京	1	200	100	3567	80000
天 津					
石家庄					
太 原					
呼和浩特					
沈 阳					
大 连					
长 春					
哈尔滨					
上 海					
南 京					
杭 州	1	91	70	10000	17800
宁 波					
合 肥					
福 州					
厦 门					
南 昌					
济 南					
青 岛	1	205	150	12000	15051
郑 州					
武 汉	1	427	427	4100	65000
长 沙	1	419	419	13100	129255
广 州	1	97	87	12989	20332
深 圳					
南 宁					
海 口					
重 庆					
成 都					
贵 阳					
昆 明					
拉 萨					
西 安					
兰 州					
西 宁					
银 川					
乌鲁木齐					

2-14 续表 39

(体育用品市场)

地 区	市场数量（个）	总摊位数（个）	年末出租摊位数（个）	营业面积（平方米）	成交额（万元）
36城市总计	**1**	**324**	**230**	**12800**	**17500**
北 京					
天 津					
石家庄					
太 原					
呼和浩特					
沈 阳					
大 连					
长 春					
哈尔滨					
上 海					
南 京					
杭 州					
宁 波					
合 肥					
福 州					
厦 门					
南 昌					
济 南					
青 岛					
郑 州					
武 汉					
长 沙					
广 州	1	324	230	12800	17500
深 圳					
南 宁					
海 口					
重 庆					
成 都					
贵 阳					
昆 明					
拉 萨					
西 安					
兰 州					
西 宁					
银 川					
乌鲁木齐					

2-14 续表 40

(其他日用品及文化用品市场)

地　区	市场数量(个)	总摊位数(个)	年末出租摊位数(个)	营业面积(平方米)	成交额(万元)
36城市总计	**13**	**7147**	**6516**	**318364**	**3079694**
北　京					
天　津					
石家庄					
太　原					
呼和浩特					
沈　阳	1	1495	1495	45000	16754
大　连					
长　春					
哈尔滨					
上　海	1	70	70	5000	2030000
南　京					
杭　州	1	117	117	4500	10417
宁　波					
合　肥					
福　州					
厦　门					
南　昌					
济　南					
青　岛					
郑　州	1	180	160	6000	11200
武　汉	3	853	853	112676	539678
长　沙					
广　州	2	3149	2600	115385	236153
深　圳	1	207	145	1942	9100
南　宁					
海　口					
重　庆	3	1076	1076	27861	226392
成　都					
贵　阳					
昆　明					
拉　萨					
西　安					
兰　州					
西　宁					
银　川					
乌鲁木齐					

2-14 续表 41

(黄金、珠宝、玉器等首饰市场)

地 区	市场数量(个)	总摊位数(个)	年末出租摊位数(个)	营业面积(平方米)	成交额(万元)
36城市总计	**11**	**5595**	**4612**	**399908**	**2093152**
北 京	2	830	569	18829	163290
天 津					
石家庄					
太 原					
呼和浩特					
沈 阳					
大 连					
长 春					
哈尔滨					
上 海					
南 京					
杭 州	1	360	360	20000	1030000
宁 波					
合 肥					
福 州	2	1127	1045	14500	311269
厦 门					
南 昌	1	50	50	50000	32000
济 南					
青 岛	2	1878	1588	258579	192806
郑 州	1	100	99	8000	26710
武 汉					
长 沙	1	50	46	20000	279053
广 州	1	1200	855	10000	58024
深 圳					
南 宁					
海 口					
重 庆					
成 都					
贵 阳					
昆 明					
拉 萨					
西 安					
兰 州					
西 宁					
银 川					
乌鲁木齐					

2-14 续表 42

(电器、通讯器材、电子设备市场)

地 区	市场数量(个)	总摊位数(个)	年末出租摊位数(个)	营业面积(平方米)	成交额(万元)
36城市总计	**80**	**42906**	**36822**	**2380205**	**5293897**
北 京	6	3282	3167	69464	402081
天 津					
石家庄	2	359	359	54000	54312
太 原					
呼和浩特					
沈 阳	1	728	500	24000	16647
大 连					
长 春					
哈尔滨	3	2350	2100	102559	295000
上 海	4	781	477	34512	81444
南 京	1	220	218	4007	48650
杭 州	8	2281	2085	108094	241627
宁 波	2	670	670	32000	59364
合 肥	1	3902	2299	875253	917792
福 州	1	719	719	38000	111893
厦 门					
南 昌	2	1239	1207	53994	52300
济 南					
青 岛	2	726	521	45000	111315
郑 州	1	2769	2769	206077	320000
武 汉	4	1595	1451	83400	251662
长 沙	5	1943	1626	51036	328544
广 州	8	2451	2191	84273	216291
深 圳	6	8003	6095	101612	139503
南 宁	1	700	680	20678	90000
海 口	1	280	280	10500	25880
重 庆	10	3124	2708	191948	599263
成 都					
贵 阳	1	148	148	3000	18465
昆 明					
拉 萨					
西 安	5	2477	2477	131000	557393
兰 州					
西 宁					
银 川	1	327	314	9000	34105
乌鲁木齐	4	1832	1761	46798	320366

2-14 续表 43

(家电市场)

地 区	市场数量(个)	总摊位数(个)	年末出租摊位数(个)	营业面积(平方米)	成交额(万元)
36城市总计	**16**	**8678**	**6178**	**1095787**	**1292126**
北 京					
天 津					
石家庄					
太 原					
呼和浩特					
沈 阳	1	728	500	24000	16647
大 连					
长 春					
哈尔滨					
上 海	1	180		18000	
南 京					
杭 州	3	355	306	40628	88800
宁 波					
合 肥	1	3902	2299	875253	917792
福 州					
厦 门					
南 昌	2	1239	1207	53994	52300
济 南					
青 岛	1	146	120	9000	13064
郑 州					
武 汉	1	280	200	8400	12500
长 沙					
广 州	3	906	715	35500	80493
深 圳	2	911	800	16012	31189
南 宁					
海 口					
重 庆	1	31	31	15000	79341
成 都					
贵 阳					
昆 明					
拉 萨					
西 安					
兰 州					
西 宁					
银 川					
乌鲁木齐					

2-14 续表 44

(通讯器材市场)

地　区	市场数量(个)	总摊位数(个)	年末出租摊位数(个)	营业面积(平方米)	成交额(万元)
36城市总计	**15**	**7948**	**6727**	**249944**	**926472**
北　京					
天　津					
石家庄	2	359	359	54000	54312
太　原					
呼和浩特					
沈　阳					
大　连					
长　春					
哈尔滨					
上　海					
南　京					
杭　州	1	300	300	11003	19009
宁　波					
合　肥					
福　州					
厦　门					
南　昌					
济　南					
青　岛					
郑　州					
武　汉	1	435	423	25000	180800
长　沙	2	282	247	3036	38761
广　州					
深　圳	3	3592	2595	25600	98164
南　宁					
海　口					
重　庆	3	1149	980	82505	247400
成　都					
贵　阳					
昆　明					
拉　萨					
西　安	2	1057	1057	30800	122896
兰　州					
西　宁					
银　川					
乌鲁木齐	1	774	766	18000	165130

2-14 续表 45

(照相、摄像器材市场)

地区	市场数量(个)	总摊位数(个)	年末出租摊位数(个)	营业面积(平方米)	成交额(万元)
36城市总计	**3**	**1105**	**1012**	**56800**	**91484**
北京	1	288	264	9000	34793
天津					
石家庄					
太原					
呼和浩特					
沈阳					
大连					
长春					
哈尔滨					
上海	1	247	178	7800	33798
南京					
杭州					
宁波					
合肥					
福州					
厦门					
南昌					
济南					
青岛					
郑州					
武汉					
长沙					
广州					
深圳					
南宁					
海口					
重庆					
成都					
贵阳					
昆明					
拉萨					
西安	1	570	570	40000	22893
兰州					
西宁					
银川					
乌鲁木齐					

2-14 续表 46

(计算机及辅助设备市场)

地 区	市场数量(个)	总摊位数(个)	年末出租摊位数(个)	营业面积(平方米)	成交额(万元)
36城市总计	**41**	**23779**	**21549**	**918674**	**2709454**
北 京	3	2287	2236	43264	252171
天 津					
石家庄					
太 原					
呼和浩特					
沈 阳					
大 连					
长 春					
哈尔滨	3	2350	2100	102559	295000
上 海	2	354	299	8712	47646
南 京	1	220	218	4007	48650
杭 州	4	1626	1479	56463	133818
宁 波	2	670	670	32000	59364
合 肥					
福 州	1	719	719	38000	111893
厦 门					
南 昌					
济 南					
青 岛	1	580	401	36000	98251
郑 州	1	2769	2769	206077	320000
武 汉	2	880	828	50000	58362
长 沙	3	1661	1379	48000	289783
广 州	5	1545	1476	48773	135798
深 圳	1	3500	2700	60000	10150
南 宁	1	700	680	20678	90000
海 口					
重 庆	4	1535	1288	63143	139158
成 都					
贵 阳	1	148	148	3000	18465
昆 明					
拉 萨					
西 安	2	850	850	60200	411604
兰 州					
西 宁					
银 川	1	327	314	9000	34105
乌鲁木齐	3	1058	995	28798	155236

2-14 续表 47

(其他电器、通讯器材、电子设备市场)

地 区	市场数量 (个)	总摊位数 (个)	年末出租摊位数 (个)	营业面积 (平方米)	成交额 (万元)
36城市总计	**5**	**1396**	**1356**	**59000**	**274361**
北 京	2	707	667	17200	115117
天 津					
石 家 庄					
太 原					
呼和浩特					
沈 阳					
大 连					
长 春					
哈 尔 滨					
上 海					
南 京					
杭 州					
宁 波					
合 肥					
福 州					
厦 门					
南 昌					
济 南					
青 岛					
郑 州					
武 汉					
长 沙					
广 州					
深 圳					
南 宁					
海 口	1	280	280	10500	25880
重 庆	2	409	409	31300	133364
成 都					
贵 阳					
昆 明					
拉 萨					
西 安					
兰 州					
西 宁					
银 川					
乌鲁木齐					

2-14 续表 48

(医药、医疗用品及器材市场)

地 区	市场数量(个)	总摊位数(个)	年末出租摊位数(个)	营业面积(平方米)	成交额(万元)
36城市总计	**4**	**42259**	**23202**	**1275971**	**3415997**
北 京					
天 津					
石家庄					
太 原					
呼和浩特					
沈 阳					
大 连					
长 春					
哈尔滨					
上 海	1	190	170	8000	35000
南 京					
杭 州					
宁 波					
合 肥					
福 州					
厦 门					
南 昌					
济 南					
青 岛					
郑 州					
武 汉					
长 沙					
广 州	1	407	385	4971	10387
深 圳					
南 宁					
海 口					
重 庆					
成 都	1	41612	22597	1255000	3347610
贵 阳					
昆 明					
拉 萨					
西 安					
兰 州					
西 宁	1	50	50	8000	23000
银 川					
乌鲁木齐					

2-14 续表 49

(中药材市场)

地 区	市场数量(个)	总摊位数(个)	年末出租摊位数(个)	营业面积(平方米)	成交额(万元)
36城市总计	**4**	**42259**	**23202**	**1275971**	**3415997**
北 京					
天 津					
石家庄					
太 原					
呼和浩特					
沈 阳					
大 连					
长 春					
哈尔滨					
上 海	1	190	170	8000	35000
南 京					
杭 州					
宁 波					
合 肥					
福 州					
厦 门					
南 昌					
济 南					
青 岛					
郑 州					
武 汉					
长 沙					
广 州	1	407	385	4971	10387
深 圳					
南 宁					
海 口					
重 庆					
成 都	1	41612	22597	1255000	3347610
贵 阳					
昆 明					
拉 萨					
西 安					
兰 州					
西 宁	1	50	50	8000	23000
银 川					
乌鲁木齐					

2-14 续表 50

(家具、五金及装饰材料市场)

地　区	市场数量(个)	总摊位数(个)	年末出租摊位数(个)	营业面积(平方米)	成交额(万元)
36城市总计	**250**	**128292**	**117987**	**16002881**	**17922113**
北　京	22	12122	10975	1412814	1633295
天　津	6	3716	2566	224849	544182
石家庄	15	5683	5683	1180773	857490
太　原	1	571	571	123563	32691
呼和浩特	3	808	798	57600	71508
沈　阳	9	6215	5752	382843	539003
大　连	7	3871	3617	363190	191640
长　春	4	3196	2675	446301	121980
哈尔滨	4	978	900	196000	155998
上　海	18	12063	11787	1284959	1278627
南　京	8	4908	4665	626430	699800
杭　州	22	10639	9859	1175897	2146334
宁　波	16	3891	3553	522773	551628
合　肥	6	2788	2540	289317	291126
福　州	3	1013	851	91800	348942
厦　门					
南　昌	4	3326	3124	440128	377673
济　南	5	1676	1658	314241	208134
青　岛	10	2785	2511	524979	257166
郑　州	4	3681	3380	386670	533455
武　汉	4	1463	1414	247544	135463
长　沙	10	4777	4567	613631	1024739
广　州	6	4290	3617	352812	414049
深　圳	1	196	196	26000	15000
南　宁	5	4001	2824	564660	326626
海　口					
重　庆	24	10469	9580	1476989	2969791
成　都	5	7490	7394	929426	935676
贵　阳	3	1239	1234	247000	209600
昆　明	7	2452	2262	508304	514326
拉　萨					
西　安	4	2000	1534	311109	71901
兰　州	7	2469	2384	187295	172070
西　宁	1	1578	1578	12165	160060
银　川	5	1738	1738	427519	80950
乌鲁木齐	1	200	200	53300	51190

2-14 续表 51

(家具市场)

地 区	市场数量(个)	总摊位数(个)	年末出租摊位数(个)	营业面积(平方米)	成交额(万元)
36城市总计	**79**	**33651**	**31777**	**6068431**	**4977984**
北 京	11	5606	5444	925455	652146
天 津	1	377	377	47711	30672
石家庄	3	1677	1677	261659	290672
太 原	1	571	571	123563	32691
呼和浩特	2	613	608	45600	57858
沈 阳	2	943	943	150343	92237
大 连	4	1912	1743	187509	122184
长 春	3	1827	1825	247000	74680
哈尔滨	2	435	357	145000	65498
上 海	4	847	789	222859	85671
南 京	3	1197	1154	195088	184477
杭 州	6	1646	1536	344831	191934
宁 波	7	1025	837	240904	99539
合 肥					
福 州	1	310	236	53000	10171
厦 门					
南 昌	2	614	614	150000	62913
济 南	3	1109	1091	181741	164592
青 岛	3	707	542	177471	75561
郑 州	1	1675	1675	300000	288112
武 汉	1	185	185	52722	23168
长 沙	2	263	254	48000	34089
广 州	1	512	507	64892	18250
深 圳	1	196	196	26000	15000
南 宁	1	500	238	50000	25000
海 口					
重 庆	3	1966	1884	561868	1628850
成 都	2	3830	3758	429426	308676
贵 阳					
昆 明	3	836	713	294517	252020
拉 萨					
西 安	2	920	671	288109	40711
兰 州	1	206	206	25000	10265
西 宁					
银 川	3	1146	1146	228163	40347
乌鲁木齐					

2-14 续表 52

(装饰材料市场)

地　区	市场数量(个)	总摊位数(个)	年末出租摊位数(个)	营业面积(平方米)	成交额(万元)
36城市总计	**99**	**48012**	**44558**	**5442604**	**6428463**
北　京	7	3686	3199	366713	714387
天　津	2	436	436	40800	42624
石家庄	9	2906	2906	581114	466615
太　原					
呼和浩特	1	195	190	12000	13650
沈　阳	5	2436	2069	141500	324007
大　连	2	1780	1720	119581	59000
长　春					
哈尔滨	1	80	80	30000	20500
上　海	8	5702	5505	706904	847963
南　京	3	1666	1466	171342	81989
杭　州	8	3594	3229	381775	349505
宁　波	5	1192	1112	196924	211830
合　肥	4	2147	1914	209317	226639
福　州	2	703	615	38800	338771
厦　门					
南　昌	1	1974	1974	278442	23360
济　南	1	340	340	64500	32980
青　岛	3	819	762	171600	45473
郑　州	1	1321	1020	42000	147893
武　汉	2	729	729	158000	62795
长　沙	5	2568	2567	237507	659535
广　州	3	1878	1808	211209	169978
深　圳					
南　宁	1	740	704	110000	23654
海　口					
重　庆	16	6517	5757	671576	961260
成　都	1	1600	1600	90000	158000
贵　阳	2	975	970	180000	173600
昆　明	2	929	872	134000	187350
拉　萨					
西　安					
兰　州	4	1099	1014	97000	85105
西　宁					
银　川					
乌鲁木齐					

2-14 续表 53

(灯具市场)

地 区	市场数量 (个)	总摊位数 (个)	年末出租摊位数 (个)	营业面积 (平方米)	成交额 (万元)
36城市总计	**10**	**2774**	**2582**	**513645**	**483559**
北 京					
天 津					
石 家 庄					
太 原					
呼和浩特					
沈 阳	1	276	180	54000	39496
大 连	1	179	154	56100	10456
长 春					
哈 尔 滨					
上 海					
南 京					
杭 州					
宁 波					
合 肥					
福 州					
厦 门					
南 昌					
济 南	1	227	227	68000	10562
青 岛	1	162	162	50000	24205
郑 州					
武 汉					
长 沙					
广 州					
深 圳					
南 宁					
海 口					
重 庆	4	1390	1343	193545	308650
成 都	1	260	236	80000	69000
贵 阳					
昆 明					
拉 萨					
西 安	1	280	280	12000	21190
兰 州					
西 宁					
银 川					
乌鲁木齐					

2-14 续表 54

(厨具、盥洗设备市场)

地 区	市场数量 (个)	总摊位数 (个)	年末出租摊位数 (个)	营业面积 (平方米)	成交额 (万元)
36城市总计	**4**	**2877**	**1994**	**292568**	**233168**
北 京					
天 津					
石家庄					
太 原					
呼和浩特					
沈 阳					
大 连					
长 春					
哈尔滨					
上 海					
南 京					
杭 州					
宁 波	1	500	500	13000	111990
合 肥					
福 州					
厦 门					
南 昌					
济 南					
青 岛	1	366	362	21608	22016
郑 州					
武 汉					
长 沙					
广 州					
深 圳					
南 宁	1	1811	932	204660	47972
海 口					
重 庆					
成 都					
贵 阳					
昆 明					
拉 萨					
西 安					
兰 州					
西 宁					
银 川					
乌鲁木齐	1	200	200	53300	51190

2-14 续表 55

(五金材料市场)

地 区	市场数量(个)	总摊位数(个)	年末出租摊位数(个)	营业面积(平方米)	成交额(万元)
36城市总计	**27**	**20906**	**18886**	**1827378**	**3992284**
北 京	3	1650	1601	70646	250134
天 津	2	717	717	84819	461476
石家庄					
太 原					
呼和浩特					
沈 阳					
大 连					
长 春	1	1369	850	199301	47300
哈尔滨					
上 海	2	3200	3200	174179	261382
南 京	1	890	890	200000	57900
杭 州	3	2421	2298	87120	1267691
宁 波	2	1134	1072	68000	98392
合 肥					
福 州					
厦 门					
南 昌	1	738	536	11686	291400
济 南					
青 岛	1	181	180	24300	31807
郑 州	2	685	685	44670	97450
武 汉	1	549	500	36822	49500
长 沙	2	1876	1676	308124	321000
广 州	2	1900	1302	76711	225821
深 圳					
南 宁	1	400	400	50000	50000
海 口					
重 庆	1	596	596	50000	71031
成 都	1	1800	1800	330000	400000
贵 阳					
昆 明					
拉 萨					
西 安	1	800	583	11000	10000
兰 州					
西 宁					
银 川					
乌鲁木齐					

2-14 续表 56

(其他装修市场)

地区	市场数量(个)	总摊位数(个)	年末出租摊位数(个)	营业面积(平方米)	成交额(万元)
36城市总计	**31**	**20072**	**18190**	**1858255**	**1806655**
北京	1	1180	731	50000	16628
天津	1	2186	1036	51519	9410
石家庄	3	1100	1100	338000	100203
太原					
呼和浩特					
沈阳	1	2560	2560	37000	83263
大连					
长春					
哈尔滨	1	463	463	21000	70000
上海	4	2314	2293	181017	83611
南京	1	1155	1155	60000	375434
杭州	5	2978	2796	362171	337204
宁波	1	40	32	3945	29877
合肥	2	641	626	80000	64487
福州					
厦门					
南昌					
济南					
青岛	1	550	503	80000	58104
郑州					
武汉					
长沙	1	70	70	20000	10115
广州					
深圳					
南宁	1	550	550	150000	180000
海口					
重庆					
成都					
贵阳	1	264	264	67000	36000
昆明	2	687	677	79787	74956
拉萨					
西安					
兰州	2	1164	1164	65295	76700
西宁	1	1578	1578	12165	160060
银川	2	592	592	199356	40603
乌鲁木齐					

2-14 续表 57

(汽车、摩托车及零配件市场)

地区	市场数量(个)	总摊位数(个)	年末出租摊位数(个)	营业面积(平方米)	成交额(万元)
36城市总计	**148**	**54857**	**46711**	**8373115**	**43117755**
北京	12	4194	3540	854996	9637466
天津	3	1418	1047	242648	1708528
石家庄	3	567	567	241000	588669
太原					
呼和浩特					
沈阳	5	3020	2524	283790	809772
大连	3	3415	3405	305000	1944105
长春	2	5426	2359	581570	2471799
哈尔滨					
上海	12	1797	1751	255217	2735916
南京					
杭州	18	6077	5839	345730	6372169
宁波	10	1137	412	184437	738734
合肥	4	1125	1000	112163	260916
福州	1	200	195	7128	35223
厦门	2	119	118	34000	340914
南昌	6	2806	2419	251500	1952247
济南	3	1004	893	226938	954349
青岛	7	1174	1123	183020	484502
郑州	3	827	786	103680	833317
武汉	3	404	324	185000	1174936
长沙	4	1549	1533	776302	1593715
广州	14	2973	2761	310427	1887802
深圳	2	86	86	83000	161900
南宁	3	1102	1102	114500	92650
海口					
重庆	10	5999	5090	729448	2871058
成都	2	1700	1485	244811	332000
贵阳	4	1305	1203	752240	1189514
昆明	3	1022	1022	213457	161225
拉萨					
西安	3	1556	1539	90951	552542
兰州	1	96	90	10440	25730
西宁					
银川	1	944	810	229000	21823
乌鲁木齐	4	1815	1688	420722	1184234

2-14 续表 58

(汽车市场)

地 区	市场数量(个)	总摊位数(个)	年末出租摊位数(个)	营业面积(平方米)	成交额(万元)
36城市总计	**98**	**31959**	**26083**	**6428619**	**35785690**
北 京	9	1592	1430	669016	9042365
天 津	3	1418	1047	242648	1708528
石家庄	2	67	67	141000	246779
太 原					
呼和浩特					
沈 阳	2	1452	1452	117790	633759
大 连	3	3415	3405	305000	1944105
长 春	2	5426	2359	581570	2471799
哈尔滨					
上 海	8	384	368	173178	2380039
南 京					
杭 州	14	3560	3335	171205	5066383
宁 波	10	1137	412	184437	738734
合 肥	1	76	76	50000	88500
福 州					
厦 门	2	119	118	34000	340914
南 昌	3	1154	1067	143000	296934
济 南	1	69	69	130000	529349
青 岛	4	574	542	124020	316828
郑 州	1	37	36	40786	753189
武 汉	3	404	324	185000	1174936
长 沙	1	202	201	679032	1544320
广 州	5	341	257	149626	1489543
深 圳	2	86	86	83000	161900
南 宁	3	1102	1102	114500	92650
海 口					
重 庆	8	4115	3665	567448	1844732
成 都	1	1200	1000	154811	250000
贵 阳	3	1043	943	709240	1164224
昆 明	1	112	112	53333	100302
拉 萨					
西 安	2	1136	1133	89551	487612
兰 州					
西 宁					
银 川	1	944	810	229000	21823
乌鲁木齐	3	794	667	306428	895443

2-14 续表 59

(摩托车市场)

地 区	市场数量（个）	总摊位数（个）	年末出租摊位数（个）	营业面积（平方米）	成交额（万元）
36城市总计	**4**	**1003**	**698**	**63240**	**341765**
北 京					
天 津					
石家庄					
太 原					
呼和浩特					
沈 阳					
大 连					
长 春					
哈尔滨					
上 海					
南 京					
杭 州					
宁 波					
合 肥	1	100	96	10000	46500
福 州					
厦 门					
南 昌					
济 南					
青 岛					
郑 州					
武 汉					
长 沙	1	127	112	2800	24535
广 州					
深 圳					
南 宁					
海 口					
重 庆	1	680	400	40000	245000
成 都					
贵 阳					
昆 明					
拉 萨					
西 安					
兰 州	1	96	90	10440	25730
西 宁					
银 川					
乌鲁木齐					

2-14 续表 60

(机动车零配件市场)

地　区	市场数量 (个)	总摊位数 (个)	年末出租摊位数 (个)	营业面积 (平方米)	成交额 (万元)
36城市总计	**46**	**21895**	**19930**	**1881256**	**6990300**
北　京	3	2602	2110	185980	595101
天　津					
石家庄	1	500	500	100000	341890
太　原					
呼和浩特					
沈　阳	3	1568	1072	166000	176013
大　连					
长　春					
哈尔滨					
上　海	4	1413	1383	82039	355877
南　京					
杭　州	4	2517	2504	174525	1305786
宁　波					
合　肥	2	949	828	52163	125916
福　州	1	200	195	7128	35223
厦　门					
南　昌	3	1652	1352	108500	1655313
济　南	2	935	824	96938	425000
青　岛	3	600	581	59000	167674
郑　州	2	790	750	62894	80128
武　汉					
长　沙	2	1220	1220	94470	24860
广　州	9	2632	2504	160801	398259
深　圳					
南　宁					
海　口					
重　庆	1	1204	1025	122000	781326
成　都	1	500	485	90000	82000
贵　阳	1	262	260	43000	25290
昆　明	2	910	910	160124	60923
拉　萨					
西　安	1	420	406	1400	64930
兰　州					
西　宁					
银　川					
乌鲁木齐	1	1021	1021	114294	288791

2-14 续表 61

(花鸟鱼虫市场)

地区	市场数量(个)	总摊位数(个)	年末出租摊位数(个)	营业面积(平方米)	成交额(万元)
36城市总计	**18**	**12306**	**11884**	**1198942**	**1779468**
北京	1	392	325	12190	15232
天津	1	580	580	21000	14126
石家庄					
太原					
呼和浩特					
沈阳	1	540	540	9300	8713
大连					
长春					
哈尔滨	1	262	250	20000	13000
上海	2	575	575	43601	25660
南京					
杭州	2	1461	1387	59208	549602
宁波					
合肥	2	1770	1770	130160	203944
福州	2	205	196	31855	125699
厦门					
南昌					
济南					
青岛					
郑州	1	2000	2000	50000	200000
武汉					
长沙	1	356	356	79096	20250
广州	2	1465	1465	668000	139642
深圳					
南宁					
海口					
重庆					
成都					
贵阳					
昆明	1	2300	2040	44532	441600
拉萨					
西安					
兰州					
西宁					
银川					
乌鲁木齐	1	400	400	30000	22000

2-14 续表 62

(花卉市场)

地 区	市场数量(个)	总摊位数(个)	年末出租摊位数(个)	营业面积(平方米)	成交额(万元)
36城市总计	**14**	**10938**	**10525**	**1149355**	**1608181**
北 京	1	392	325	12190	15232
天 津	1	580	580	21000	14126
石家庄					
太 原					
呼和浩特					
沈 阳					
大 连					
长 春					
哈尔滨	1	262	250	20000	13000
上 海	1	177	177	15069	13000
南 京					
杭 州	1	1161	1087	53828	514202
宁 波					
合 肥	2	1770	1770	130160	203944
福 州	1	75	75	25480	11185
厦 门					
南 昌					
济 南					
青 岛					
郑 州	1	2000	2000	50000	200000
武 汉					
长 沙	1	356	356	79096	20250
广 州	2	1465	1465	668000	139642
深 圳					
南 宁					
海 口					
重 庆					
成 都					
贵 阳					
昆 明	1	2300	2040	44532	441600
拉 萨					
西 安					
兰 州					
西 宁					
银 川					
乌鲁木齐	1	400	400	30000	22000

2-14 续表 63

(其他花鸟鱼虫市场)

地　区	市场数量(个)	总摊位数(个)	年末出租摊位数(个)	营业面积(平方米)	成交额(万元)
36城市总计	**4**	**1368**	**1359**	**49587**	**171287**
北　京					
天　津					
石家庄					
太　原					
呼和浩特					
沈　阳	1	540	540	9300	8713
大　连					
长　春					
哈尔滨					
上　海	1	398	398	28532	12660
南　京					
杭　州	1	300	300	5380	35400
宁　波					
合　肥					
福　州	1	130	121	6375	114514
厦　门					
南　昌					
济　南					
青　岛					
郑　州					
武　汉					
长　沙					
广　州					
深　圳					
南　宁					
海　口					
重　庆					
成　都					
贵　阳					
昆　明					
拉　萨					
西　安					
兰　州					
西　宁					
银　川					
乌鲁木齐					

2-14 续表 64

(旧货市场)

地　区	市场数量(个)	总摊位数(个)	年末出租摊位数(个)	营业面积(平方米)	成交额(万元)
36城市总计	**6**	**5233**	**5186**	**120075**	**141726**
北　京	1	3732	3732	39635	36580
天　津					
石家庄					
太　原					
呼和浩特					
沈　阳					
大　连					
长　春					
哈尔滨					
上　海					
南　京					
杭　州					
宁　波	2	197	194	32340	54349
合　肥					
福　州					
厦　门					
南　昌	1	750	750	15000	20220
济　南					
青　岛					
郑　州	1	507	490	13120	11760
武　汉					
长　沙					
广　州					
深　圳					
南　宁					
海　口					
重　庆					
成　都					
贵　阳					
昆　明	1	47	20	19980	18817
拉　萨					
西　安					
兰　州					
西　宁					
银　川					
乌鲁木齐					

2-14 续表 65

(古玩、古董、字画市场)

地 区	市场数量 (个)	总摊位数 (个)	年末出租摊位数 (个)	营业面积 (平方米)	成交额 (万元)
36城市总计	**1**	**507**	**490**	**13120**	**11760**
北 京					
天 津					
石家庄					
太 原					
呼和浩特					
沈 阳					
大 连					
长 春					
哈尔滨					
上 海					
南 京					
杭 州					
宁 波					
合 肥					
福 州					
厦 门					
南 昌					
济 南					
青 岛					
郑 州	1	507	490	13120	11760
武 汉					
长 沙					
广 州					
深 圳					
南 宁					
海 口					
重 庆					
成 都					
贵 阳					
昆 明					
拉 萨					
西 安					
兰 州					
西 宁					
银 川					
乌鲁木齐					

2-14 续表 66

(其他旧货市场)

地 区	市场数量(个)	总摊位数(个)	年末出租摊位数(个)	营业面积(平方米)	成交额(万元)
36城市总计	**5**	**4726**	**4696**	**106955**	**129966**
北 京	1	3732	3732	39635	36580
天 津					
石家庄					
太 原					
呼和浩特					
沈 阳					
大 连					
长 春					
哈尔滨					
上 海					
南 京					
杭 州					
宁 波	2	197	194	32340	54349
合 肥					
福 州					
厦 门					
南 昌	1	750	750	15000	20220
济 南					
青 岛					
郑 州					
武 汉					
长 沙					
广 州					
深 圳					
南 宁					
海 口					
重 庆					
成 都					
贵 阳					
昆 明	1	47	20	19980	18817
拉 萨					
西 安					
兰 州					
西 宁					
银 川					
乌鲁木齐					

2-14 续表 67

(其他专业市场)

地 区	市场数量 (个)	总摊位数 (个)	年末出租摊位数 (个)	营业面积 (平方米)	成交额 (万元)
36城市总计	**13**	**13158**	**7878**	**688896**	**1523079**
北 京	1	136	136	41012	15266
天 津	1	180	150	8000	12100
石家庄					
太 原					
呼和浩特					
沈 阳	4	2600	2089	64000	224364
大 连					
长 春					
哈尔滨					
上 海	2	948	932	85000	22577
南 京					
杭 州					
宁 波					
合 肥					
福 州					
厦 门					
南 昌					
济 南	1	650	650	205000	23020
青 岛					
郑 州	2	3300	3286	224000	1110000
武 汉					
长 沙					
广 州	1	344	265	19194	102000
深 圳					
南 宁					
海 口					
重 庆					
成 都					
贵 阳					
昆 明	1	5000	370	42690	13752
拉 萨					
西 安					
兰 州					
西 宁					
银 川					
乌鲁木齐					

2-15 商品交易市场情况(按营业状态分)

(常年营业)

地　区	市场数量(个)	总摊位数(个)	年末出租摊位数(个)	营业面积(平方米)	成交额(万元)
36城市总计	**1812**	**1571415**	**1321179**	**114170850**	**465552378**
北　京	132	115150	99215	6940024	39784325
天　津	55	44125	38238	3594076	14303082
石家庄	50	67834	57589	5373141	13327906
太　原	7	4016	3871	536063	515239
呼和浩特	8	4148	4118	207600	357465
沈　阳	51	57787	47217	2150853	9832796
大　连	40	37361	35775	1827567	13212387
长　春	26	30237	25802	2366259	4541790
哈尔滨	45	37772	33286	2425299	7747549
上　海	148	62223	57648	5136432	85873869
南　京	37	34848	33519	2429799	9597352
杭　州	165	90531	84573	4416308	31330857
宁　波	127	58249	51689	4150202	32303046
合　肥	33	25867	21994	2940979	8129831
福　州	34	12232	11691	834535	6344638
厦　门	19	6911	6683	595132	2099235
南　昌	32	42714	27991	1637792	9885393
济　南	31	21256	20661	1847620	3968397
青　岛	63	61284	59044	5224966	11798176
郑　州	30	60078	36952	3825362	14306500
武　汉	49	31172	26192	2524501	9774488
长　沙	62	45548	42461	5702493	17617539
广　州	136	105044	85926	7196049	20757746
深　圳	30	53733	30999	1700289	5963153
南　宁	34	26178	22672	1586208	4058065
海　口	2	1060	1060	690500	342386
重　庆	151	109271	99654	8039363	35865293
成　都	43	119123	77894	8596462	17844928
贵　阳	19	28063	23324	3448745	6635724
昆　明	26	53769	36812	2035918	4429687
拉　萨	3	3267	2617	35400	150926
西　安	35	28545	26052	2354080	5103201
兰　州	26	17689	16997	1381601	2882273
西　宁	6	7323	7273	506368	593346
银　川	23	18757	17085	2107420	1812484
乌鲁木齐	34	48250	46605	7805444	12461306

2-15 续表 1

(季节性营业)

地 区	市场数量(个)	总摊位数(个)	年末出租摊位数(个)	营业面积(平方米)	成交额(万元)
36城市总计	**15**	**8698**	**6195**	**777386**	**1359918**
北 京	3	4156	1934	279000	161768
天 津					
石家庄					
太 原					
呼和浩特					
沈 阳	2	945	945	184000	593584
大 连					
长 春					
哈尔滨					
上 海	1	165	165	2250	10507
南 京					
杭 州	1	113	113	3500	29553
宁 波	1	842	842	153586	275100
合 肥	1	443	443	33350	91250
福 州					
厦 门					
南 昌					
济 南	1	310	306	19000	28360
青 岛	4	1602	1325	96700	132559
郑 州					
武 汉					
长 沙					
广 州					
深 圳					
南 宁	1	122	122	6000	37237
海 口					
重 庆					
成 都					
贵 阳					
昆 明					
拉 萨					
西 安					
兰 州					
西 宁					
银 川					
乌鲁木齐					

2-15 续表 2

(其他)

地　区	市场数量(个)	总摊位数(个)	年末出租摊位数(个)	营业面积(平方米)	成交额(万元)
36城市总计	**2**	**741**	**671**	**59066**	**151649**
北　京	1	650	580	23000	50000
天　津					
石家庄					
太　原					
呼和浩特					
沈　阳					
大　连					
长　春					
哈尔滨					
上　海	1	91	91	36066	101649
南　京					
杭　州					
宁　波					
合　肥					
福　州					
厦　门					
南　昌					
济　南					
青　岛					
郑　州					
武　汉					
长　沙					
广　州					
深　圳					
南　宁					
海　口					
重　庆					
成　都					
贵　阳					
昆　明					
拉　萨					
西　安					
兰　州					
西　宁					
银　川					
乌鲁木齐					

2-16　商品交易市场情况(按经营方式分)

(批发为主)

地　区	市场数量(个)	总摊位数(个)	年末出租摊位数(个)	营业面积(平方米)	成交额(万元)
36城市总计	**1066**	**1158854**	**947481**	**87881310**	**402723670**
北　京	56	66682	52647	4022034	26996258
天　津	39	32980	30187	2857508	13603670
石家庄	32	49811	41261	4392358	12220806
太　原	6	3445	3300	412500	482548
呼和浩特	4	1335	1328	129000	211032
沈　阳	31	36583	30633	1736871	8881969
大　连	21	17522	17132	1153220	11349455
长　春	13	15852	13981	1622472	2707906
哈尔滨	17	22552	20812	1263760	5006502
上　海	65	34337	32337	3075563	81142575
南　京	16	21740	20846	1635239	8538613
杭　州	85	58856	55183	2887731	23826143
宁　波	67	38622	34605	3324837	29770221
合　肥	23	21507	17953	2522727	7603476
福　州	12	4617	4476	620908	5416625
厦　门	7	2572	2572	300252	1284647
南　昌	22	35269	20925	1226407	9339648
济　南	25	17179	16611	1387379	3195272
青　岛	46	52182	50523	4580055	11115315
郑　州	24	51944	29137	3273379	12023658
武　汉	37	27143	22807	2041767	8870996
长　沙	35	33217	30505	4264225	14830533
广　州	108	92947	75676	6588875	18421170
深　圳	15	41116	20346	1331473	5375439
南　宁	23	17741	14802	1076517	3278700
海　口	1	780	780	680000	316506
重　庆	86	79008	72647	6048268	31282200
成　都	36	111663	70748	7843190	17033093
贵　阳	13	25963	21324	2519505	5264785
昆　明	17	50126	33319	1488697	3921209
拉　萨	1	2172	1954	10000	94754
西　安	18	12972	11402	850520	3125999
兰　州	22	15403	14820	1281601	2784847
西　宁	3	5095	5045	476203	399468
银　川	12	11756	10231	1370881	1585823
乌鲁木齐	28	46165	44626	7585388	11421809

2-16 续表

(零售为主)

地　　区	市场数量(个)	总摊位数(个)	年末出租摊位数(个)	营业面积(平方米)	成交额(万元)
36城市总计	**763**	**422000**	**380564**	**27125992**	**64340275**
北　京	80	53274	49082	3219990	12999835
天　津	16	11145	8051	736568	699412
石家庄	18	18023	16328	980783	1107100
太　原	1	571	571	123563	32691
呼和浩特	4	2813	2790	78600	146433
沈　阳	22	22149	17529	597982	1544411
大　连	19	19839	18643	674347	1862932
长　春	13	14385	11821	743787	1833884
哈尔滨	28	15220	12474	1161539	2741047
上　海	85	28142	25567	2099185	4843450
南　京	21	13108	12673	794560	1058739
杭　州	81	31788	29503	1532077	7534267
宁　波	61	20469	17926	978951	2807925
合　肥	11	4803	4484	451602	617605
福　州	22	7615	7215	213627	928013
厦　门	12	4339	4111	294880	814588
南　昌	10	7445	7066	411385	545745
济　南	7	4387	4356	479241	801485
青　岛	21	10704	9846	741611	815420
郑　州	6	8134	7815	551983	2282842
武　汉	12	4029	3385	482734	903492
长　沙	27	12331	11956	1438268	2787006
广　州	28	12097	10250	607174	2336576
深　圳	15	12617	10653	368816	587714
南　宁	12	8559	7992	515691	816602
海　口	1	280	280	10500	25880
重　庆	65	30263	27007	1991095	4583093
成　都	7	7460	7146	753272	811835
贵　阳	6	2100	2000	929240	1370939
昆　明	9	3643	3493	547221	508478
拉　萨	2	1095	663	25400	56172
西　安	17	15573	14650	1503560	1977202
兰　州	4	2286	2177	100000	97426
西　宁	3	2228	2228	30165	193878
银　川	11	7001	6854	736539	226661
乌鲁木齐	6	2085	1979	220056	1039497

2-17　商品交易市场情况(按经营环境分)

(露天式)

地　　区	市场数量(个)	总摊位数(个)	年末出租摊位数(个)	营业面积(平方米)	成交额(万元)
36城市总计	**223**	**149708**	**122642**	**17243642**	**58125908**
北　京	21	23503	13710	2427068	18573692
天　津	16	13556	10704	1379459	2748378
石家庄	8	8137	7981	416083	211565
太　原	1	213	213	80000	53210
呼和浩特	2	315	308	22000	25500
沈　阳	13	9170	6276	783300	2511382
大　连	5	2661	2472	336980	648209
长　春	2	894	886	289900	39300
哈尔滨	4	4479	4411	772000	1561990
上　海	9	3889	3601	453851	1440991
南　京	1	682	682	3500	15146
杭　州	8	2023	1936	176157	575160
宁　波	12	7303	7085	776522	3398391
合　肥	2	826	826	140160	275716
福　州	1	302	302	18777	263000
厦　门	5	1316	1315	98000	807796
南　昌	6	3743	3618	271890	2948301
济　南	8	4499	4280	344938	755040
青　岛	17	6445	5815	1883875	1810267
郑　州	5	3509	3310	244197	587838
武　汉	8	4142	2926	263100	3025102
长　沙	4	2316	2063	722833	1858779
广　州	9	3206	3091	220468	679841
深　圳	1	322	322	1900	51920
南　宁	4	2778	2542	184451	1144903
海　口	1	780	780	680000	316506
重　庆	11	7161	5534	644266	3235735
成　都	2	3330	3310	703058	3760462
贵　阳	3	1091	1039	689240	794026
昆　明	4	6465	1804	179774	431526
拉　萨					
西　安	11	8685	8073	952622	1362722
兰　州	9	5136	4790	413800	1005652
西　宁	1	400	350	116203	35000
银　川	3	2969	2835	356470	274357
乌鲁木齐	6	3462	3452	196800	898505

2-17 续表 1

(封闭式)

地 区	市场数量(个)	总摊位数(个)	年末出租摊位数(个)	营业面积(平方米)	成交额(万元)
36城市总计	**1417**	**1284229**	**1072978**	**79859264**	**344780585**
北 京	108	86404	78776	4492021	19438652
天 津	35	29226	26229	2051711	11097956
石家庄	31	50817	42568	3926122	11763458
太 原	5	2703	2703	404563	451468
呼和浩特	6	3833	3810	185600	331965
沈 阳	39	49362	41686	1546553	7886396
大 连	32	28780	27432	1192587	9456892
长 春	20	24711	20805	1586058	4265343
哈尔滨	41	33293	28875	1653299	6185559
上 海	114	46617	42654	3342250	71517843
南 京	36	34166	32837	2426299	9582206
杭 州	144	81189	75683	3835112	26192178
宁 波	106	49444	43638	3328164	28279286
合 肥	22	15050	12883	1260435	4145049
福 州	29	10137	9601	773650	5991234
厦 门	9	3197	3010	396422	1039020
南 昌	25	38753	24155	1347902	6479678
济 南	20	15597	15232	1131182	2542408
青 岛	44	51359	50034	2818550	8989207
郑 州	21	55205	32284	3323207	13238553
武 汉	40	26481	22766	2224579	6699886
长 沙	46	27991	27045	2916810	10876268
广 州	117	96026	77375	5869644	16699637
深 圳	24	49829	27464	1591456	4562276
南 宁	23	19622	16881	1142984	1823530
海 口	1	280	280	10500	25880
重 庆	127	90207	82896	6508050	27185925
成 都	36	106146	65039	7138404	11367466
贵 阳	11	23834	19884	2349956	3539189
昆 明	21	46704	34408	1756144	3181130
拉 萨	3	3267	2617	35400	150926
西 安	19	16740	15557	1196858	2360572
兰 州	14	11985	11645	884440	1763124
西 宁	5	6923	6923	390165	558346
银 川	19	13488	13127	1280050	1124979
乌鲁木齐	24	34863	34176	3542137	3987100

2-17 续表 2

(其他)

地 区	市场数量(个)	总摊位数(个)	年末出租摊位数(个)	营业面积(平方米)	成交额(万元)
36城市总计	**189**	**146917**	**132425**	**17904396**	**64157452**
北 京	7	10049	9243	322935	1983749
天 津	4	1343	1305	162906	456748
石家庄	11	8880	7040	1030936	1352883
太 原	1	1100	955	51500	10561
呼和浩特					
沈 阳	1	200	200	5000	28602
大 连	3	5920	5871	298000	3107286
长 春	4	4632	4111	490301	237147
哈尔滨					
上 海	27	11973	11649	1378647	13027191
南 京					
杭 州	14	7432	7067	408539	4593072
宁 波	10	2344	1808	199102	900469
合 肥	10	10434	8728	1573734	3800316
福 州	4	1793	1788	42108	90404
厦 门	5	2398	2358	100710	252419
南 昌	1	218	218	18000	457414
济 南	4	1470	1455	390500	699309
青 岛	6	5082	4520	619241	1131261
郑 州	4	1364	1358	257958	480109
武 汉	1	549	500	36822	49500
长 沙	12	15241	13353	2062850	4882492
广 州	10	5812	5460	1105937	3378268
深 圳	5	3582	3213	106933	1348957
南 宁	8	3900	3371	264773	1126869
海 口					
重 庆	13	11903	11224	887047	5443633
成 都	5	9647	9545	755000	2717000
贵 阳	5	3138	2401	409549	2302509
昆 明	1	600	600	100000	817031
拉 萨					
西 安	5	3120	2422	204600	1379907
兰 州	3	568	562	83361	113497
西 宁					
银 川	1	2300	1123	470900	413148
乌鲁木齐	4	9925	8977	4066507	7575701

2-18 商品交易市场成交情况(按摊位分)

地区	粮油、食品类		#粮油类		#肉禽蛋类	
	摊位数(个)	成交额(万元)	摊位数(个)	成交额(万元)	摊位数(个)	成交额(万元)
36城市总计	**326586**	**145406386**	**34684**	**19062302**	**47269**	**20743195**
北京	33204	21425199	1900	1769456	4591	1950609
天津	16019	6282538	2673	1360779	1072	608333
石家庄	10310	1360122	1607	124199	1155	122473
太原	1552	406727	537	143801		
呼和浩特	619	142505	35	27300	288	52740
沈阳	7600	2831198	688	304919	1410	135365
大连	6497	2285499	843	189592	771	311136
长春	2890	959757	338	24355	254	12075
哈尔滨	6819	3597950	829	307852	1143	346063
上海	20785	7767238	2728	767175	3719	1981857
南京	8678	6004252	1454	2457417	1816	887185
杭州	24206	8955583	1741	2002979	4773	1729798
宁波	22455	5522558	1040	494835	3182	778366
合肥	4573	2971613	531	388925	735	554855
福州	5157	3806933	754	166305	910	262979
厦门	5301	1567072	276	40666	994	250476
南昌	5277	3559183	670	433782	952	1179546
济南	8354	1800622	308	63131	463	99253
青岛	22136	4582009	949	459458	1015	279154
郑州	5207	10322849	736	1103257	471	712402
武汉	6272	3959933	813	247122	887	1065908
长沙	8903	5708178	2030	1395439	1117	632594
广州	9815	4920606	1236	248551	2071	765352
深圳	9060	3831822	1044	330276	1641	758044
南宁	5864	1678428	310	124123	986	511798
海口						
重庆	26477	9417969	2643	1173799	4081	1805642
成都	15809	8313733	2542	850323	3686	1927482
贵阳	1392	1947106	330	1064025	101	62581
昆明	2781	1569705	925	331369	410	90567
拉萨	2522	142560	98	17941	345	21013
西安	3998	1956982	468	320939	753	125695
兰州	3524	1193041	962	249984	504	246614
西宁	1795	288665	102	8226	125	12145
银川	4468	1053387	286	23813	287	162436
乌鲁木齐	6267	3272864	258	46189	561	300659

2-18 续表 1

地区	#水产品类		#蔬菜类		#干鲜果品类	
	摊位数（个）	成交额（万元）	摊位数（个）	成交额（万元）	摊位数（个）	成交额（万元）
36城市总计	**55236**	**31115540**	**113824**	**35054205**	**58273**	**35703607**
北京	3922	2780294	11464	7454881	5800	6538138
天津	1393	1683968	8101	1509267	2688	1120189
石家庄	457	47724	5432	527456	1617	536853
太原			532	162350	483	100576
呼和浩特	30	1150	230	59887	36	1428
沈阳	2563	1326131	1204	205075	1451	783754
大连	1596	780302	1881	469194	773	269466
长春	825	420589	951	467840	63	4268
哈尔滨	1847	569146	1821	994953	1159	1299506
上海	4156	2177754	6643	1560573	3419	1246766
南京	1742	1398437	2789	737500	877	521713
杭州	3430	2165491	9180	950492	3667	1950261
宁波	7983	2144479	7799	1417660	1784	587765
合肥	547	741565	951	556456	1395	664800
福州	1976	2860156	864	97543	653	381090
厦门	1484	533500	1971	652982	576	89447
南昌	518	375793	1669	689161	1331	877349
济南	1721	768978	3266	755809	2596	112816
青岛	5844	688426	11276	1411332	2696	1671000
郑州	1471	2563620	1493	3263158	1036	2680412
武汉	1797	1682242	1590	745925	666	192736
长沙	637	796953	2901	809342	2167	1757049
广州	1316	807858	3805	1163707	964	1827102
深圳	1422	378817	2915	1334357	2038	1027926
南宁	296	17592	2499	298460	1094	638302
海口						
重庆	2662	1632878	8150	2012151	4157	1518145
成都	1016	666995	3011	2435659	5521	2431274
贵阳	3	2640	456	461280	406	346787
昆明	131	3163	628	325655	687	818951
拉萨	82	17032	1705	68269	292	18305
西安	500	199248	1124	65550	1125	1244932
兰州	440	260993	811	153901	805	281549
西宁	117	7459	703	180337	748	80498
银川	441	192403	1848	285981	1602	388754
乌鲁木齐	871	421764	2161	770062	1901	1693700

2-18 续表 2

地区	饮料类		烟酒类		服装、鞋帽、针纺织品类	
	摊位数(个)	成交额(万元)	摊位数(个)	成交额(万元)	摊位数(个)	成交额(万元)
36城市总计	**15789**	**3767276**	**14100**	**5639317**	**396796**	**54065595**
北京	1114	471057	1273	805853	26740	2685121
天津	419	118457	440	177510	6841	588467
石家庄	751	50721	1493	54234	24468	5296578
太原			2	30	707	13176
呼和浩特	101	41313	2	10	1998	87166
沈阳	55	3413	49	2327	21884	3794774
大连	343	112132	162	130404	12575	1687076
长春	92	3682	151	4704	9211	345826
哈尔滨	327	364164	494	594932	15221	696709
上海	775	84055	614	268201	8642	714812
南京	355	454544	156	580332	5958	481580
杭州	1059	326172	673	284163	25534	5542601
宁波	445	122354	559	491307	8138	1531491
合肥	169	67711	322	120485	7550	775401
福州	46	741	61	3800	2215	481659
厦门	33	6104	64	11136	144	4899
南昌	105	46030	216	95325	9120	2289292
济南	813	194031	111	5194	4106	422449
青岛	664	66515	1665	238601	16150	3140319
郑州	25	1320	2	400	9145	530564
武汉	178	18623	14	845	10247	1631776
长沙	626	147961	1690	1003359	7589	674981
广州	492	92551	183	54052	44897	8497503
深圳	374	48998	150	171629	5022	196216
南宁	274	92452	30	1020	8073	202810
海口						
重庆	1557	271094	1423	109254	19888	6252882
成都	639	95721	361	107860	29379	2035302
贵阳	495	131790	386	158830	10035	1113919
昆明	853	118077	27	1068	17222	710302
拉萨	4	292	58	6625		
西安	1936	86120	213	1754	7574	675008
兰州	255	39590	350	84808	5916	392753
西宁	5	172			2072	60057
银川	226	62548	59	21477	5483	159286
乌鲁木齐	184	26771	647	47788	7052	352840

2-18 续表 3

地 区	服装类		鞋帽类		针纺织品类	
	摊位数（个）	成交额（万元）	摊位数（个）	成交额（万元）	摊位数（个）	成交额（万元）
36城市总计	**270939**	**32522849**	**53856**	**6768558**	**72001**	**14774188**
北 京	19401	2301781	2974	128888	4365	254452
天 津	4522	364089	1493	168332	826	56046
石家庄	21191	4292028	1377	160904	1900	843646
太 原	35	150	630	12480	42	546
呼和浩特	1578	67531	172	10310	248	9325
沈 阳	11814	2470976	3896	288897	6174	1034901
大 连	7465	832105	2266	294039	2844	560932
长 春	6900	301766	988	27101	1323	16959
哈尔滨	8051	410343	2613	100771	4557	185595
上 海	6592	595993	548	37620	1502	81199
南 京	3535	325851	890	58406	1533	97323
杭 州	17882	2706138	1995	70790	5657	2765673
宁 波	5392	876494	970	299176	1776	355821
合 肥	4400	566800	350	89691	2800	118910
福 州	2033	425381	108	25269	74	31009
厦 门	96	2710	37	2009	11	180
南 昌	5363	1397296	2266	334884	1491	557112
济 南	2127	137709	1456	251792	523	32948
青 岛	11861	1875311	2094	463011	2195	801997
郑 州	7680	473253	322	3317	1143	53994
武 汉	8093	1388310	1271	133154	883	110312
长 沙	6444	488820	723	116724	422	69437
广 州	25195	2947045	5687	845604	14015	4704854
深 圳	2837	99805	1032	35818	1153	60593
南 宁	5822	163189	1141	18984	1110	20637
海 口						
重 庆	12285	3054215	4179	1924670	3424	1273997
成 都	23127	1613058	3841	249152	2411	173092
贵 阳	6400	660000	2415	261013	1220	192906
昆 明	13619	528820	1675	98998	1928	82484
拉 萨						
西 安	5136	439562	1339	159062	1099	76384
兰 州	5273	371673	344	6605	299	14475
西 宁	1182	48424	441	9923	449	1710
银 川	2888	92910	1116	20520	1479	45856
乌鲁木齐	4720	203313	1207	60644	1125	88883

2-18 续表 4

地　区	化妆品类		金银珠宝类		日用品类	
	摊位数（个）	成交额（万元）	摊位数（个）	成交额（万元）	摊位数（个）	成交额（万元）
36城市总计	**10531**	**1072415**	**10949**	**2505588**	**74207**	**13285289**
北　京	920	42222	554	188770	7041	741635
天　津	200	9699	13	219	1893	204449
石家庄	358	47042	222	7104	3361	1441080
太　原	16	420			175	1650
呼和浩特	203	2840	4	1640	225	7270
沈　阳	302	20124			4330	654773
大　连	454	110103	57	22659	2258	569232
长　春	139	3459	30	13655	281	8312
哈尔滨	161	6528	34	2079	320	19747
上　海	75	3563	43	13862	944	2217337
南　京	67	5735	26	3956	3067	384666
杭　州	265	9938	367	1030800	4072	747733
宁　波	162	30680			2506	406412
合　肥	15	150	108	3780	341	16379
福　州	26	2106	1047	311454	79	9575
厦　门	8	4500	36	3474	135	10291
南　昌	341	60081	65	32357	1665	301534
济　南	39	2347	35	840	919	34194
青　岛	432	29316	1028	153751	8742	976964
郑　州	256	9036	100	26975	2305	84801
武　汉	48	536	64	427	111	37663
长　沙	235	39000	271	303125	1327	793804
广　州	2002	107967	706	48798	12221	1474630
深　圳	123	1640	833	37160	1261	37038
南　宁	299	2867	60	461	1070	41436
海　口						
重　庆	867	192180	38	13289	5441	1091950
成　都	499	84680	218	8500	887	120720
贵　阳	40	12504			609	323935
昆　明	867	128726	869	162677	2851	207900
拉　萨					30	1389
西　安	76	1892	46	843	772	33526
兰　州	228	50769	21	3801	907	169139
西　宁	171	4813			167	1124
银　川	344	22842	48	5226	654	40688
乌鲁木齐	293	22110	4006	103906	1240	72313

2-18　续表 5

地　区	#儿童玩具类		五金、电料类		体育、娱乐用品类	
	摊位数（个）	成交额（万元）	摊位数（个）	成交额（万元）	摊位数（个）	成交额（万元）
36城市总计	**8928**	**1412250**	**49169**	**10158156**	**5512**	**779908**
北　京	1381	48474	2529	349130	698	61700
天　津	57	5903	2997	1026956	80	10932
石家庄	623	502740	1474	208314	202	81680
太　原	28	190	27	300	29	550
呼和浩特	2	3	29	652	6	70
沈　阳	685	24893	581	10606		
大　连	146	6722	710	216630	65	2144
长　春	95	1467	1745	64094	13	713
哈尔滨	110	10369	105	6210	42	2050
上　海	142	30321	4382	401491	260	49222
南　京	133	17191	835	217267	32	3497
杭　州	153	20369	4158	2049666	82	10805
宁　波	355	22092	2438	481062	89	2845
合　肥			254	33723	3	30
福　州	22	3185	58	18050	2	11
厦　门	4	42	33	6650	1	23
南　昌	337	99426	500	225477		
济　南	87	5080	431	5728	78	4520
青　岛	1630	146761	1030	391636	479	19955
郑　州	3	500	2304	132092	164	5711
武　汉	5	15	1185	111950	10	60
长　沙	322	142758	2834	1151981	144	68424
广　州	218	11831	3857	976724	368	42078
深　圳	319	9130	474	13802	313	38419
南　宁	296	3194	448	55578	34	169
海　口			170	30251		
重　庆	329	96188	5916	1084208	346	99785
成　都	321	30385	2613	503805	67	845
贵　阳	60	22516	500	160000	80	6000
昆　明	801	101052	431	20305	910	215858
拉　萨						
西　安	52	569	905	18916	436	17664
兰　州	109	41041	293	16917	99	20095
西　宁	10	96	259	7238	90	475
银　川	45	2761	68	5474	106	4228
乌鲁木齐	48	4986	2596	155273	184	9350

2-18 续表 6

地　区	#照相器材类		书报杂志类		电子出版物及音像制品类	
	摊位数(个)	成交额(万元)	摊位数(个)	成交额(万元)	摊位数(个)	成交额(万元)
36城市总计	**912**	**130003**	**1736**	**404144**	**3833**	**1361082**
北　京	153	28887	113	81683	9	409
天　津			13	175	15	1581
石家庄			67	18881	2141	1238760
太　原			1	5	55	680
呼和浩特			17	98	20	85
沈　阳					5	99
大　连			13	172	74	16539
长　春			6	14	75	5068
哈尔滨			10	302	40	1086
上　海	179	34049	13	3092	43	2082
南　京			4	44	4	85
杭　州			70	17800	8	302
宁　波			5	22		
合　肥			160	95670		
福　州			4	19	4	282
厦　门	1	22				
南　昌					50	6959
济　南			20	500		
青　岛			143	12012	33	3601
郑　州			2	45		
武　汉			335	48910	93	16140
长　沙			333	93087	115	38549
广　州	106	3230	91	20388	6	47
深　圳						
南　宁			19	81		
海　口						
重　庆	5	25	46	2276	92	19403
成　都					40	380
贵　阳						
昆　明	93	45343	13	83	841	7645
拉　萨						
西　安	360	15157				
兰　州			1	18	6	259
西　宁					35	81
银　川			30	7755	28	951
乌鲁木齐	15	3290	207	1012	1	9

2-18 续表 7

地区	家用电器和音像器材类		中西药品类		#西药类	
	摊位数（个）	成交额（万元）	摊位数（个）	成交额（万元）	摊位数（个）	成交额（万元）
36城市总计	**15624**	**2876282**	**3381**	**2735003**	**182**	**62038**
北京	597	41770	27	3656	20	2504
天津	144	13479	14	217	8	74
石家庄	432	93700	12	1079	12	1079
太原						
呼和浩特						
沈阳	500	16647				
大连	419	156133	10	588	5	473
长春	340	34712	27	1939	19	1081
哈尔滨	89	103487	1	24		
上海	98	19163	174	36218	4	1218
南京	49	9772	4	69	4	69
杭州	410	122288	4	545	2	150
宁波	241	43718				
合肥	998	590130				
福州	81	33075	5	257	1	47
厦门	5	146				
南昌	1157	82364				
济南	462	3470				
青岛	738	59407	37	1680	17	720
郑州	888	32035				
武汉	406	10356	2	230		
长沙	1138	404234	252	217038	37	36638
广州	974	136145	420	11910	3	856
深圳	1043	55444	149	8890	3	50
南宁	14	470	9	2831	6	1666
海口						
重庆	975	417145	73	22562	31	14549
成都	120	48600	1995	2200000		
贵阳	360	80000				
昆明	1897	85035	6	183	4	153
拉萨			3	60	3	60
西安	22	748	98	200177		
兰州	538	156306	5	735	3	651
西宁	153	3084	50	23000		
银川	19	320				
乌鲁木齐	317	22899	4	1115		

2-18 续表 8

地 区	#中草药及中成药类		文化办公用品类		#计算机及其配套产品	
	摊位数(个)	成交额(万元)	摊位数(个)	成交额(万元)	摊位数(个)	成交额(万元)
36城市总计	**3029**	**2662077**	**33700**	**6320847**	**18835**	**2482839**
北 京	7	1152	5118	922571	1827	215111
天 津	3	60	441	42082	7	12
石家庄			771	680948		
太 原			150	2600		
呼和浩特			96	2308		
沈 阳			154	19970		
大 连			1926	650657	6	517
长 春	5	793	145	2712		
哈尔滨			2133	296214	2100	295000
上 海	170	35000	479	62282	295	42509
南 京			306	62074	218	48650
杭 州	2	395	2086	224280	1369	147209
宁 波			1085	132710	570	54387
合 肥			155	5473		
福 州	1	30	532	71825	392	70314
厦 门			3	250		
南 昌			555	128064	144	6300
济 南			260	3984		
青 岛			672	121901	429	98985
郑 州			3007	332441	2769	320000
武 汉			1547	551005	750	47200
长 沙	208	180000	1770	670804	1085	240269
广 州	417	11054	1642	193514	1412	133530
深 圳	30	3142	1534	119622	1353	116460
南 宁	3	1165	689	90161	680	90000
海 口			280	25880	150	12856
重 庆	36	5995	2190	281903	1411	163524
成 都	1995	2200000	154	12420	1	1200
贵 阳			302	86119	148	18465
昆 明	2	30	404	15756	193	8564
拉 萨						
西 安	98	200177	787	215791	430	183301
兰 州	2	84	343	56760	6	685
西 宁	50	23000	405	10327		
银 川			439	43963	314	34105
乌鲁木齐			1140	181476	776	133686

2-18 续表 9

地区	家具类		通讯器材类		煤炭及制品类	
	摊位数（个）	成交额（万元）	摊位数（个）	成交额（万元）	摊位数（个）	成交额（万元）
36城市总计	**43522**	**7510821**	**11965**	**1705730**	**2793**	**2373285**
北京	5556	665794	151	16847		
天津	426	37716	62	31369	2733	1754921
石家庄	2924	611972	576	64145		
太原	571	32691				
呼和浩特	608	57858				
沈阳	1882	125942	2	26		
大连	1511	112770	185	11974		
长春	1856	118539	130	3891		
哈尔滨	552	108998	35	2667		
上海	2093	158041	72	15591		
南京	1723	317283	3	52		
杭州	2017	260110	888	124380		
宁波	1295	274305			49	617781
合肥	350	8515	4	300		
福州	175	7556	115	9811		
厦门	106	43098	2	210		
南昌	541	54693	16	1310		
济南	1091	164592	215	3457		
青岛	1773	374957	247	14779	5	83
郑州	1309	204005	103	1412		
武汉	548	65748	503	192080		
长沙	1273	394993	519	71639		
广州	388	24262	76	5533		
深圳	98	10808	4042	350083		
南宁	631	151731	3	90		
海口						
重庆	3033	2077336	1095	347821	3	475
成都	3527	420249				
贵阳	163	17700				
昆明	727	216422	473	7191	3	25
拉萨						
西安	411	31283	1313	234521		
兰州	900	45225	13	8067		
西宁	281	33960				
银川	1037	45339	136	5399		
乌鲁木齐	2146	236330	986	181085		

2-18 续表 10

地区	木材及制品类		石油及制品类		化工材料及制品类	
	摊位数（个）	成交额（万元）	摊位数（个）	成交额（万元）	摊位数（个）	成交额（万元）
36城市总计	**6657**	**1779442**	**811**	**17635905**	**8013**	**11589705**
北京	127	18624			113	20273
天津	62	19745			231	233787
石家庄	145	248773			77	131075
太原						
呼和浩特						
沈阳	291	42250			1	50
大连	375	14714	170	4880000	85	9382
长春	160	13421			214	1400
哈尔滨	75	9000			56	39990
上海	1102	666139	557	11197000	643	2058654
南京	40	8723				
杭州	422	101784			311	553879
宁波	154	57323	63	1555502	3293	7662465
合肥	58	9886				
福州	284	62630				
厦门	202	39970			4	2941
南昌	165	21712			102	12896
济南						
青岛	293	97671	19	2408	3	150
郑州	1	220			467	10722
武汉	295	30152			160	38014
长沙	421	24655	1	123	881	170075
广州	179	25326			20	5188
深圳					356	179410
南宁			1	872	38	56560
海口						
重庆	515	179683			216	77569
成都	843	62155			366	190000
贵阳						
昆明					244	9327
拉萨						
西安					30	123100
兰州						
西宁						
银川					16	495
乌鲁木齐	448	24886			86	2303

2-18　续表 11

地　区	#化肥类		金属材料类		建筑及装潢材料类	
	摊位数（个）	成交额（万元）	摊位数（个）	成交额（万元）	摊位数（个）	成交额（万元）
36城市总计	**314**	**138198**	**34150**	**96442744**	**121896**	**19607818**
北　京			411	349781	6107	1176501
天　津	5	2538	1199	1420983	1463	182164
石家庄			179	48624	4760	780569
太　原			213	53210		
呼和浩特					190	13650
沈　阳			2315	1411126	3452	491898
大　连			173	82000	1321	92305
长　春			814	115851	1044	68768
哈尔滨	56	39990	745	1035000	3994	550500
上　海	5	946	1830	55602112	8352	1392503
南　京			720	183698	10856	831309
杭　州	2	1046	1420	2293783	7384	1041350
宁　波			3753	11015626	3889	1400163
合　肥			1086	2339728	3036	327029
福　州					1106	1320938
厦　门			16	11893	336	39551
南　昌			774	45629	3471	683988
济　南			488	158960	760	128980
青　岛			502	762329	1936	302895
郑　州	6	1094			4321	346546
武　汉	34	15750	1897	1715903	1827	153626
长　沙	7	2718	1129	1282875	6027	1717218
广　州			523	1710598	1861	203120
深　圳					376	41870
南　宁	38	56560	731	1245040	1334	120068
海　口					510	265230
重　庆	51	12541	4487	6578059	11394	2465360
成　都			2435	1184489	11139	1269889
贵　阳			1330	367700	1589	440607
昆　明	94	4520			1497	291612
拉　萨						
西　安			75	203300	4855	483383
兰　州			1314	424260	1349	147111
西　宁					1248	121000
银　川	16	495	1625	196991	701	35611
乌鲁木齐			1966	4603196	8411	680506

2-18 续表 12

地 区	机电产品及设备类		#农机类		汽车类	
	摊位数（个）	成交额（万元）	摊位数（个）	成交额（万元）	摊位数（个）	成交额（万元）
36城市总计	**24750**	**6444025**	**1840**	**650828**	**47413**	**43278091**
北 京	356	98182			3558	9637766
天 津	652	376536	1	28	1062	1739873
石家庄	1387	148536	7	11826	567	588669
太 原						
呼和浩特						
沈 阳	24	7393			2519	809509
大 连	600	30000			3405	1944105
长 春	354	7474			2600	2513574
哈尔滨						
上 海	653	104753			1752	2737116
南 京	46	8100	19	3850		
杭 州	1145	613917			5839	6372169
宁 波	141	44107			331	578282
合 肥	734	431510	638	385010	904	214416
福 州					195	35223
厦 门					118	340914
南 昌	526	244829	332	135474	2291	1943180
济 南	154	31425	45	2114	893	954349
青 岛	247	68171	233	66432	1123	484502
郑 州	327	17101	1	195	686	823317
武 汉	78	9495			324	1174936
长 沙	1372	335601	39	1617	1812	1997092
广 州	360	57339			2761	1887802
深 圳	175	88193			86	161900
南 宁	496	70000			1452	106124
海 口	100	21025				
重 庆	4414	1507725	61	911	4778	2616504
成 都	4216	674810			1533	336000
贵 阳	240	300000			1203	1189514
昆 明	480	21571	151	8268	1052	164387
拉 萨						
西 安	806	168810			1539	552542
兰 州	144	27830				
西 宁						
银 川	434	56057	163	20523	810	21823
乌鲁木齐	4089	873535	150	14580	2220	1352503

2-18　续表 13

地　区	种子饲料类		棉麻类		其他类	
	摊位数（个）	成交额（万元）	摊位数（个）	成交额（万元）	摊位数（个）	成交额（万元）
36城市总计	**1262**	**310253**	**622**	**199283**	**62278**	**7809555**
北　京	6	233	62	700	5345	190616
天　津	7	1365			812	27862
石家庄	5	603			907	124697
太　原					373	3200
呼和浩特						
沈　阳	223	10444			1993	173811
大　连					2387	75169
长　春			203	2576	3282	247649
哈尔滨	65	36000			1968	273912
上　海	10	1350	13	286	3500	409862
南　京					590	40314
杭　州					2266	676362
宁　波	89	18175	261	192848	1090	396410
合　肥					1617	209152
福　州	3	173			496	168520
厦　门	4	214			132	5899
南　昌			39	1108	1015	49382
济　南					1738	77115
青　岛	13	375			259	24748
郑　州	3	1590			6330	1423318
武　汉	34	4780			14	1300
长　沙	3	202			1796	308541
广　州	12	332			2072	261333
深　圳					5530	570209
南　宁	320	74478	29	220	876	101355
海　口						
重　庆	355	152889	15	1545	4020	584427
成　都					1054	174770
贵　阳					4600	300000
昆　明	68	2370			2296	473462
拉　萨						
西　安					160	96841
兰　州					791	44789
西　宁					542	39350
银　川	27	4350			327	18274
乌鲁木齐	15	330			2100	236906

（四）三大地带

2-19 商品交易市场总体情况

地区	市场数量（个）	总摊位数（个）	年末出租摊位数（个）	营业面积（平方米）	成交额（万元）
三大地带	**1815**	**1287915**	**1126835**	**91318849**	**514217068**
环渤海	**404**	**360869**	**318593**	**23069096**	**97255070**
北京	136	119956	101729	7242024	39996093
天津	55	44125	38238	3594076	14303082
唐山	21	16243	13353	882290	3389636
沈阳	53	58732	48162	2334853	10426380
大连	40	37361	35775	1827567	13212387
济南	32	21566	20967	1866620	3996757
青岛	67	62886	60369	5321666	11930735
长三角	**1132**	**697809**	**632782**	**52112132**	**368029339**
上海	150	62479	57904	5174748	85986025
南京	37	34848	33519	2429799	9597352
苏州	82	84729	77306	6001769	60566239
无锡	53	45314	39901	4894435	32070437
常州	56	43708	36650	5157222	20658034
镇江	14	7379	6614	1115551	3830851
南通	80	46752	42372	2872168	18018121
扬州	56	21038	19917	1674692	7062488
泰州	24	17691	15209	1780931	3286114
杭州	166	90644	84686	4419808	31360410
宁波	128	59091	52531	4303788	32578146
嘉兴	66	56453	51406	3566449	16536818
湖州	43	22714	20021	1625334	6630883
绍兴	46	52123	49053	4301008	27687396
舟山	12	6336	5751	317417	1871467
台州	119	46510	39942	2477013	10288558
珠三角	**279**	**229237**	**175460**	**16137621**	**48932659**
广州	136	105044	85926	7196049	20757746
深圳	30	53733	30999	1700289	5963153
珠海	8	4157	3559	110390	1533007
佛山	31	17182	15555	3035893	6489576
江门	8	3306	2645	171550	936303
东莞	48	35196	26916	3377821	10816557
中山	3	2382	2035	55315	50578
惠州	6	5919	5795	450000	2216809
肇庆	9	2318	2030	40314	168930

2-20 商品交易市场情况(按市场类别分)

(综合市场)

地 区	市场数量(个)	总摊位数(个)	年末出租摊位数(个)	营业面积(平方米)	成交额(万元)
三大地带	**500**	**410776**	**355891**	**20646084**	**97252816**
环渤海	**105**	**137707**	**128686**	**6742458**	**36194711**
北 京	38	45436	41774	2684421	20362556
天 津	17	18097	16493	1328681	4826773
唐 山	8	7769	7683	283260	1672270
沈 阳	7	6166	4458	105853	171439
大 连	18	23339	22154	884143	5075506
济 南	5	5440	5336	293000	432525
青 岛	12	31460	30788	1163100	3653642
长三角	**342**	**199654**	**178236**	**10736022**	**50122982**
上 海	44	19850	18869	970813	4235829
南 京	14	13127	12831	773157	5624664
苏 州	23	13053	11365	560838	5964525
无 锡	10	22497	20623	1687130	5381649
常 州	17	10159	7516	1239702	5477432
镇 江	3	2594	2532	537429	518822
南 通	13	7639	6380	327994	1229750
扬 州	12	4033	4006	121600	1117301
泰 州	9	10574	8675	618300	1592624
杭 州	47	24917	23698	1138622	6355927
宁 波	46	26275	23258	1124319	5017367
嘉 兴	19	9528	7725	156722	847910
湖 州	25	12349	9990	701838	2165426
绍 兴	11	5256	4779	289794	2006052
舟 山	6	2960	2409	47515	241263
台 州	43	14843	13580	440249	2346441
珠三角	**53**	**73415**	**48969**	**3167604**	**10935123**
广 州	14	11884	10756	342854	984372
深 圳	12	40781	20462	1380407	5189669
珠 海	2	1268	1192	8690	35991
佛 山	8	6811	6231	440008	1568876
江 门	4	2352	1703	79068	106510
东 莞	4	5436	4082	749563	2575681
中 山					
惠 州	1	3249	3180	130000	343746
肇 庆	8	1634	1363	37014	130278

2-20 续表 1

(生产资料综合市场)

地　区	市场数量 (个)	总摊位数 (个)	年末出租摊位数 (个)	营业面积 (平方米)	成交额 (万元)
三大地带	**16**	**11032**	**9697**	**1739267**	**1746015**
环 渤 海	**1**	**610**	**600**	**11990**	**30000**
北　京					
天　津					
唐　山					
沈　阳					
大　连	1	610	600	11990	30000
济　南					
青　岛					
长 三 角	**14**	**9071**	**7746**	**1695417**	**1668109**
上　海					
南　京					
苏　州					
无　锡	2	2082	1975	732130	295264
常　州					
镇　江	1	1994	1994	525000	430281
南　通					
扬　州					
泰　州					
杭　州	1	1293	1293	98388	396945
宁　波	3	1177	377	99122	292265
嘉　兴					
湖　州	3	1357	939	207001	161854
绍　兴					
舟　山	1	905	905	25886	42000
台　州	3	263	263	7890	49500
珠 三 角	**1**	**1351**	**1351**	**31860**	**47906**
广　州					
深　圳	1	1351	1351	31860	47906
珠　海					
佛　山					
江　门					
东　莞					
中　山					
惠　州					
肇　庆					

2-20 续表 2

(工业消费品综合市场)

地 区	市场数量 (个)	总摊位数 (个)	年末出租摊位数 (个)	营业面积 (平方米)	成交额 (万元)
三大地带	**90**	**131015**	**104952**	**5095015**	**17885104**
环 渤 海	**36**	**38826**	**36233**	**1223210**	**5063673**
北 京	13	11368	10135	238624	833105
天 津	4	5573	5387	146250	612258
唐 山	1	654	648	8220	374450
沈 阳	1	1457	1293	14193	51660
大 连	10	11132	10217	297423	1251672
济 南	3	3160	3080	113000	63725
青 岛	4	5482	5473	405500	1876803
长 三 角	**40**	**48984**	**45920**	**2454869**	**9870789**
上 海	2	1846	1694	42478	74066
南 京	2	1465	1428	56453	159681
苏 州	1	800	390	22000	12655
无 锡	4	13826	13474	645000	2812544
常 州	1	450	345	360000	401185
镇 江					
南 通	6	4494	3485	268564	788508
扬 州	1	1875	1875	50000	774495
泰 州	1	2466	2450	48000	78250
杭 州	8	6902	6673	185173	968833
宁 波	6	7474	7024	427973	1604006
嘉 兴					
湖 州	2	1243	1243	34689	298329
绍 兴	2	1506	1498	121719	1009880
舟 山					
台 州	4	4637	4341	192820	888357
珠 三 角	**14**	**43205**	**22799**	**1416936**	**2950642**
广 州	7	5914	5685	216694	613049
深 圳	4	32453	12407	1002564	1313460
珠 海					
佛 山	2	1589	1527	67678	680387
江 门					
东 莞					
中 山					
惠 州	1	3249	3180	130000	343746
肇 庆					

2-20 续表 3

(农产品综合市场)

地　区	市场数量(个)	总摊位数(个)	年末出租摊位数(个)	营业面积(平方米)	成交额(万元)
三大地带	**314**	**178770**	**157295**	**9278662**	**58532266**
环 渤 海	**41**	**41986**	**37612**	**3198836**	**22205370**
北　京	20	26819	24813	2161496	17728869
天　津	4	3176	2827	350000	2418599
唐　山	3	1190	1110	185000	407981
沈　阳	4	3580	2036	66360	99696
大　连	3	2075	2075	82980	468287
济　南	2	2280	2256	180000	368800
青　岛	5	2866	2495	173000	713138
长 三 角	**245**	**112619**	**98626**	**4478322**	**28552752**
上　海	37	15237	14440	847310	3829212
南　京	8	6525	6432	551685	4828014
苏　州	18	10555	9447	508038	4071454
无　锡	4	6589	5174	310000	2273841
常　州	13	8250	5768	547402	3872186
镇　江	1	350	320	8929	52910
南　通	5	2355	2222	40430	390241
扬　州	10	1822	1795	66020	294065
泰　州	6	3479	2956	135300	594802
杭　州	29	10599	9774	328075	1341341
宁　波	34	15729	14035	446207	2914035
嘉　兴	19	9528	7725	156722	847910
湖　州	15	6895	5700	197248	1195369
绍　兴	8	3313	2844	101243	615773
舟　山	5	2055	1504	21629	199263
台　州	33	9338	8490	212084	1232336
珠 三 角	**28**	**24165**	**21057**	**1601504**	**7774144**
广　州	6	5460	4762	122180	357779
深　圳	5	5809	5666	325183	3795221
珠　海	2	1268	1192	8690	35991
佛　山	5	4472	4012	352330	879960
江　门	2	1005	751	30049	55948
东　莞	4	5436	4082	749563	2575681
中　山					
惠　州					
肇　庆	4	715	592	13509	73564

2-20 续表 4

(其他综合市场)

地　　区	市场数量 (个)	总摊位数 (个)	年末出租摊位数 (个)	营业面积 (平方米)	成交额 (万元)
三大地带	**80**	**89959**	**83947**	**4533140**	**19089431**
环渤海	**27**	**56285**	**54241**	**2308422**	**8895668**
北　京	5	7249	6826	284301	1800582
天　津	9	9348	8279	832431	1795916
唐　山	4	5925	5925	90040	889839
沈　阳	2	1129	1129	25300	20083
大　连	4	9522	9262	491750	3325547
济　南					
青　岛	3	23112	22820	584600	1063701
长三角	**43**	**28980**	**25944**	**2107414**	**10031332**
上　海	5	2767	2735	81025	332551
南　京	4	5137	4971	165019	636969
苏　州	4	1698	1528	30800	1880416
无　锡					
常　州	3	1459	1403	332300	1204061
镇　江	1	250	218	3500	35631
南　通	2	790	673	19000	51001
扬　州	1	336	336	5580	48741
泰　州	2	4629	3269	435000	919572
杭　州	9	6123	5958	526986	3648808
宁　波	3	1895	1822	151017	207061
嘉　兴					
湖　州	5	2854	2108	262900	509874
绍　兴	1	437	437	66832	380399
舟　山					
台　州	3	605	486	27455	176248
珠三角	**10**	**4694**	**3762**	**117304**	**162431**
广　州	1	510	309	3980	13544
深　圳	2	1168	1038	20800	33082
珠　海					
佛　山	1	750	692	20000	8529
江　门	2	1347	952	49019	50562
东　莞					
中　山					
惠　州					
肇　庆	4	919	771	23505	56714

2-20 续表 5

(专业市场)

地　区	市场数量 (个)	总摊位数 (个)	年末出租摊位数 (个)	营业面积 (平方米)	成交额 (万元)
三大地带	**1315**	**877139**	**770944**	**70672765**	**416964252**
环渤海	**299**	**223162**	**189907**	**16326638**	**61060359**
北　京	98	74520	59955	4557603	19633537
天　津	38	26028	21745	2265395	9476309
唐　山	13	8474	5670	599030	1717366
沈　阳	46	52566	43704	2229000	10254941
大　连	22	14022	13621	943424	8136881
济　南	27	16126	15631	1573620	3564232
青　岛	55	31426	29581	4158566	8277093
长三角	**790**	**498155**	**454546**	**41376110**	**317906357**
上　海	106	42629	39035	4203935	81750196
南　京	23	21721	20688	1656642	3972688
苏　州	59	71676	65941	5440931	54601714
无　锡	43	22817	19278	3207305	26688788
常　州	39	33549	29134	3917520	15180602
镇　江	11	4785	4082	578122	3312029
南　通	67	39113	35992	2544174	16788371
扬　州	44	17005	15911	1553092	5945187
泰　州	15	7117	6534	1162631	1693490
杭　州	119	65727	60988	3281186	25004483
宁　波	82	32816	29273	3179469	27560779
嘉　兴	47	46925	43681	3409727	15688908
湖　州	18	10365	10031	923496	4465457
绍　兴	35	46867	44274	4011214	25681344
舟　山	6	3376	3342	269902	1630204
台　州	76	31667	26362	2036764	7942117
珠三角	**226**	**155822**	**126491**	**12970017**	**37997536**
广　州	122	93160	75170	6853195	19773374
深　圳	18	12952	10537	319882	773484
珠　海	6	2889	2367	101700	1497016
佛　山	23	10371	9324	2595885	4920700
江　门	4	954	942	92482	829793
东　莞	44	29760	22834	2628258	8240876
中　山	3	2382	2035	55315	50578
惠　州	5	2670	2615	320000	1873063
肇　庆	1	684	667	3300	38652

2-20　续表 6

(生产资料市场)

地　　区	市场数量（个）	总摊位数（个）	年末出租摊位数（个）	营业面积（平方米）	成交额（万元）
三大地带	**231**	**108718**	**92919**	**16091802**	**169793323**
环 渤 海	**51**	**18199**	**14276**	**3380925**	**12621521**
北　　京	14	3827	3535	446958	971748
天　　津	11	5299	4655	463170	3400179
唐　　山	3	550	474	160066	416003
沈　　阳	7	5180	2637	505471	1602691
大　　连	4	588	538	114300	4994629
济　　南	5	1137	1013	213000	284085
青　　岛	7	1618	1424	1477960	952186
长 三 角	**160**	**78582**	**70543**	**10506425**	**150238919**
上　　海	26	6468	6225	1596395	70468904
南　　京	4	9359	9355	506266	664561
苏　　州	19	12315	11696	1034741	19173922
无　　锡	15	10488	8505	1609073	21271725
常　　州	14	9347	7846	1413196	6353852
镇　　江	1	258	121	15196	2033981
南　　通	6	1147	902	200793	269172
扬　　州	7	1853	1737	346555	411288
泰　　州	3	1480	1163	503727	594167
杭　　州	10	2537	2117	200294	2315833
宁　　波	26	11065	9616	1628467	21942181
嘉　　兴	7	3296	3013	426651	1027516
湖　　州	4	3731	3731	206257	1155052
绍　　兴	7	3046	2669	583998	1630002
舟　　山	1	1	1	3200	352855
台　　州	10	2191	1846	231616	573908
珠 三 角	**20**	**11937**	**8100**	**2204452**	**6932883**
广　　州	6	2034	1614	677686	1948156
深　　圳					
珠　　海					
佛　　山	6	1350	721	359436	452626
江　　门					
东　　莞	8	8553	5765	1167330	4532101
中　　山					
惠　　州					
肇　　庆					

2-20 续表 7

(农业生产用具市场)

地　区	市场数量(个)	总摊位数(个)	年末出租摊位数(个)	营业面积(平方米)	成交额(万元)
三大地带	**4**	**824**	**800**	**303715**	**162631**
环渤海	**2**	**316**	**292**	**136000**	**65753**
北　京					
天　津					
唐　山					
沈　阳					
大　连					
济　南					
青　岛	2	316	292	136000	65753
长三角	**1**	**328**	**328**	**52700**	**51085**
上　海					
南　京					
苏　州					
无　锡					
常　州	1	328	328	52700	51085
镇　江					
南　通					
扬　州					
泰　州					
杭　州					
宁　波					
嘉　兴					
湖　州					
绍　兴					
舟　山					
台　州					
珠三角	**1**	**180**	**180**	**115015**	**45793**
广　州					
深　圳					
珠　海					
佛　山	1	180	180	115015	45793
江　门					
东　莞					
中　山					
惠　州					
肇　庆					

2-20 续表 8

(农用生产资料市场)

地 区	市场数量 (个)	总摊位数 (个)	年末出租摊位数 (个)	营业面积 (平方米)	成交额 (万元)
三大地带	**2**	**186**	**87**	**50836**	**27454**
环 渤 海					
北 京					
天 津					
唐 山					
沈 阳					
大 连					
济 南					
青 岛					
长 三 角	**1**	**185**	**86**	**6880**	**14571**
上 海					
南 京					
苏 州					
无 锡					
常 州					
镇 江					
南 通					
扬 州					
泰 州					
杭 州					
宁 波	1	185	86	6880	14571
嘉 兴					
湖 州					
绍 兴					
舟 山					
台 州					
珠 三 角	**1**	**1**	**1**	**43956**	**12883**
广 州					
深 圳					
珠 海					
佛 山	1	1	1	43956	12883
江 门					
东 莞					
中 山					
惠 州					
肇 庆					

2-20 续表 9

(煤炭市场)

地　区	市场数量(个)	总摊位数(个)	年末出租摊位数(个)	营业面积(平方米)	成交额(万元)
三大地带	**3**	**2844**	**2782**	**406400**	**2372702**
环 渤 海	**2**	**2795**	**2733**	**1400**	**1754921**
北　京					
天　津	2	2795	2733	1400	1754921
唐　山					
沈　阳					
大　连					
济　南					
青　岛					
长 三 角	**1**	**49**	**49**	**405000**	**617781**
上　海					
南　京					
苏　州					
无　锡					
常　州					
镇　江					
南　通					
扬　州					
泰　州					
杭　州					
宁　波	1	49	49	405000	617781
嘉　兴					
湖　州					
绍　兴					
舟　山					
台　州					
珠 三 角					
广　州					
深　圳					
珠　海					
佛　山					
江　门					
东　莞					
中　山					
惠　州					
肇　庆					

2-20 续表 10

(木材市场)

地 区	市场数量 (个)	总摊位数 (个)	年末出租摊位数 (个)	营业面积 (平方米)	成交额 (万元)
三大地带	**22**	**12677**	**10699**	**1827745**	**3299961**
环渤海	**2**	**400**	**398**	**402760**	**116754**
北 京					
天 津					
唐 山					
沈 阳	1	200	200	2800	29300
大 连					
济 南					
青 岛	1	200	198	399960	87454
长三角	**18**	**9766**	**9561**	**1096475**	**2754207**
上 海	6	612	586	297396	595211
南 京					
苏 州	1	350	346	32000	35000
无 锡					
常 州	3	3942	3767	402300	728928
镇 江					
南 通					
扬 州	1	180	180	30000	150000
泰 州					
杭 州	2	287	287	54000	60341
宁 波					
嘉 兴					
湖 州	2	3684	3684	203322	1127831
绍 兴	1	70	70	11607	13956
舟 山					
台 州	2	641	641	65850	42940
珠三角	**2**	**2511**	**740**	**328510**	**429000**
广 州					
深 圳					
珠 海					
佛 山					
江 门					
东 莞	2	2511	740	328510	429000
中 山					
惠 州					
肇 庆					

2-20 续表 11

(建材市场)

地　区	市场数量(个)	总摊位数(个)	年末出租摊位数(个)	营业面积(平方米)	成交额(万元)
三大地带	**56**	**26406**	**24430**	**3643026**	**4853190**
环 渤 海	**14**	**5194**	**4572**	**568875**	**859969**
北　京	9	2751	2645	242704	432135
天　津	2	1318	983	215000	140952
唐　山					
沈　阳	1	273	92	39171	154232
大　连					
济　南	1	420	420	40000	96000
青　岛	1	432	432	32000	36650
长 三 角	**40**	**20270**	**19095**	**2903065**	**3745861**
上　海	7	1318	1221	753591	484555
南　京	3	8659	8655	206266	492901
苏　州	6	2336	2262	158227	314389
无　锡	1	1280	1090	477450	301800
常　州	4	1085	902	456056	793293
镇　江					
南　通	2	620	596	78033	129080
扬　州	4	1181	1094	223695	124033
泰　州	2	910	641	123727	81852
杭　州	1	83	83	25000	41167
宁　波	5	1859	1657	221246	900963
嘉　兴	2	461	438	149634	44828
湖　州					
绍　兴	1	378	356	25000	9000
舟　山					
台　州	2	100	100	5140	28000
珠 三 角	**2**	**942**	**763**	**171086**	**247360**
广　州	1	887	720	163786	177360
深　圳					
珠　海					
佛　山					
江　门					
东　莞	1	55	43	7300	70000
中　山					
惠　州					
肇　庆					

2-20 续表 12

(化工材料及制品市场)

地　区	市场数量(个)	总摊位数(个)	年末出租摊位数(个)	营业面积(平方米)	成交额(万元)
三大地带	**20**	**18363**	**16361**	**1661851**	**26036214**
环渤海	**2**	**432**	**322**	**13938**	**240963**
北　京					
天　津	1	334	224	9638	230923
唐　山					
沈　阳					
大　连	1	98	98	4300	10040
济　南					
青　岛					
长三角	**15**	**12803**	**11739**	**959893**	**21914306**
上　海	1	495	495	13000	1150000
南　京					
苏　州	3	5729	5519	78093	5763989
无　锡	2	901	847	43000	5078648
常　州	2	1466	1119	321000	1854870
镇　江					
南　通					
扬　州					
泰　州					
杭　州	1	90	90	2000	165178
宁　波	3	3155	3001	411800	7282081
嘉　兴					
湖　州					
绍　兴	2	633	348	36000	452500
舟　山					
台　州	1	334	320	55000	167040
珠三角	**3**	**5128**	**4300**	**688020**	**3880945**
广　州					
深　圳					
珠　海					
佛　山					
江　门					
东　莞	3	5128	4300	688020	3880945
中　山					
惠　州					
肇　庆					

2-20 续表 13

(金属材料市场)

地区	市场数量（个）	总摊位数（个）	年末出租摊位数（个）	营业面积（平方米）	成交额（万元）
三大地带	**95**	**39087**	**30557**	**7672867**	**112875397**
环渤海	**25**	**8084**	**5116**	**2173882**	**4485605**
北京	3	413	342	150184	346646
天津	6	852	715	237132	1273383
唐山	3	550	474	160066	416003
沈阳	5	4707	2345	463500	1419159
大连	1	175	145	80000	80000
济南	4	717	593	173000	188085
青岛	3	670	502	910000	762329
长三角	**60**	**28165**	**23658**	**4653820**	**106125890**
上海	7	2569	2474	396316	55960476
南京	1	700	700	300000	171660
苏州	7	2778	2547	722130	12943916
无锡	11	8207	6533	1081723	15882245
常州	3	1792	996	178140	2849908
镇江	1	258	121	15196	2033981
南通	2	128	85	73000	47992
扬州	2	492	463	92860	137255
泰州	1	570	522	380000	512315
杭州	4	1365	1212	93871	1860949
宁波	13	5180	4430	556441	11533133
嘉兴	3	1413	1263	197983	785533
湖州					
绍兴	2	1783	1713	491000	1133986
舟山					
台州	3	930	599	75160	272541
珠三角	**10**	**2838**	**1783**	**845165**	**2263902**
广州	4	810	561	501200	1717796
深圳					
珠海					
佛山	4	1169	540	200465	393950
江门					
东莞	2	859	682	143500	152156
中山					
惠州					
肇庆					

2-20　续表 14

(机械设备市场)

地　区	市场数量（个）	总摊位数（个）	年末出租摊位数（个）	营业面积（平方米）	成交额（万元）
三大地带	**14**	**3284**	**2636**	**208531**	**984116**
环渤海	**1**	**377**	**262**	**33000**	**80000**
北　京	1	377	262	33000	80000
天　津					
唐　山					
沈　阳					
大　连					
济　南					
青　岛					
长三角	**12**	**2570**	**2041**	**162831**	**851116**
上　海	1	187	162	4500	85316
南　京					
苏　州	1	122	122	26291	11200
无　锡	1	100	35	6900	9032
常　州	1	734	734	3000	75768
镇　江					
南　通	1	300	128	39960	28600
扬　州					
泰　州					
杭　州	2	712	445	25423	188198
宁　波					
嘉　兴					
湖　州	1	46	46	2700	16200
绍　兴	1	182	182	20391	20560
舟　山	1	1	1	3200	352855
台　州	2	186	186	30466	63387
珠三角	**1**	**337**	**333**	**12700**	**53000**
广　州	1	337	333	12700	53000
深　圳					
珠　海					
佛　山					
江　门					
东　莞					
中　山					
惠　州					
肇　庆					

2-20 续表 15

(其他生产资料市场)

地　区	市场数量(个)	总摊位数(个)	年末出租摊位数(个)	营业面积(平方米)	成交额(万元)
三大地带	**15**	**5047**	**4567**	**316831**	**19181658**
环 渤 海	**3**	**601**	**581**	**51070**	**5017556**
北　京	1	286	286	21070	112967
天　津					
唐　山					
沈　阳					
大　连	2	315	295	30000	4904589
济　南					
青　岛					
长 三 角	**12**	**4446**	**3986**	**265761**	**14164102**
上　海	4	1287	1287	131592	12193346
南　京					
苏　州	1	1000	900	18000	105428
无　锡					
常　州					
镇　江					
南　通	1	99	93	9800	63500
扬　州					
泰　州					
杭　州					
宁　波	3	637	393	27100	1593652
嘉　兴	2	1422	1312	79034	197155
湖　州	1	1	1	235	11021
绍　兴					
舟　山					
台　州					
珠 三 角					
广　州					
深　圳					
珠　海					
佛　山					
江　门					
东　莞					
中　山					
惠　州					
肇　庆					

2-20 续表 16

(农产品市场)

地区	市场数量（个）	总摊位数（个）	年末出租摊位数（个）	营业面积（平方米）	成交额（万元）
三大地带	**339**	**171438**	**141700**	**10946867**	**65359422**
环渤海	**72**	**59756**	**44518**	**4181007**	**15433130**
北京	17	19601	9570	951965	3809194
天津	12	11175	9216	974928	3095332
唐山	3	3388	837	174386	327925
沈阳	8	4047	3957	394000	2488687
大连	4	1462	1462	94700	637627
济南	8	6935	6917	270500	1493974
青岛	20	13148	12559	1320528	3580391
长三角	**212**	**90465**	**78662**	**5114673**	**39855245**
上海	27	10708	8762	662867	4015550
南京	8	3294	2650	437939	2221451
苏州	15	4754	4130	307641	2750554
无锡	9	3911	3625	225346	2016924
常州	2	3389	2655	439984	2511577
镇江	1	388	252	40000	513200
南通	29	13381	11965	272549	2941256
扬州	15	5494	5049	244144	3435648
泰州	4	565	563	286800	757460
杭州	30	17379	15339	707106	6884935
宁波	18	9344	8457	368366	2494374
嘉兴	10	3750	3367	486872	3745893
湖州	4	1302	1267	61400	741870
绍兴	10	4068	3730	204485	1426624
舟山	3	1924	1890	111700	1169782
台州	27	6814	4961	257474	2228147
珠三角	**55**	**21217**	**18520**	**1651187**	**10071047**
广州	19	6345	5552	526101	4664582
深圳	7	2992	2579	70433	421810
珠海	5	2361	1957	94300	1477861
佛山	4	2067	1979	205629	646269
江门	4	954	942	92482	829793
东莞	13	5233	4376	638927	1983436
中山	2	1082	952	15315	34296
惠州	1	183	183	8000	13000
肇庆					

2-20 续表 17

(粮油市场)

地　区	市场数量(个)	总摊位数(个)	年末出租摊位数(个)	营业面积(平方米)	成交额(万元)
三大地带	**47**	**12520**	**10129**	**1376550**	**7314977**
环 渤 海	**8**	**2566**	**2547**	**393953**	**1218264**
北　京	1	289	289	30000	36100
天　津	3	1611	1611	174410	677294
唐　山					
沈　阳	1	288	288	37000	285823
大　连					
济　南					
青　岛	3	378	359	152543	219047
长 三 角	**32**	**8150**	**5885**	**721117**	**5268315**
上　海	8	895	895	32385	143643
南　京	2	136	136	83000	232411
苏　州	3	623	476	8600	1670952
无　锡	2	842	625	121000	311320
常　州	1	991	284	14000	24577
镇　江					
南　通					
扬　州	1	468	468	6500	286383
泰　州	1	79	79	170000	511300
杭　州	3	2867	2001	133000	1373730
宁　波	2	286	250	24500	202125
嘉　兴	2	449	231	70200	144805
湖　州					
绍　兴	3	359	359	37112	229344
舟　山					
台　州	4	155	81	20820	137725
珠 三 角	**7**	**1804**	**1697**	**261480**	**828398**
广　州	3	865	770	40953	221792
深　圳					
珠　海					
佛　山					
江　门					
东　莞	4	939	927	220527	606606
中　山					
惠　州					
肇　庆					

2-20　续表 18

(肉禽蛋市场)

地　区	市场数量(个)	总摊位数(个)	年末出租摊位数(个)	营业面积(平方米)	成交额(万元)
三大地带	**47**	**13915**	**12199**	**746300**	**7892268**
环渤海	**3**	**409**	**409**	**16086**	**67873**
北　京	1	103	103	1100	23085
天　津					
唐　山	1	268	268	10986	15388
沈　阳	1	38	38	4000	29400
大　连					
济　南					
青　岛					
长三角	**33**	**10509**	**9124**	**372076**	**5921812**
上　海	4	596	594	16160	867322
南　京	2	565	527	21700	1067500
苏　州	4	1343	988	104360	410682
无　锡	1	1236	1236	37080	1272772
常　州					
镇　江					
南　通	12	4265	3292	103349	478963
扬　州	2	141	140	12500	419110
泰　州	1	283	282	4300	24110
杭　州	4	1200	1186	53277	1060020
宁　波	1	760	760	17900	285462
嘉　兴					
湖　州	1	110	109	800	10271
绍　兴					
舟　山					
台　州	1	10	10	650	25600
珠三角	**11**	**2997**	**2666**	**358138**	**1902583**
广　州	4	833	694	81119	648096
深　圳	1	440	310	7000	78623
珠　海					
佛　山	2	1160	1113	148737	515254
江　门	2	413	401	46482	515858
东　莞	2	151	148	74800	144752
中　山					
惠　州					
肇　庆					

2-20 续表 19

(水产品市场)

地　区	市场数量(个)	总摊位数(个)	年末出租摊位数(个)	营业面积(平方米)	成交额(万元)
三大地带	**74**	**35477**	**31803**	**1879508**	**14261258**
环渤海	**18**	**10237**	**9994**	**393902**	**4574868**
北　京	3	2343	2246	75830	1207728
天　津	1	200	200	8000	360000
唐　山	1	100	67	5400	11170
沈　阳	4	2901	2811	109000	1356224
大　连	2	1034	1034	63200	585906
济　南	2	1600	1600	46000	769000
青　岛	5	2059	2036	86472	284840
长三角	**46**	**22619**	**19619**	**1330741**	**8621081**
上　海	3	2060	1839	189000	1137219
南　京	2	2366	1786	285239	827675
苏　州	5	1426	1383	108881	528038
无　锡	2	237	202	31666	143354
常　州					
镇　江					
南　通	2	1130	1117	40000	329343
扬　州	5	1021	644	108444	260309
泰　州	2	203	202	112500	222050
杭　州	2	2170	1792	89135	1107886
宁　波	9	6241	5472	151733	1080389
嘉　兴	1	180	124	20825	52763
湖　州					
绍　兴	1	160	160	7200	192261
舟　山	2	1900	1866	110200	1155968
台　州	10	3525	3032	75918	1583826
珠三角	**10**	**2621**	**2190**	**154865**	**1065309**
广　州	5	948	700	41865	749724
深　圳	2	734	672	33000	189800
珠　海	1	121		25000	
佛　山	1	500	500	50000	91850
江　门	1	318	318	5000	33935
东　莞					
中　山					
惠　州					
肇　庆					

2-20 续表 20

(蔬菜市场)

地　区	市场数量(个)	总摊位数(个)	年末出租摊位数(个)	营业面积(平方米)	成交额(万元)
三大地带	**61**	**47389**	**33707**	**2969671**	**10321886**
环渤海	**26**	**31962**	**20118**	**2003014**	**4956879**
北　京	8	10924	3560	517800	2265796
天　津	6	7670	5885	493292	619218
唐　山	1	3020	502	158000	301367
沈　阳	1	320	320	94000	166240
大　连					
济　南	4	2496	2488	111500	603179
青　岛	6	7532	7363	628422	1001079
长三角	**28**	**11841**	**10421**	**684978**	**4528635**
上　海	3	940	940	80082	826564
南　京	2	227	201	48000	93865
苏　州	2	1252	1183	84800	120882
无　锡	1	526	524	7400	166893
常　州					
镇　江					
南　通	1	350	349	15000	20976
扬　州	2	1400	1396	68300	1288325
泰　州					
杭　州	4	3484	3438	51000	508678
宁　波	3	868	868	104933	489686
嘉　兴	3	838	820	114146	729453
湖　州					
绍　兴					
舟　山	1	24	24	1500	13814
台　州	6	1932	678	109817	269499
珠三角	**7**	**3586**	**3168**	**281679**	**836372**
广　州	4	2508	2207	121879	289022
深　圳					
珠　海					
佛　山					
江　门					
东　莞	3	1078	961	159800	547350
中　山					
惠　州					
肇　庆					

2-20 续表 21

(干鲜果品市场)

地 区	市场数量(个)	总摊位数(个)	年末出租摊位数(个)	营业面积(平方米)	成交额(万元)
三大地带	**36**	**16912**	**13469**	**1964827**	**11984511**
环渤海	**7**	**6602**	**4267**	**793300**	**2183725**
北 京	1	2500	380	235000	117405
天 津					
唐 山					
沈 阳	1	500	500	150000	651000
大 连	1	302	302	27000	36289
济 南	1	2200	2200	110000	87245
青 岛	3	1100	885	271300	1291786
长三角	**22**	**6971**	**6412**	**670242**	**5154101**
上 海	3	857	750	162250	92507
南 京					
苏 州	1	110	100	1000	20000
无 锡					
常 州					
镇 江	1	388	252	40000	513200
南 通					
扬 州	2	328	326	15300	1008890
泰 州					
杭 州	5	1748	1528	121989	1022356
宁 波	1	500	500	53000	227912
嘉 兴	2	1757	1712	205001	1999172
湖 州					
绍 兴	1	91	84	21433	58567
舟 山					
台 州	6	1192	1160	50269	211497
珠三角	**7**	**3339**	**2790**	**501285**	**4646685**
广 州	3	1191	1181	240285	2755948
深 圳					
珠 海	1	612	483	50000	964950
佛 山					
江 门	1	223	223	41000	280000
东 莞	1	1130	720	162000	632787
中 山					
惠 州	1	183	183	8000	13000
肇 庆					

2-20 续表 22

(棉麻土畜、烟叶市场)

地 区	市场数量 (个)	总摊位数 (个)	年末出租摊位数 (个)	营业面积 (平方米)	成交额 (万元)
三大地带	**4**	**3185**	**3112**	**512684**	**3499548**
环渤海					
北 京					
天 津					
唐 山					
沈 阳					
大 连					
济 南					
青 岛					
长三角	**4**	**3185**	**3112**	**512684**	**3499548**
上 海					
南 京					
苏 州					
无 锡					
常 州	1	2398	2371	425984	2487000
镇 江					
南 通					
扬 州					
泰 州					
杭 州					
宁 波	1	261	261	10000	192848
嘉 兴	2	526	480	76700	819700
湖 州					
绍 兴					
舟 山					
台 州					
珠三角					
广 州					
深 圳					
珠 海					
佛 山					
江 门					
东 莞					
中 山					
惠 州					
肇 庆					

2-20 续表 23

(其他农产品市场)

地　区	市场数量 (个)	总摊位数 (个)	年末出租摊位数 (个)	营业面积 (平方米)	成交额 (万元)
三大地带	**70**	**42040**	**37281**	**1497327**	**10084974**
环 渤 海	**10**	**7980**	**7183**	**580752**	**2431521**
北　京	3	3442	2992	92235	159080
天　津	2	1694	1520	299226	1438820
唐　山					
沈　阳					
大　连	1	126	126	4500	15432
济　南	1	639	629	3000	34550
青　岛	3	2079	1916	181791	783639
长 三 角	**47**	**27190**	**24089**	**822835**	**6861753**
上　海	6	5360	3744	182990	948295
南　京					
苏　州					
无　锡	3	1070	1038	28200	122585
常　州					
镇　江					
南　通	14	7636	7207	114200	2111974
扬　州	3	2136	2075	33100	172631
泰　州					
杭　州	12	5910	5394	258705	1812265
宁　波	1	428	346	6300	15952
嘉　兴					
湖　州	3	1192	1158	60600	731599
绍　兴	5	3458	3127	138740	946452
舟　山					
台　州					
珠 三 角	**13**	**6870**	**6009**	**93740**	**791700**
广　州					
深　圳	4	1818	1597	30433	153387
珠　海	3	1628	1474	19300	512911
佛　山	1	407	366	6892	39165
江　门					
东　莞	3	1935	1620	21800	51941
中　山	2	1082	952	15315	34296
惠　州					
肇　庆					

2-20 续表 24

(食品、饮料及烟酒市场)

地区	市场数量(个)	总摊位数(个)	年末出租摊位数(个)	营业面积(平方米)	成交额(万元)
三大地带	**41**	**21088**	**18279**	**1557158**	**4812661**
环渤海	**7**	**5687**	**4651**	**419428**	**1296077**
北京	1	150	150	4500	39600
天津	2	2399	2270	272800	581311
唐山					
沈阳	1	1978	1149	30128	223962
大连					
济南	2	800	800	96000	192900
青岛	1	360	282	16000	258304
长三角	**26**	**11664**	**10174**	**970597**	**3335486**
上海	3	1385	1119	83000	448005
南京					
苏州	1	750	408	110000	502386
无锡	1	142	125	13580	65000
常州	3	1060	986	73582	223309
镇江	1	200	188	3200	31899
南通	8	3160	2690	154359	223357
扬州					
泰州					
杭州	3	740	740	55500	366180
宁波	3	2196	2184	190000	963651
嘉兴	1	550	385	36570	60179
湖州					
绍兴	1	1387	1255	246558	409100
舟山					
台州	1	94	94	4248	42420
珠三角	**8**	**3737**	**3454**	**167133**	**181098**
广州	3	804	762	80000	90755
深圳	1	1468	1436	36895	26171
珠海	1	528	410	7400	19155
佛山	1	457	378	15078	12914
江门					
东莞	2	480	468	27760	32103
中山					
惠州					
肇庆					

2-20 续表 25

(食品饮料市场)

地 区	市场数量(个)	总摊位数(个)	年末出租摊位数(个)	营业面积(平方米)	成交额(万元)
三大地带	**10**	**6243**	**5158**	**297980**	**1145551**
环渤海	**1**	**1978**	**1149**	**30128**	**223962**
北 京					
天 津					
唐 山					
沈 阳	1	1978	1149	30128	223962
大 连					
济 南					
青 岛					
长三角	**5**	**1675**	**1572**	**154679**	**857950**
上 海					
南 京					
苏 州					
无 锡					
常 州	2	640	613	44987	194687
镇 江					
南 通	1	150	74	50692	37241
扬 州					
泰 州					
杭 州	1	220	220	19000	207000
宁 波	1	665	665	40000	419022
嘉 兴					
湖 州					
绍 兴					
舟 山					
台 州					
珠三角	**4**	**2590**	**2437**	**113173**	**63639**
广 州	1	350	308	50000	12451
深 圳	1	1468	1436	36895	26171
珠 海					
佛 山	1	457	378	15078	12914
江 门					
东 莞	1	315	315	11200	12103
中 山					
惠 州					
肇 庆					

2-20　续表 26

(茶叶市场)

地　区	市场数量(个)	总摊位数(个)	年末出租摊位数(个)	营业面积(平方米)	成交额(万元)
三大地带	**11**	**4147**	**4001**	**468118**	**965089**
环渤海	**3**	**950**	**950**	**100500**	**232500**
北　京	1	150	150	4500	39600
天　津					
唐　山					
沈　阳					
大　连					
济　南	2	800	800	96000	192900
青　岛					
长三角	**5**	**2578**	**2444**	**321058**	**634285**
上　海	2	671	669	38000	66005
南　京					
苏　州					
无　锡					
常　州					
镇　江					
南　通					
扬　州					
泰　州					
杭　州	2	520	520	36500	159180
宁　波					
嘉　兴					
湖　州					
绍　兴	1	1387	1255	246558	409100
舟　山					
台　州					
珠三角	**3**	**619**	**607**	**46560**	**98304**
广　州	2	454	454	30000	78304
深　圳					
珠　海					
佛　山					
江　门					
东　莞	1	165	153	16560	20000
中　山					
惠　州					
肇　庆					

2-20　续表 27

(烟酒市场)

地　区	市场数量(个)	总摊位数(个)	年末出租摊位数(个)	营业面积(平方米)	成交额(万元)
三大地带	**3**	**960**	**858**	**139200**	**709322**
环 渤 海	**1**	**360**	**282**	**16000**	**258304**
北　京					
天　津					
唐　山					
沈　阳					
大　连					
济　南					
青　岛	1	360	282	16000	258304
长 三 角	**2**	**600**	**576**	**123200**	**451018**
上　海					
南　京					
苏　州					
无　锡					
常　州					
镇　江	1	200	188	3200	31899
南　通					
扬　州					
泰　州					
杭　州					
宁　波	1	400	388	120000	419119
嘉　兴					
湖　州					
绍　兴					
舟　山					
台　州					
珠 三 角					
广　州					
深　圳					
珠　海					
佛　山					
江　门					
东　莞					
中　山					
惠　州					
肇　庆					

2-20 续表 28

(其他食品饮料及烟酒市场)

地区	市场数量(个)	总摊位数(个)	年末出租摊位数(个)	营业面积(平方米)	成交额(万元)
三大地带	**17**	**9738**	**8262**	**651860**	**1992699**
环渤海	**2**	**2399**	**2270**	**272800**	**581311**
北京					
天津	2	2399	2270	272800	581311
唐山					
沈阳					
大连					
济南					
青岛					
长三角	**14**	**6811**	**5582**	**371660**	**1392233**
上海	1	714	450	45000	382000
南京					
苏州	1	750	408	110000	502386
无锡	1	142	125	13580	65000
常州	1	420	373	28595	28622
镇江					
南通	7	3010	2616	103667	186116
扬州					
泰州					
杭州					
宁波	1	1131	1131	30000	125510
嘉兴	1	550	385	36570	60179
湖州					
绍兴					
舟山					
台州	1	94	94	4248	42420
珠三角	**1**	**528**	**410**	**7400**	**19155**
广州					
深圳					
珠海	1	528	410	7400	19155
佛山					
江门					
东莞					
中山					
惠州					
肇庆					

2-20 续表 29

(纺织、服装、鞋帽市场)

地　区	市场数量(个)	总摊位数(个)	年末出租摊位数(个)	营业面积(平方米)	成交额(万元)
三大地带	**201**	**325157**	**295546**	**15389615**	**102859165**
环渤海	**44**	**71468**	**65462**	**1880886**	**10930538**
北　京	17	22494	20639	648915	2445622
天　津	2	1261	1261	58000	120551
唐　山	4	2808	2779	48828	837995
沈　阳	9	26763	23061	490468	4324348
大　连	4	4686	4599	66234	368880
济　南	3	3924	3700	247941	407770
青　岛	5	9532	9423	320500	2425372
长三角	**99**	**179389**	**171261**	**9350908**	**80591886**
上　海	10	7644	7167	145384	608513
南　京	2	3940	3800	82000	338226
苏　州	3	36227	33703	1943300	28271831
无　锡	2	2900	2141	157996	476844
常　州	3	5614	5505	113360	322248
镇　江	4	2025	1699	201226	278084
南　通	5	12967	12933	620650	11925340
扬　州	4	4261	3987	276036	479080
泰　州	2	1554	1443	41104	87150
杭　州	23	24045	23075	594857	5069586
宁　波	5	4316	4187	221086	756498
嘉　兴	15	31869	30507	1919337	8698474
湖　州	2	3449	3447	336600	2112570
绍　兴	9	30917	30457	2229220	20008882
舟　山					
台　州	10	7661	7210	468752	1158560
珠三角	**58**	**74300**	**58823**	**4157821**	**11336741**
广　州	42	55262	42656	3240311	8395652
深　圳					
珠　海					
佛　山	1	3706	3706	404000	1820924
江　门					
东　莞	12	11634	9033	411510	673368
中　山	1	1300	1083	40000	16282
惠　州	2	2398	2345	62000	430515
肇　庆					

2-20　续表 30

(布料及纺织品市场)

地　区	市场数量 (个)	总摊位数 (个)	年末出租摊位数 (个)	营业面积 (平方米)	成交额 (万元)
三大地带	**39**	**97621**	**85954**	**7666419**	**59487174**
环渤海	**4**	**2357**	**1964**	**118528**	**389250**
北　京	3	1999	1606	98528	123900
天　津					
唐　山					
沈　阳					
大　连					
济　南					
青　岛	1	358	358	20000	265350
长三角	**24**	**64163**	**62769**	**4580731**	**52200513**
上　海	1	27	15	5000	43912
南　京					
苏　州	2	8511	8395	943300	14484149
无　锡	1	1300	990	100000	150000
常　州					
镇　江					
南　通	2	11074	11045	560000	11877316
扬　州	2	1600	1416	193320	194715
泰　州					
杭　州	5	4572	4412	207290	2626744
宁　波	1	1680	1680	35700	296000
嘉　兴	3	6180	6034	335901	2563600
湖　州	1	169	167	18000	138199
绍　兴	6	29050	28615	2182220	19825878
舟　山					
台　州					
珠三角	**11**	**31101**	**21221**	**2967160**	**6897411**
广　州	3	22807	13829	2363000	4685211
深　圳					
珠　海					
佛　山	1	3706	3706	404000	1820924
江　门					
东　莞	7	4588	3686	200160	391276
中　山					
惠　州					
肇　庆					

2-20 续表 31

(服装市场)

地　区	市场数量（个）	总摊位数（个）	年末出租摊位数（个）	营业面积（平方米）	成交额（万元）
三大地带	**117**	**170892**	**157297**	**5881709**	**33488506**
环渤海	**25**	**43330**	**40991**	**1145935**	**5376960**
北　京	11	18244	17107	484567	2166869
天　津	1	909	909	19000	65201
唐　山	1	1345	1345	11200	208000
沈　阳	6	8529	7613	126968	335564
大　连	3	3375	3288	46200	343375
济　南	1	2924	2819	190000	193920
青　岛	2	8004	7910	268000	2064031
长三角	**52**	**90783**	**84517**	**3776294**	**24496821**
上　海	7	4968	4503	123224	515172
南　京	1	1878	1738	7000	84288
苏　州	1	27716	25308	1000000	13787682
无　锡	1	1600	1151	57996	326844
常　州					
镇　江	3	1510	1301	71226	110084
南　通	1	317	313	15000	15351
扬　州					
泰　州	1	319	209	8892	11660
杭　州	17	18612	17839	373567	2425292
宁　波	3	2281	2182	181586	432733
嘉　兴	11	25540	24393	1502815	5811874
湖　州					
绍　兴	2	867	851	14500	30842
舟　山					
台　州	4	5175	4729	420488	944999
珠三角	**40**	**36779**	**31789**	**959480**	**3614725**
广　州	33	26835	23766	658130	2904436
深　圳					
珠　海					
佛　山					
江　门					
东　莞	4	6246	4595	199350	263492
中　山	1	1300	1083	40000	16282
惠　州	2	2398	2345	62000	430515
肇　庆					

2-20　续表 32

(鞋帽市场)

地　区	市场数量（个）	总摊位数（个）	年末出租摊位数（个）	营业面积（平方米）	成交额（万元）
三大地带	**19**	**14886**	**13050**	**608762**	**2507941**
环 渤 海	**8**	**5597**	**4540**	**155466**	**784727**
北　京	1	650	580	23000	50000
天　津	1	352	352	39000	55350
唐　山	1	535	532	8025	335110
沈　阳	2	2750	1900	16500	57682
大　连					
济　南	2	1000	881	57941	213850
青　岛	1	310	295	11000	72735
长 三 角	**5**	**3669**	**3449**	**234115**	**917209**
上　海					
南　京					
苏　州					
无　锡					
常　州					
镇　江	1	515	398	130000	168000
南　通					
扬　州	1	2055	2021	12500	266109
泰　州					
杭　州					
宁　波					
嘉　兴	1	149	80	80621	323000
湖　州					
绍　兴					
舟　山					
台　州	2	950	950	10994	160100
珠 三 角	**6**	**5620**	**5061**	**219181**	**806005**
广　州	6	5620	5061	219181	806005
深　圳					
珠　海					
佛　山					
江　门					
东　莞					
中　山					
惠　州					
肇　庆					

2-20 续表 33

(其他纺织服装鞋帽市场)

地　区	市场数量(个)	总摊位数(个)	年末出租摊位数(个)	营业面积(平方米)	成交额(万元)
三大地带	**26**	**41758**	**39245**	**1232725**	**7375544**
环 渤 海	**7**	**20184**	**17967**	**460957**	**4379601**
北　京	2	1601	1346	42820	104853
天　津					
唐　山	2	928	902	29603	294885
沈　阳	1	15484	13548	347000	3931102
大　连	1	1311	1311	20034	25505
济　南					
青　岛	1	860	860	21500	23256
长 三 角	**18**	**20774**	**20526**	**759768**	**2977343**
上　海	2	2649	2649	17160	49429
南　京	1	2062	2062	75000	253938
苏　州					
无　锡					
常　州	3	5614	5505	113360	322248
镇　江					
南　通	2	1576	1575	45650	32673
扬　州	1	606	550	70216	18256
泰　州	1	1235	1234	32212	75490
杭　州	1	861	824	14000	17550
宁　波	1	355	325	3800	27765
嘉　兴					
湖　州	1	3280	3280	318600	1974371
绍　兴	1	1000	991	32500	152162
舟　山					
台　州	4	1536	1531	37270	53461
珠 三 角	**1**	**800**	**752**	**12000**	**18600**
广　州					
深　圳					
珠　海					
佛　山					
江　门					
东　莞	1	800	752	12000	18600
中　山					
惠　州					
肇　庆					

2-20 续表 34

(日用品及文化用品市场)

地 区	市场数量(个)	总摊位数(个)	年末出租摊位数(个)	营业面积(平方米)	成交额(万元)
三大地带	**37**	**29098**	**25627**	**1236835**	**5540283**
环 渤 海	**6**	**5460**	**5262**	**113325**	**495968**
北 京	4	3760	3617	56325	464163
天 津					
唐 山					
沈 阳	1	1495	1495	45000	16754
大 连					
济 南					
青 岛	1	205	150	12000	15051
长 三 角	**11**	**7846**	**7173**	**242148**	**3189181**
上 海	1	70	70	5000	2030000
南 京					
苏 州	1	2350	2321	59200	670000
无 锡					
常 州	3	2519	2518	27448	335485
镇 江					
南 通	1	278	247	50000	10875
扬 州					
泰 州					
杭 州	2	208	187	14500	28217
宁 波					
嘉 兴					
湖 州					
绍 兴					
舟 山					
台 州	3	2421	1830	86000	114604
珠 三 角	**20**	**15792**	**13192**	**881362**	**1855134**
广 州	19	15585	13047	879420	1846034
深 圳	1	207	145	1942	9100
珠 海					
佛 山					
江 门					
东 莞					
中 山					
惠 州					
肇 庆					

2-20 续表 35

(小商品市场)

地　区	市场数量(个)	总摊位数(个)	年末出租摊位数(个)	营业面积(平方米)	成交额(万元)
三大地带	**19**	**15155**	**14368**	**395448**	**1665919**
环 渤 海	**2**	**2774**	**2752**	**33000**	**233663**
北　京	2	2774	2752	33000	233663
天　津					
唐　山					
沈　阳					
大　连					
济　南					
青　岛					
长 三 角	**4**	**4703**	**4643**	**128648**	**1001591**
上　海					
南　京					
苏　州	1	2350	2321	59200	670000
无　锡					
常　州	2	2075	2075	19448	320716
镇　江					
南　通	1	278	247	50000	10875
扬　州					
泰　州					
杭　州					
宁　波					
嘉　兴					
湖　州					
绍　兴					
舟　山					
台　州					
珠 三 角	**13**	**7678**	**6973**	**233800**	**430665**
广　州	13	7678	6973	233800	430665
深　圳					
珠　海					
佛　山					
江　门					
东　莞					
中　山					
惠　州					
肇　庆					

2-20 续表 36

(箱包市场)

地区	市场数量(个)	总摊位数(个)	年末出租摊位数(个)	营业面积(平方米)	成交额(万元)
三大地带	**1**	**4230**	**3050**	**500000**	**1070000**
环渤海					
北京					
天津					
唐山					
沈阳					
大连					
济南					
青岛					
长三角					
上海					
南京					
苏州					
无锡					
常州					
镇江					
南通					
扬州					
泰州					
杭州					
宁波					
嘉兴					
湖州					
绍兴					
舟山					
台州					
珠三角	**1**	**4230**	**3050**	**500000**	**1070000**
广州	1	4230	3050	500000	1070000
深圳					
珠海					
佛山					
江门					
东莞					
中山					
惠州					
肇庆					

2-20 续表 37

(文具市场)

地　区	市场数量(个)	总摊位数(个)	年末出租摊位数(个)	营业面积(平方米)	成交额(万元)
三大地带	**2**	**893**	**872**	**24204**	**221884**
环渤海	**1**	**786**	**765**	**19758**	**150500**
北　京	1	786	765	19758	150500
天　津					
唐　山					
沈　阳					
大　连					
济　南					
青　岛					
长三角					
上　海					
南　京					
苏　州					
无　锡					
常　州					
镇　江					
南　通					
扬　州					
泰　州					
杭　州					
宁　波					
嘉　兴					
湖　州					
绍　兴					
舟　山					
台　州					
珠三角	**1**	**107**	**107**	**4446**	**71384**
广　州	1	107	107	4446	71384
深　圳					
珠　海					
佛　山					
江　门					
东　莞					
中　山					
惠　州					
肇　庆					

2-20 续表 38

(图书、报刊杂志市场)

地　区	市场数量(个)	总摊位数(个)	年末出租摊位数(个)	营业面积(平方米)	成交额(万元)
三大地带	**4**	**593**	**407**	**38556**	**133183**
环渤海	**2**	**405**	**250**	**15567**	**95051**
北　京	1	200	100	3567	80000
天　津					
唐　山					
沈　阳					
大　连					
济　南					
青　岛	1	205	150	12000	15051
长三角	**1**	**91**	**70**	**10000**	**17800**
上　海					
南　京					
苏　州					
无　锡					
常　州					
镇　江					
南　通					
扬　州					
泰　州					
杭　州	1	91	70	10000	17800
宁　波					
嘉　兴					
湖　州					
绍　兴					
舟　山					
台　州					
珠三角	**1**	**97**	**87**	**12989**	**20332**
广　州	1	97	87	12989	20332
深　圳					
珠　海					
佛　山					
江　门					
东　莞					
中　山					
惠　州					
肇　庆					

2-20 续表 39

(体育用品市场)

地 区	市场数量(个)	总摊位数(个)	年末出租摊位数(个)	营业面积(平方米)	成交额(万元)
三大地带	**1**	**324**	**230**	**12800**	**17500**
环渤海					
北 京					
天 津					
唐 山					
沈 阳					
大 连					
济 南					
青 岛					
长三角					
上 海					
南 京					
苏 州					
无 锡					
常 州					
镇 江					
南 通					
扬 州					
泰 州					
杭 州					
宁 波					
嘉 兴					
湖 州					
绍 兴					
舟 山					
台 州					
珠三角	**1**	**324**	**230**	**12800**	**17500**
广 州	1	324	230	12800	17500
深 圳					
珠 海					
佛 山					
江 门					
东 莞					
中 山					
惠 州					
肇 庆					

2-20 续表 40

(其他日用品及文化用品市场)

地 区	市场数量（个）	总摊位数（个）	年末出租摊位数（个）	营业面积（平方米）	成交额（万元）
三大地带	**10**	**7903**	**6700**	**265827**	**2431797**
环 渤 海	**1**	**1495**	**1495**	**45000**	**16754**
北 京					
天 津					
唐 山					
沈 阳	1	1495	1495	45000	16754
大 连					
济 南					
青 岛					
长 三 角	**6**	**3052**	**2460**	**103500**	**2169790**
上 海	1	70	70	5000	2030000
南 京					
苏 州					
无 锡					
常 州	1	444	443	8000	14769
镇 江					
南 通					
扬 州					
泰 州					
杭 州	1	117	117	4500	10417
宁 波					
嘉 兴					
湖 州					
绍 兴					
舟 山					
台 州	3	2421	1830	86000	114604
珠 三 角	**3**	**3356**	**2745**	**117327**	**245253**
广 州	2	3149	2600	115385	236153
深 圳	1	207	145	1942	9100
珠 海					
佛 山					
江 门					
东 莞					
中 山					
惠 州					
肇 庆					

2-20 续表 41

(黄金、珠宝、玉器等首饰市场)

地区	市场数量(个)	总摊位数(个)	年末出租摊位数(个)	营业面积(平方米)	成交额(万元)
三大地带	**9**	**7532**	**5413**	**427681**	**2686833**
环渤海	**4**	**2708**	**2157**	**277408**	**356096**
北京	2	830	569	18829	163290
天津					
唐山					
沈阳					
大连					
济南					
青岛	2	1878	1588	258579	192806
长三角	**3**	**2940**	**1734**	**136973**	**2234061**
上海					
南京					
苏州	1	200	189	10000	145200
无锡					
常州					
镇江					
南通					
扬州					
泰州					
杭州	1	360	360	20000	1030000
宁波					
嘉兴					
湖州					
绍兴	1	2380	1185	106973	1058861
舟山					
台州					
珠三角	**2**	**1884**	**1522**	**13300**	**96676**
广州	1	1200	855	10000	58024
深圳					
珠海					
佛山					
江门					
东莞					
中山					
惠州					
肇庆	1	684	667	3300	38652

2-20 续表 42

（电器、通讯器材、电子设备市场）

地区	市场数量（个）	总摊位数（个）	年末出租摊位数（个）	营业面积（平方米）	成交额（万元）
三大地带	**49**	**26168**	**21270**	**681562**	**1886233**
环渤海	**9**	**4736**	**4188**	**138464**	**530043**
北京	6	3282	3167	69464	402081
天津					
唐山					
沈阳	1	728	500	24000	16647
大连					
济南					
青岛	2	726	521	45000	111315
长三角	**25**	**10748**	**8566**	**351025**	**984716**
上海	4	781	477	34512	81444
南京	1	220	218	4007	48650
苏州	1	1604	1604	44232	50149
无锡	2	499	398	14300	53053
常州	1	426	305	10000	38840
镇江					
南通					
扬州	1	320	210	9000	79800
泰州	1	400	385	11000	54200
杭州	8	2281	2085	108094	241627
宁波	2	670	670	32000	59364
嘉兴	1	73	54	3000	11145
湖州					
绍兴	1	185	150	5680	26636
舟山					
台州	2	3289	2010	75200	239808
珠三角	**15**	**10684**	**8516**	**192073**	**371474**
广州	8	2451	2191	84273	216291
深圳	6	8003	6095	101612	139503
珠海					
佛山	1	230	230	6188	15680
江门					
东莞					
中山					
惠州					
肇庆					

2-20 续表 43

(家电市场)

地 区	市场数量(个)	总摊位数(个)	年末出租摊位数(个)	营业面积(平方米)	成交额(万元)
三大地带	**12**	**3626**	**2826**	**154140**	**284393**
环渤海	**2**	**874**	**620**	**33000**	**29711**
北 京					
天 津					
唐 山					
沈 阳	1	728	500	24000	16647
大 连					
济 南					
青 岛	1	146	120	9000	13064
长三角	**5**	**935**	**691**	**69628**	**143000**
上 海	1	180		18000	
南 京					
苏 州					
无 锡					
常 州					
镇 江					
南 通					
扬 州					
泰 州	1	400	385	11000	54200
杭 州	3	355	306	40628	88800
宁 波					
嘉 兴					
湖 州					
绍 兴					
舟 山					
台 州					
珠三角	**5**	**1817**	**1515**	**51512**	**111682**
广 州	3	906	715	35500	80493
深 圳	2	911	800	16012	31189
珠 海					
佛 山					
江 门					
东 莞					
中 山					
惠 州					
肇 庆					

2-20　续表 44

(通讯器材市场)

地　　区	市场数量(个)	总摊位数(个)	年末出租摊位数(个)	营业面积(平方米)	成交额(万元)
三大地带	**5**	**5496**	**4499**	**80835**	**167322**
环渤海					
北　京					
天　津					
唐　山					
沈　阳					
大　连					
济　南					
青　岛					
长三角	**2**	**1904**	**1904**	**55235**	**69158**
上　海					
南　京					
苏　州	1	1604	1604	44232	50149
无　锡					
常　州					
镇　江					
南　通					
扬　州					
泰　州					
杭　州	1	300	300	11003	19009
宁　波					
嘉　兴					
湖　州					
绍　兴					
舟　山					
台　州					
珠三角	**3**	**3592**	**2595**	**25600**	**98164**
广　州					
深　圳	3	3592	2595	25600	98164
珠　海					
佛　山					
江　门					
东　莞					
中　山					
惠　州					
肇　庆					

2-20 续表 45

(照相、摄像器材市场)

地　区	市场数量(个)	总摊位数(个)	年末出租摊位数(个)	营业面积(平方米)	成交额(万元)
三大地带	**2**	**535**	**442**	**16800**	**68591**
环渤海	**1**	**288**	**264**	**9000**	**34793**
北　京	1	288	264	9000	34793
天　津					
唐　山					
沈　阳					
大　连					
济　南					
青　岛					
长三角	**1**	**247**	**178**	**7800**	**33798**
上　海	1	247	178	7800	33798
南　京					
苏　州					
无　锡					
常　州					
镇　江					
南　通					
扬　州					
泰　州					
杭　州					
宁　波					
嘉　兴					
湖　州					
绍　兴					
舟　山					
台　州					
珠三角					
广　州					
深　圳					
珠　海					
佛　山					
江　门					
东　莞					
中　山					
惠　州					
肇　庆					

2-20 续表 46

(计算机及辅助设备市场)

地 区	市场数量(个)	总摊位数(个)	年末出租摊位数(个)	营业面积(平方米)	成交额(万元)
三大地带	**27**	**14015**	**11306**	**362587**	**1100468**
环 渤 海	**4**	**2867**	**2637**	**79264**	**350422**
北 京	3	2287	2236	43264	252171
天 津					
唐 山					
沈 阳					
大 连					
济 南					
青 岛	1	580	401	36000	98251
长 三 角	**16**	**5873**	**4263**	**168362**	**588418**
上 海	2	354	299	8712	47646
南 京	1	220	218	4007	48650
苏 州					
无 锡	2	499	398	14300	53053
常 州	1	426	305	10000	38840
镇 江					
南 通					
扬 州	1	320	210	9000	79800
泰 州					
杭 州	4	1626	1479	56463	133818
宁 波	2	670	670	32000	59364
嘉 兴	1	73	54	3000	11145
湖 州					
绍 兴	1	185	150	5680	26636
舟 山					
台 州	1	1500	480	25200	89466
珠 三 角	**7**	**5275**	**4406**	**114961**	**161628**
广 州	5	1545	1476	48773	135798
深 圳	1	3500	2700	60000	10150
珠 海					
佛 山	1	230	230	6188	15680
江 门					
东 莞					
中 山					
惠 州					
肇 庆					

2-20 续表 47

(其他电器、通讯器材、电子设备市场)

地　区	市场数量 (个)	总摊位数 (个)	年末出租摊位数 (个)	营业面积 (平方米)	成交额 (万元)
三大地带	**3**	**2496**	**2197**	**67200**	**265459**
环渤海	**2**	**707**	**667**	**17200**	**115117**
北　京	2	707	667	17200	115117
天　津					
唐　山					
沈　阳					
大　连					
济　南					
青　岛					
长三角	**1**	**1789**	**1530**	**50000**	**150342**
上　海					
南　京					
苏　州					
无　锡					
常　州					
镇　江					
南　通					
扬　州					
泰　州					
杭　州					
宁　波					
嘉　兴					
湖　州					
绍　兴					
舟　山					
台　州	1	1789	1530	50000	150342
珠三角					
广　州					
深　圳					
珠　海					
佛　山					
江　门					
东　莞					
中　山					
惠　州					
肇　庆					

2-20　续表 48

(医药、医疗用品及器材市场)

地　区	市场数量 (个)	总摊位数 (个)	年末出租摊位数 (个)	营业面积 (平方米)	成交额 (万元)
三大地带	**2**	**597**	**555**	**12971**	**45387**
环渤海					
北　京					
天　津					
唐　山					
沈　阳					
大　连					
济　南					
青　岛					
长三角	**1**	**190**	**170**	**8000**	**35000**
上　海	1	190	170	8000	35000
南　京					
苏　州					
无　锡					
常　州					
镇　江					
南　通					
扬　州					
泰　州					
杭　州					
宁　波					
嘉　兴					
湖　州					
绍　兴					
舟　山					
台　州					
珠三角	**1**	**407**	**385**	**4971**	**10387**
广　州	1	407	385	4971	10387
深　圳					
珠　海					
佛　山					
江　门					
东　莞					
中　山					
惠　州					
肇　庆					

2-20 续表 49

(中药材市场)

地　区	市场数量(个)	总摊位数(个)	年末出租摊位数(个)	营业面积(平方米)	成交额(万元)
三大地带	**2**	**597**	**555**	**12971**	**45387**
环渤海					
北　京					
天　津					
唐　山					
沈　阳					
大　连					
济　南					
青　岛					
长三角	**1**	**190**	**170**	**8000**	**35000**
上　海	1	190	170	8000	35000
南　京					
苏　州					
无　锡					
常　州					
镇　江					
南　通					
扬　州					
泰　州					
杭　州					
宁　波					
嘉　兴					
湖　州					
绍　兴					
舟　山					
台　州					
珠三角	**1**	**407**	**385**	**4971**	**10387**
广　州	1	407	385	4971	10387
深　圳					
珠　海					
佛　山					
江　门					
东　莞					
中　山					
惠　州					
肇　庆					

2-20　续表 50

(家具、五金及装饰材料市场)

地　区	市场数量 (个)	总摊位数 (个)	年末出租摊位数 (个)	营业面积 (平方米)	成交额 (万元)
三大地带	**237**	**129868**	**118427**	**16174942**	**20020449**
环渤海	**60**	**30870**	**27516**	**3342916**	**3386870**
北　京	22	12122	10975	1412814	1633295
天　津	6	3716	2566	224849	544182
唐　山	1	485	437	120000	13450
沈　阳	9	6215	5752	382843	539003
大　连	7	3871	3617	363190	191640
济　南	5	1676	1658	314241	208134
青　岛	10	2785	2511	524979	257166
长三角	**157**	**89071**	**82542**	**10810903**	**15058108**
上　海	18	12063	11787	1284959	1278627
南　京	8	4908	4665	626430	699800
苏　州	13	12604	11247	1407744	2117784
无　锡	9	3747	3486	833510	1028999
常　州	9	6944	5925	804950	1593422
镇　江	3	849	837	250000	181842
南　通	16	6669	5955	1036223	941232
扬　州	10	3501	3427	476968	1092259
泰　州	5	3118	2980	320000	200513
杭　州	22	10639	9859	1175897	2146334
宁　波	16	3891	3553	522773	551628
嘉　兴	7	4976	4678	435393	1018182
湖　州	5	1638	1356	242000	222035
绍　兴	4	4326	4277	609300	965039
舟　山	1	1450	1450	142347	54156
台　州	11	7748	7060	642409	966256
珠三角	**20**	**9927**	**8369**	**2021123**	**1575471**
广　州	6	4290	3617	352812	414049
深　圳	1	196	196	26000	15000
珠　海					
佛　山	8	2458	2212	1362304	559848
江　门					
东　莞	5	2983	2344	280007	586574
中　山					
惠　州					
肇　庆					

2-20 续表 51

(家具市场)

地　区	市场数量(个)	总摊位数(个)	年末出租摊位数(个)	营业面积(平方米)	成交额(万元)
三大地带	**73**	**29748**	**27069**	**4750118**	**3581229**
环渤海	**24**	**10654**	**10140**	**1670230**	**1137392**
北　京	11	5606	5444	925455	652146
天　津	1	377	377	47711	30672
唐　山					
沈　阳	2	943	943	150343	92237
大　连	4	1912	1743	187509	122184
济　南	3	1109	1091	181741	164592
青　岛	3	707	542	177471	75561
长三角	**46**	**18236**	**16128**	**2948996**	**2401048**
上　海	4	847	789	222859	85671
南　京	3	1197	1154	195088	184477
苏　州	5	5080	4417	656134	990901
无　锡	2	809	729	204610	66551
常　州	3	1540	1205	223577	221639
镇　江					
南　通	4	1200	793	170000	153584
扬　州					
泰　州	3	2521	2384	185000	152443
杭　州	6	1646	1536	344831	191934
宁　波	7	1025	837	240904	99539
嘉　兴	2	312	278	91646	33860
湖　州	1	200	198	69000	35019
绍　兴	2	259	210	97000	70722
舟　山	1	1450	1450	142347	54156
台　州	3	150	148	106000	60552
珠三角	**3**	**858**	**801**	**130892**	**42789**
广　州	1	512	507	64892	18250
深　圳	1	196	196	26000	15000
珠　海					
佛　山	1	150	98	40000	9539
江　门					
东　莞					
中　山					
惠　州					
肇　庆					

2-20 续表 52

(装饰材料市场)

地区	市场数量(个)	总摊位数(个)	年末出租摊位数(个)	营业面积(平方米)	成交额(万元)
三大地带	**91**	**45405**	**42076**	**6790641**	**6876535**
环渤海	**21**	**9982**	**8963**	**1024694**	**1231921**
北京	7	3686	3199	366713	714387
天津	2	436	436	40800	42624
唐山	1	485	437	120000	13450
沈阳	5	2436	2069	141500	324007
大连	2	1780	1720	119581	59000
济南	1	340	340	64500	32980
青岛	3	819	762	171600	45473
长三角	**59**	**30237**	**28701**	**4152434**	**4910135**
上海	8	5702	5505	706904	847963
南京	3	1666	1466	171342	81989
苏州	3	2429	2419	241722	83461
无锡	6	1788	1648	566000	712549
常州	2	558	436	85556	45460
镇江	3	849	837	250000	181842
南通	7	3174	3099	624400	582755
扬州	5	1815	1757	256858	572373
泰州	1	212	212	55000	14590
杭州	8	3594	3229	381775	349505
宁波	5	1192	1112	196924	211830
嘉兴	4	4414	4170	253747	918846
湖州	1	333	327	16000	18000
绍兴					
舟山					
台州	3	2511	2484	346206	288972
珠三角	**11**	**5186**	**4412**	**1613513**	**734479**
广州	3	1878	1808	211209	169978
深圳					
珠海					
佛山	7	2308	2114	1322304	550309
江门					
东莞	1	1000	490	80000	14192
中山					
惠州					
肇庆					

2-20 续表 53

(灯具市场)

地区	市场数量(个)	总摊位数(个)	年末出租摊位数(个)	营业面积(平方米)	成交额(万元)
三大地带	**6**	**3894**	**3678**	**650100**	**1046969**
环渤海	**4**	**844**	**723**	**228100**	**84719**
北京					
天津					
唐山					
沈阳	1	276	180	54000	39496
大连	1	179	154	56100	10456
济南	1	227	227	68000	10562
青岛	1	162	162	50000	24205
长三角	**2**	**3050**	**2955**	**422000**	**962250**
上海					
南京					
苏州					
无锡					
常州	1	3000	2940	411000	952100
镇江					
南通					
扬州					
泰州					
杭州					
宁波					
嘉兴					
湖州	1	50	15	11000	10150
绍兴					
舟山					
台州					
珠三角					
广州					
深圳					
珠海					
佛山					
江门					
东莞					
中山					
惠州					
肇庆					

2-20 续表 54

(厨具、盥洗设备市场)

地 区	市场数量（个）	总摊位数（个）	年末出租摊位数（个）	营业面积（平方米）	成交额（万元）
三大地带	**2**	**866**	**862**	**34608**	**134006**
环 渤 海	**1**	**366**	**362**	**21608**	**22016**
北 京					
天 津					
唐 山					
沈 阳					
大 连					
济 南					
青 岛	1	366	362	21608	22016
长 三 角	**1**	**500**	**500**	**13000**	**111990**
上 海					
南 京					
苏 州					
无 锡					
常 州					
镇 江					
南 通					
扬 州					
泰 州					
杭 州					
宁 波	1	500	500	13000	111990
嘉 兴					
湖 州					
绍 兴					
舟 山					
台 州					
珠 三 角					
广 州					
深 圳					
珠 海					
佛 山					
江 门					
东 莞					
中 山					
惠 州					
肇 庆					

2-20 续表 55

(五金材料市场)

地　区	市场数量(个)	总摊位数(个)	年末出租摊位数(个)	营业面积(平方米)	成交额(万元)
三大地带	**37**	**27545**	**24556**	**1734000**	**5746246**
环渤海	**6**	**2548**	**2498**	**179765**	**743417**
北　京	3	1650	1601	70646	250134
天　津	2	717	717	84819	461476
唐　山					
沈　阳					
大　连					
济　南					
青　岛	1	181	180	24300	31807
长三角	**25**	**21114**	**18902**	**1277517**	**4204626**
上　海	2	3200	3200	174179	261382
南　京	1	890	890	200000	57900
苏　州	2	3318	2698	265888	361080
无　锡	1	1150	1109	62900	249899
常　州	3	1846	1344	84817	374223
镇　江					
南　通	2	1008	814	45000	58722
扬　州	4	1190	1179	117110	498208
泰　州					
杭　州	3	2421	2298	87120	1267691
宁　波	2	1134	1072	68000	98392
嘉　兴					
湖　州					
绍　兴	1	775	775	32300	412397
舟　山					
台　州	4	4182	3523	140203	564732
珠三角	**6**	**3883**	**3156**	**276718**	**798203**
广　州	2	1900	1302	76711	225821
深　圳					
珠　海					
佛　山					
江　门					
东　莞	4	1983	1854	200007	572382
中　山					
惠　州					
肇　庆					

2-20　续表 56

(其他装修市场)

地　区	市场数量(个)	总摊位数(个)	年末出租摊位数(个)	营业面积(平方米)	成交额(万元)
三大地带	**28**	**22410**	**20186**	**2215475**	**2635464**
环渤海	**4**	**6476**	**4830**	**218519**	**167405**
北　京	1	1180	731	50000	16628
天　津	1	2186	1036	51519	9410
唐　山					
沈　阳	1	2560	2560	37000	83263
大　连					
济　南					
青　岛	1	550	503	80000	58104
长三角	**24**	**15934**	**15356**	**1996956**	**2468059**
上　海	4	2314	2293	181017	83611
南　京	1	1155	1155	60000	375434
苏　州	3	1777	1713	244000	682342
无　锡					
常　州					
镇　江					
南　通	3	1287	1249	196823	146171
扬　州	1	496	491	103000	21678
泰　州	1	385	384	80000	33480
杭　州	5	2978	2796	362171	337204
宁　波	1	40	32	3945	29877
嘉　兴	1	250	230	90000	65476
湖　州	2	1055	816	146000	158866
绍　兴	1	3292	3292	480000	481920
舟　山					
台　州	1	905	905	50000	52000
珠三角					
广　州					
深　圳					
珠　海					
佛　山					
江　门					
东　莞					
中　山					
惠　州					
肇　庆					

2-20 续表 57

(汽车、摩托车及零配件市场)

地　区	市场数量(个)	总摊位数(个)	年末出租摊位数(个)	营业面积(平方米)	成交额(万元)
三大地带	**129**	**34822**	**30299**	**5921364**	**39551026**
环 渤 海	**34**	**14468**	**12775**	**2158792**	**15629005**
北　京	12	4194	3540	854996	9637466
天　津	3	1418	1047	242648	1708528
唐　山	1	243	243	62400	90283
沈　阳	5	3020	2524	283790	809772
大　连	3	3415	3405	305000	1944105
济　南	3	1004	893	226938	954349
青　岛	7	1174	1123	183020	484502
长 三 角	**71**	**16226**	**13644**	**2773171**	**18597038**
上　海	12	1797	1751	255217	2735916
南　京					
苏　州	3	554	325	510073	887288
无　锡	5	1130	998	353500	1776243
常　州	3	1750	1194	575000	2009069
镇　江					
南　通	1	529	350	84600	152768
扬　州	2	376	347	70200	39658
泰　州					
杭　州	18	6077	5839	345730	6372169
宁　波	10	1137	412	184437	738734
嘉　兴	5	1815	1452	65045	1091497
湖　州	2	188	173	75000	222360
绍　兴					
舟　山	1	1	1	12655	53411
台　州	9	872	802	241714	2517925
珠 三 角	**24**	**4128**	**3880**	**989401**	**5324983**
广　州	14	2973	2761	310427	1887802
深　圳	2	86	86	83000	161900
珠　海					
佛　山	2	103	98	243250	1412439
江　门					
东　莞	4	877	848	102724	433294
中　山					
惠　州	2	89	87	250000	1429548
肇　庆					

2-20 续表 58

(汽车市场)

地 区	市场数量（个）	总摊位数（个）	年末出租摊位数（个）	营业面积（平方米）	成交额（万元）
三大地带	**96**	**20528**	**17889**	**4743855**	**35845740**
环 渤 海	**23**	**8763**	**8188**	**1650874**	**14265217**
北 京	9	1592	1430	669016	9042365
天 津	3	1418	1047	242648	1708528
唐 山	1	243	243	62400	90283
沈 阳	2	1452	1452	117790	633759
大 连	3	3415	3405	305000	1944105
济 南	1	69	69	130000	529349
青 岛	4	574	542	124020	316828
长 三 角	**58**	**10269**	**8325**	**2264381**	**16653799**
上 海	8	384	368	173178	2380039
南 京					
苏 州	3	554	325	510073	887288
无 锡	3	463	395	241500	1580186
常 州	2	960	907	515000	1981222
镇 江					
南 通	1	529	350	84600	152768
扬 州	1	26	25	5200	13796
泰 州					
杭 州	14	3560	3335	171205	5066383
宁 波	10	1137	412	184437	738734
嘉 兴	5	1815	1452	65045	1091497
湖 州	2	188	173	75000	222360
绍 兴					
舟 山	1	1	1	12655	53411
台 州	8	652	582	226488	2486115
珠 三 角	**15**	**1496**	**1376**	**828600**	**4926724**
广 州	5	341	257	149626	1489543
深 圳	2	86	86	83000	161900
珠 海					
佛 山	2	103	98	243250	1412439
江 门					
东 莞	4	877	848	102724	433294
中 山					
惠 州	2	89	87	250000	1429548
肇 庆					

2-20 续表 59

(摩托车市场)

地　区	市场数量(个)	总摊位数(个)	年末出租摊位数(个)	营业面积(平方米)	成交额(万元)
三大地带	**1**	**220**	**220**	**15226**	**31810**
环渤海					
北　京					
天　津					
唐　山					
沈　阳					
大　连					
济　南					
青　岛					
长三角	**1**	**220**	**220**	**15226**	**31810**
上　海					
南　京					
苏　州					
无　锡					
常　州					
镇　江					
南　通					
扬　州					
泰　州					
杭　州					
宁　波					
嘉　兴					
湖　州					
绍　兴					
舟　山					
台　州	1	220	220	15226	31810
珠三角					
广　州					
深　圳					
珠　海					
佛　山					
江　门					
东　莞					
中　山					
惠　州					
肇　庆					

2-20 续表 60

(机动车零配件市场)

地 区	市场数量（个）	总摊位数（个）	年末出租摊位数（个）	营业面积（平方米）	成交额（万元）
三大地带	**32**	**14074**	**12190**	**1162283**	**3673476**
环渤海	**11**	**5705**	**4587**	**507918**	**1363788**
北 京	3	2602	2110	185980	595101
天 津					
唐 山					
沈 阳	3	1568	1072	166000	176013
大 连					
济 南	2	935	824	96938	425000
青 岛	3	600	581	59000	167674
长三角	**12**	**5737**	**5099**	**493564**	**1911429**
上 海	4	1413	1383	82039	355877
南 京					
苏 州					
无 锡	2	667	603	112000	196057
常 州	1	790	287	60000	27847
镇 江					
南 通					
扬 州	1	350	322	65000	25862
泰 州					
杭 州	4	2517	2504	174525	1305786
宁 波					
嘉 兴					
湖 州					
绍 兴					
舟 山					
台 州					
珠三角	**9**	**2632**	**2504**	**160801**	**398259**
广 州	9	2632	2504	160801	398259
深 圳					
珠 海					
佛 山					
江 门					
东 莞					
中 山					
惠 州					
肇 庆					

2-20 续表 61

(花鸟鱼虫市场)

地　区	市场数量(个)	总摊位数(个)	年末出租摊位数(个)	营业面积(平方米)	成交额(万元)
三大地带	**14**	**9192**	**8715**	**1452378**	**3049423**
环渤海	**3**	**1512**	**1445**	**42490**	**38071**
北　京	1	392	325	12190	15232
天　津	1	580	580	21000	14126
唐　山					
沈　阳	1	540	540	9300	8713
大　连					
济　南					
青　岛					
长三角	**9**	**6215**	**5805**	**741888**	**2871710**
上　海	2	575	575	43601	25660
南　京					
苏　州					
无　锡					
常　州	1	2500	2200	460000	1792800
镇　江					
南　通	1	982	950	125000	324371
扬　州	1	512	508	48000	131907
泰　州					
杭　州	2	1461	1387	59208	549602
宁　波					
嘉　兴					
湖　州	1	57	57	2239	11570
绍　兴					
舟　山					
台　州	1	128	128	3840	35800
珠三角	**2**	**1465**	**1465**	**668000**	**139642**
广　州	2	1465	1465	668000	139642
深　圳					
珠　海					
佛　山					
江　门					
东　莞					
中　山					
惠　州					
肇　庆					

2-20　续表 62

(花卉市场)

地　　区	市场数量(个)	总摊位数(个)	年末出租摊位数(个)	营业面积(平方米)	成交额(万元)
三大地带	**11**	**7954**	**7477**	**1409166**	**2992650**
环 渤 海	**2**	**972**	**905**	**33190**	**29358**
北　　京	1	392	325	12190	15232
天　　津	1	580	580	21000	14126
唐　　山					
沈　　阳					
大　　连					
济　　南					
青　　岛					
长 三 角	**7**	**5517**	**5107**	**707976**	**2823650**
上　　海	1	177	177	15069	13000
南　　京					
苏　　州					
无　　锡					
常　　州	1	2500	2200	460000	1792800
镇　　江					
南　　通	1	982	950	125000	324371
扬　　州	1	512	508	48000	131907
泰　　州					
杭　　州	1	1161	1087	53828	514202
宁　　波					
嘉　　兴					
湖　　州	1	57	57	2239	11570
绍　　兴					
舟　　山					
台　　州	1	128	128	3840	35800
珠 三 角	**2**	**1465**	**1465**	**668000**	**139642**
广　　州	2	1465	1465	668000	139642
深　　圳					
珠　　海					
佛　　山					
江　　门					
东　　莞					
中　　山					
惠　　州					
肇　　庆					

2-20 续表 63

(其他花鸟鱼虫市场)

地　　区	市场数量（个）	总摊位数（个）	年末出租摊位数（个）	营业面积（平方米）	成交额（万元）
三大地带	**3**	**1238**	**1238**	**43212**	**56773**
环 渤 海	**1**	**540**	**540**	**9300**	**8713**
北　　京					
天　　津					
唐　　山					
沈　　阳	1	540	540	9300	8713
大　　连					
济　　南					
青　　岛					
长 三 角	**2**	**698**	**698**	**33912**	**48060**
上　　海	1	398	398	28532	12660
南　　京					
苏　　州					
无　　锡					
常　　州					
镇　　江					
南　　通					
扬　　州					
泰　　州					
杭　　州	1	300	300	5380	35400
宁　　波					
嘉　　兴					
湖　　州					
绍　　兴					
舟　　山					
台　　州					
珠 三 角					
广　　州					
深　　圳					
珠　　海					
佛　　山					
江　　门					
东　　莞					
中　　山					
惠　　州					
肇　　庆					

2-20　续表 64

(旧货市场)

地　区	市场数量 (个)	总摊位数 (个)	年末出租摊位数 (个)	营业面积 (平方米)	成交额 (万元)
三大地带	**8**	**5307**	**4895**	**167345**	**250838**
环 渤 海	**1**	**3732**	**3732**	**39635**	**36580**
北　京	1	3732	3732	39635	36580
天　津					
唐　山					
沈　阳					
大　连					
济　南					
青　岛					
长 三 角	**7**	**1575**	**1163**	**127710**	**214258**
上　海					
南　京					
苏　州					
无　锡					
常　州					
镇　江					
南　通					
扬　州	1	73	70	25000	19998
泰　州					
杭　州					
宁　波	2	197	194	32340	54349
嘉　兴	1	596	225	36859	36022
湖　州					
绍　兴	1	260	253	8000	39200
舟　山					
台　州	2	449	421	25511	64689
珠 三 角					
广　州					
深　圳					
珠　海					
佛　山					
江　门					
东　莞					
中　山					
惠　州					
肇　庆					

2-20 续表 65

(其他旧货市场)

地区	市场数量(个)	总摊位数(个)	年末出租摊位数(个)	营业面积(平方米)	成交额(万元)
三大地带	**8**	**5307**	**4895**	**167345**	**250838**
环渤海	**1**	**3732**	**3732**	**39635**	**36580**
北京	1	3732	3732	39635	36580
天津					
唐山					
沈阳					
大连					
济南					
青岛					
长三角	**7**	**1575**	**1163**	**127710**	**214258**
上海					
南京					
苏州					
无锡					
常州					
镇江					
南通					
扬州	1	73	70	25000	19998
泰州					
杭州					
宁波	2	197	194	32340	54349
嘉兴	1	596	225	36859	36022
湖州					
绍兴	1	260	253	8000	39200
舟山					
台州	2	449	421	25511	64689
珠三角					
广州					
深圳					
珠海					
佛山					
江门					
东莞					
中山					
惠州					
肇庆					

2-20 续表 66

(其他专业市场)

地　区	市场数量（个）	总摊位数（个）	年末出租摊位数（个）	营业面积（平方米）	成交额（万元）
三大地带	**18**	**8154**	**7299**	**612245**	**1109209**
环渤海	**8**	**4566**	**3925**	**351362**	**306460**
北　京	1	136	136	41012	15266
天　津	1	180	150	8000	12100
唐　山	1	1000	900	33350	31710
沈　阳	4	2600	2089	64000	224364
大　连					
济　南	1	650	650	205000	23020
青　岛					
长三角	**9**	**3244**	**3109**	**241689**	**700749**
上　海	2	948	932	85000	22577
南　京					
苏　州	2	318	318	14000	32600
无　锡					
常　州					
镇　江	1	1065	985	68500	273023
南　通					
扬　州	3	615	576	57189	255549
泰　州					
杭　州					
宁　波					
嘉　兴					
湖　州					
绍　兴	1	298	298	17000	117000
舟　山					
台　州					
珠三角	**1**	**344**	**265**	**19194**	**102000**
广　州	1	344	265	19194	102000
深　圳					
珠　海					
佛　山					
江　门					
东　莞					
中　山					
惠　州					
肇　庆					

2-21 商品交易市场情况(按营业状态分)

(常年营业)

地 区	市场数量(个)	总摊位数(个)	年末出租摊位数(个)	营业面积(平方米)	成交额(万元)
三大地带	**1794**	**1276631**	**1118479**	**90426042**	**512660941**
环 渤 海	**392**	**352206**	**312603**	**22434046**	**96257089**
北 京	132	115150	99215	6940024	39784325
天 津	55	44125	38238	3594076	14303082
唐 山	20	15243	12453	848940	3357926
沈 阳	51	57787	47217	2150853	9832796
大 连	40	37361	35775	1827567	13212387
济 南	31	21256	20661	1847620	3968397
青 岛	63	61284	59044	5224966	11798176
长 三 角	**1124**	**695309**	**630416**	**51879375**	**367471193**
上 海	148	62223	57648	5136432	85873869
南 京	37	34848	33519	2429799	9597352
苏 州	80	84385	76962	5977429	60496539
无 锡	53	45314	39901	4894435	32070437
常 州	56	43708	36650	5157222	20658034
镇 江	14	7379	6614	1115551	3830851
南 通	78	45807	41561	2859153	17946484
扬 州	56	21038	19917	1674692	7062488
泰 州	24	17691	15209	1780931	3286114
杭 州	165	90531	84573	4416308	31330857
宁 波	127	58249	51689	4150202	32303046
嘉 兴	66	56453	51406	3566449	16536818
湖 州	43	22714	20021	1625334	6630883
绍 兴	46	52123	49053	4301008	27687396
舟 山	12	6336	5751	317417	1871467
台 州	119	46510	39942	2477013	10288558
珠 三 角	**278**	**229116**	**175460**	**16112621**	**48932659**
广 州	136	105044	85926	7196049	20757746
深 圳	30	53733	30999	1700289	5963153
珠 海	7	4036	3559	85390	1533007
佛 山	31	17182	15555	3035893	6489576
江 门	8	3306	2645	171550	936303
东 莞	48	35196	26916	3377821	10816557
中 山	3	2382	2035	55315	50578
惠 州	6	5919	5795	450000	2216809
肇 庆	9	2318	2030	40314	168930

2-21 续表 1

(季节性营业)

地 区	市场数量（个）	总摊位数（个）	年末出租摊位数（个）	营业面积（平方米）	成交额（万元）
三大地带	**19**	**10543**	**7685**	**833741**	**1404478**
环 渤 海	**11**	**8013**	**5410**	**612050**	**947981**
北 京	3	4156	1934	279000	161768
天 津					
唐 山	1	1000	900	33350	31710
沈 阳	2	945	945	184000	593584
大 连					
济 南	1	310	306	19000	28360
青 岛	4	1602	1325	96700	132559
长 三 角	**7**	**2409**	**2275**	**196691**	**456497**
上 海	1	165	165	2250	10507
南 京					
苏 州	2	344	344	24340	69700
无 锡					
常 州					
镇 江					
南 通	2	945	811	13015	71637
扬 州					
泰 州					
杭 州	1	113	113	3500	29553
宁 波	1	842	842	153586	275100
嘉 兴					
湖 州					
绍 兴					
舟 山					
台 州					
珠 三 角	**1**	**121**		**25000**	
广 州					
深 圳					
珠 海	1	121		25000	
佛 山					
江 门					
东 莞					
中 山					
惠 州					
肇 庆					

2-21 续表 2

(其他)

地　区	市场数量(个)	总摊位数(个)	年末出租摊位数(个)	营业面积(平方米)	成交额(万元)
三大地带	**2**	**741**	**671**	**59066**	**151649**
环渤海	**1**	**650**	**580**	**23000**	**50000**
北　京	1	650	580	23000	50000
天　津					
唐　山					
沈　阳					
大　连					
济　南					
青　岛					
长三角	**1**	**91**	**91**	**36066**	**101649**
上　海	1	91	91	36066	101649
南　京					
苏　州					
无　锡					
常　州					
镇　江					
南　通					
扬　州					
泰　州					
杭　州					
宁　波					
嘉　兴					
湖　州					
绍　兴					
舟　山					
台　州					
珠三角					
广　州					
深　圳					
珠　海					
佛　山					
江　门					
东　莞					
中　山					
惠　州					
肇　庆					

2-22 商品交易市场情况(按经营方式分)

(批发为主)

地 区	市场数量(个)	总摊位数(个)	年末出租摊位数(个)	营业面积(平方米)	成交额(万元)
三大地带	**984**	**875304**	**760510**	**68201142**	**447022043**
环渤海	**231**	**234407**	**206235**	**16444028**	**78210080**
北 京	56	66682	52647	4022034	26996258
天 津	39	32980	30187	2857508	13603670
唐 山	13	11279	8502	706961	3068141
沈 阳	31	36583	30633	1736871	8881969
大 连	21	17522	17132	1153220	11349455
济 南	25	17179	16611	1387379	3195272
青 岛	46	52182	50523	4580055	11115315
长三角	**561**	**455375**	**414818**	**37568787**	**325835905**
上 海	65	34337	32337	3075563	81142575
南 京	16	21740	20846	1635239	8538613
苏 州	50	73396	67589	4730194	58329062
无 锡	34	25765	21231	3448929	26386563
常 州	31	28339	24107	4066292	17633639
镇 江	7	4776	4298	948696	3565058
南 通	30	24739	22828	1739836	15843008
扬 州	32	12282	11568	1149390	5833617
泰 州	14	10632	8839	1498527	2615601
杭 州	85	58856	55183	2887731	23826143
宁 波	67	38622	34605	3324837	29770221
嘉 兴	30	36916	34643	2751083	14222078
湖 州	17	12701	11411	1117756	5310139
绍 兴	29	41839	39449	3551126	25865147
舟 山	4	2110	2110	135586	1533669
台 州	50	28325	23774	1508002	5420772
珠三角	**192**	**185522**	**139457**	**14188327**	**42976058**
广 州	108	92947	75676	6588875	18421170
深 圳	15	41116	20346	1331473	5375439
珠 海	5	2627	2105	98200	1483016
佛 山	21	13262	12317	2637168	4893002
江 门	3	636	624	87482	795858
东 莞	33	27194	21055	3049134	10166706
中 山	2	1850	1568	45695	36058
惠 州	5	5890	5766	350000	1804809
肇 庆					

2-22 续表

(零售为主)

地　区	市场数量(个)	总摊位数(个)	年末出租摊位数(个)	营业面积(平方米)	成交额(万元)
三大地带	**831**	**412611**	**366325**	**23117707**	**67195025**
环渤海	**173**	**126462**	**112358**	**6625068**	**19044990**
北　京	80	53274	49082	3219990	12999835
天　津	16	11145	8051	736568	699412
唐　山	8	4964	4851	175329	321495
沈　阳	22	22149	17529	597982	1544411
大　连	19	19839	18643	674347	1862932
济　南	7	4387	4356	479241	801485
青　岛	21	10704	9846	741611	815420
长三角	**571**	**242434**	**217964**	**14543345**	**42193434**
上　海	85	28142	25567	2099185	4843450
南　京	21	13108	12673	794560	1058739
苏　州	32	11333	9717	1271575	2237177
无　锡	19	19549	18670	1445506	5683874
常　州	25	15369	12543	1090930	3024395
镇　江	7	2603	2316	166855	265793
南　通	50	22013	19544	1132332	2175113
扬　州	24	8756	8349	525302	1228871
泰　州	10	7059	6370	282404	670513
杭　州	81	31788	29503	1532077	7534267
宁　波	61	20469	17926	978951	2807925
嘉　兴	36	19537	16763	815366	2314740
湖　州	26	10013	8610	507578	1320744
绍　兴	17	10284	9604	749882	1822249
舟　山	8	4226	3641	181831	337798
台　州	69	18185	16168	969011	4867786
珠三角	**87**	**43715**	**36003**	**1949294**	**5956601**
广　州	28	12097	10250	607174	2336576
深　圳	15	12617	10653	368816	587714
珠　海	3	1530	1454	12190	49991
佛　山	10	3920	3238	398725	1596574
江　门	5	2670	2021	84068	140445
东　莞	15	8002	5861	328387	649851
中　山	1	532	467	9620	14520
惠　州	1	29	29	100000	412000
肇　庆	9	2318	2030	40314	168930

2-23 商品交易市场情况(按经营环境分)

(露天式)

地 区	市场数量(个)	总摊位数(个)	年末出租摊位数(个)	营业面积(平方米)	成交额(万元)
三大地带	**185**	**98986**	**79226**	**12355400**	**50343839**
环渤海	**86**	**61927**	**45174**	**7531436**	**27905975**
北 京	21	23503	13710	2427068	18573692
天 津	16	13556	10704	1379459	2748378
唐 山	6	2093	1917	375816	859007
沈 阳	13	9170	6276	783300	2511382
大 连	5	2661	2472	336980	648209
济 南	8	4499	4280	344938	755040
青 岛	17	6445	5815	1883875	1810267
长三角	**72**	**28475**	**25945**	**3349770**	**18401562**
上 海	9	3889	3601	453851	1440991
南 京	1	682	682	3500	15146
苏 州	5	1528	1372	173039	147530
无 锡	5	1363	620	149903	994694
常 州	5	2986	2644	718496	3586684
镇 江	1	258	121	15196	2033981
南 通	4	1536	1444	44800	1568580
扬 州	7	2021	1975	188457	511728
泰 州	3	413	411	178800	272000
杭 州	8	2023	1936	176157	575160
宁 波	12	7303	7085	776522	3398391
嘉 兴					
湖 州	4	847	759	85409	130136
绍 兴	5	3407	3128	361700	3431750
舟 山					
台 州	3	219	167	23940	294791
珠三角	**27**	**8584**	**8107**	**1474194**	**4036302**
广 州	9	3206	3091	220468	679841
深 圳	1	322	322	1900	51920
珠 海					
佛 山	5	876	864	360968	411380
江 门					
东 莞	8	3638	3370	625077	1436777
中 山					
惠 州	2	89	87	250000	1429548
肇 庆	2	453	373	15781	26836

2-23 续表 1

(封闭式)

地　区	市场数量(个)	总摊位数(个)	年末出租摊位数(个)	营业面积(平方米)	成交额(万元)
三大地带	**1413**	**1051642**	**924341**	**66237061**	**386460113**
环渤海	**290**	**270645**	**249190**	**13523638**	**61611271**
北　京	108	86404	78776	4492021	19438652
天　津	35	29226	26229	2051711	11097956
唐　山	12	9917	9801	291034	2199760
沈　阳	39	49362	41686	1546553	7886396
大　连	32	28780	27432	1192587	9456892
济　南	20	15597	15232	1131182	2542408
青　岛	44	51359	50034	2818550	8989207
长三角	**916**	**588559**	**533983**	**40932283**	**292113612**
上　海	114	46617	42654	3342250	71517843
南　京	36	34166	32837	2426299	9582206
苏　州	61	71007	64581	4656098	40247084
无　锡	37	33497	31353	3391552	23989822
常　州	41	33755	27308	3311905	14284559
镇　江	12	5127	4499	575355	1366589
南　通	66	40350	36630	2592808	15629275
扬　州	38	14823	14158	1223897	5888081
泰　州	19	14069	12094	1530131	2569562
杭　州	144	81189	75683	3835112	26192178
宁　波	106	49444	43638	3328164	28279286
嘉　兴	62	55595	50738	3441739	15902233
湖　州	32	15920	13946	1308464	4412175
绍　兴	34	43999	41584	3408811	22175929
舟　山	10	5132	4547	210917	732653
台　州	104	43869	37733	2348781	9344137
珠三角	**207**	**192438**	**141168**	**11781140**	**32735230**
广　州	117	96026	77375	5869644	16699637
深　圳	24	49829	27464	1591456	4562276
珠　海	6	3508	3149	77990	1513852
佛　山	19	8235	6764	1577060	1719237
江　门	5	2137	1491	117809	364212
东　莞	29	27907	20552	2424973	7371828
中　山	2	1832	1550	49620	30802
惠　州	2	2398	2345	62000	430515
肇　庆	3	566	478	10588	42871

2-23　续表 2

(其他)

地　区	市场数量（个）	总摊位数（个）	年末出租摊位数（个）	营业面积（平方米）	成交额（万元）
三大地带	**217**	**137287**	**123268**	**12726388**	**77413116**
环渤海	**28**	**28297**	**24229**	**2014022**	**7737824**
北　京	7	10049	9243	322935	1983749
天　津	4	1343	1305	162906	456748
唐　山	3	4233	1635	215440	330869
沈　阳	1	200	200	5000	28602
大　连	3	5920	5871	298000	3107286
济　南	4	1470	1455	390500	699309
青　岛	6	5082	4520	619241	1131261
长三角	**144**	**80775**	**72854**	**7830079**	**57514165**
上　海	27	11973	11649	1378647	13027191
南　京					
苏　州	16	12194	11353	1172632	20171625
无　锡	11	10454	7928	1352980	7085921
常　州	10	6967	6698	1126821	2786791
镇　江	1	1994	1994	525000	430281
南　通	10	4866	4298	234560	820266
扬　州	11	4194	3784	262338	662679
泰　州	2	3209	2704	72000	444552
杭　州	14	7432	7067	408539	4593072
宁　波	10	2344	1808	199102	900469
嘉　兴	4	858	668	124710	634585
湖　州	7	5947	5316	231461	2088572
绍　兴	7	4717	4341	530497	2079717
舟　山	2	1204	1204	106500	1138814
台　州	12	2422	2042	104292	649630
珠三角	**45**	**28215**	**26185**	**2882287**	**12161127**
广　州	10	5812	5460	1105937	3378268
深　圳	5	3582	3213	106933	1348957
珠　海	2	649	410	32400	19155
佛　山	7	8071	7927	1097865	4358959
江　门	3	1169	1154	53741	572091
东　莞	11	3651	2994	327771	2007952
中　山	1	550	485	5695	19776
惠　州	2	3432	3363	138000	356746
肇　庆	4	1299	1179	13945	99223

2-24 商品交易市场成交情况(按摊位分)

地区	粮油、食品类		#粮油类		#肉禽蛋类	
	摊位数(个)	成交额(万元)	摊位数(个)	成交额(万元)	摊位数(个)	成交额(万元)
三大地带	**306640**	**122651214**	**29408**	**17083185**	**49634**	**19880725**
环渤海	**97637**	**40331996**	**7785**	**4265530**	**10318**	**3540880**
北京	33204	21425199	1900	1769456	4591	1950609
天津	16019	6282538	2673	1360779	1072	608333
唐山	3827	1124931	424	118195	996	157030
沈阳	7600	2831198	688	304919	1410	135365
大连	6497	2285499	843	189592	771	311136
济南	8354	1800622	308	63131	463	99253
青岛	22136	4582009	949	459458	1015	279154
长三角	**169014**	**64975858**	**17128**	**11127747**	**29911**	**11943941**
上海	20785	7767238	2728	767175	3719	1981857
南京	8678	6004252	1454	2457417	1816	887185
苏州	12679	7035718	1206	1913382	2712	1383455
无锡	7981	4106021	1265	685867	1461	1286331
常州	5124	3754439	782	562425	940	551383
镇江	932	580793	93	40468	220	48947
南通	15260	3343136	1351	162648	3220	1443886
扬州	6624	3679222	911	256888	1106	391099
泰州	3394	1342689	331	595021	741	223256
杭州	24206	8955583	1741	2002979	4773	1729798
宁波	22455	5522558	1040	494835	3182	778366
嘉兴	10383	3716313	1595	301582	1644	224604
湖州	7496	2145252	506	126475	1762	402788
绍兴	6554	2140058	754	401620	784	232326
舟山	3383	1368688	131	7142	186	56578
台州	13080	3513898	1240	351823	1645	322082
珠三角	**39989**	**17343360**	**4495**	**1689908**	**9405**	**4395904**
广州	9815	4920606	1236	248551	2071	765352
深圳	9060	3831822	1044	330276	1641	758044
珠海	2709	1507128	83	5824	396	275832
佛山	6059	1546530	185	65858	2380	963200
江门	1792	865852	229	40366	539	445671
东莞	8348	4496635	1490	968233	1757	1130030
中山	836	31058	35	1028	131	8150
惠州	302	25987				
肇庆	1068	117742	193	29772	490	49625

2-24 续表 1

地 区	#水产品类		#蔬菜类		#干鲜果品类	
	摊位数（个）	成交额（万元）	摊位数（个）	成交额（万元）	摊位数（个）	成交额（万元）
三大地带	**61983**	**27024558**	**107310**	**27930568**	**46672**	**28115509**
环渤海	**17524**	**8140663**	**38656**	**12313084**	**16461**	**10724979**
北 京	3922	2780294	11464	7454881	5800	6538138
天 津	1393	1683968	8101	1509267	2688	1120189
唐 山	485	112564	1464	507526	457	229616
沈 阳	2563	1326131	1204	205075	1451	783754
大 连	1596	780302	1881	469194	773	269466
济 南	1721	768978	3266	755809	2596	112816
青 岛	5844	688426	11276	1411332	2696	1671000
长三角	**38767**	**17274289**	**55715**	**11685925**	**23545**	**11806055**
上 海	4156	2177754	6643	1560573	3419	1246766
南 京	1742	1398437	2789	737500	877	521713
苏 州	2968	1556186	3387	911006	2086	927470
无 锡	933	571380	2798	486054	1306	984012
常 州	885	1197209	1728	962119	514	478235
镇 江	115	21363	350	129209	154	340806
南 通	3450	762716	5188	544718	1732	265182
扬 州	1347	483812	2346	1382549	834	1082714
泰 州	828	304135	1241	149144	253	71133
杭 州	3430	2165491	9180	950492	3667	1950261
宁 波	7983	2144479	7799	1417660	1784	587765
嘉 兴	1414	258868	2963	911588	2619	2017671
湖 州	1288	504023	2318	461768	1266	496300
绍 兴	1111	517086	2877	555578	1005	428578
舟 山	1983	1240917	1037	58851	46	5005
台 州	5134	1970433	3071	467116	1983	402444
珠三角	**5692**	**1609606**	**12939**	**3931559**	**6666**	**5584475**
广 州	1316	807858	3805	1163707	964	1827102
深 圳	1422	378817	2915	1334357	2038	1027926
珠 海	484	21473	1227	552373	472	644160
佛 山	1083	201586	2124	243181	285	71696
江 门	258	81489	458	15642	308	282684
东 莞	558	82471	2000	600435	2342	1715458
中 山	470	16570	174	4850	26	460
惠 州					183	13000
肇 庆	101	19342	236	17014	48	1989

2-24 续表 2

地区	饮料类		烟酒类		服装、鞋帽、针纺织品类	
	摊位数（个）	成交额（万元）	摊位数（个）	成交额（万元）	摊位数（个）	成交额（万元）
三大地带	**12629**	**4050444**	**9313**	**4299246**	**353625**	**108253522**
环渤海	**3676**	**1023530**	**3875**	**1419074**	**93490**	**13294509**
北京	1114	471057	1273	805853	26740	2685121
天津	419	118457	440	177510	6841	588467
唐山	268	57925	175	59185	5194	976303
沈阳	55	3413	49	2327	21884	3794774
大连	343	112132	162	130404	12575	1687076
济南	813	194031	111	5194	4106	422449
青岛	664	66515	1665	238601	16150	3140319
长三角	**7622**	**2764467**	**4853**	**2582314**	**191057**	**83048009**
上海	775	84055	614	268201	8642	714812
南京	355	454544	156	580332	5958	481580
苏州	205	147327	343	238366	31330	26718792
无锡	331	99318	157	70891	6369	1119365
常州	1560	731455	353	116856	5325	580884
镇江	40	2316	167	42630	1761	289950
南通	680	114213	711	111844	14364	12107582
扬州	158	36499	259	43424	4631	858947
泰州	141	9351	229	11740	3182	112341
杭州	1059	326172	673	284163	25534	5542601
宁波	445	122354	559	491307	8138	1531491
嘉兴	43	17414	45	45432	30145	8602213
湖州	201	83328	194	110276	4442	2305493
绍兴	1356	483474	130	110534	31557	20480293
舟山					5	91
台州	273	52647	263	56318	9674	1601574
珠三角	**1331**	**262447**	**585**	**297858**	**69078**	**11911004**
广州	492	92551	183	54052	44897	8497503
深圳	374	48998	150	171629	5022	196216
珠海	21	1826	26	2586	487	10763
佛山	127	44330	71	25767	4501	1925435
江门	84	16572	81	12763	204	7042
东莞	207	56925	51	29558	8876	675267
中山	6	74	2	25	1186	19316
惠州	10	864	10	1188	3763	574058
肇庆	10	307	11	290	142	5404

2-24　续表 3

地　区	服装类		鞋帽类		针纺织品类	
	摊位数（个）	成交额（万元）	摊位数（个）	成交额（万元）	摊位数（个）	成交额（万元）
三大地带	**192436**	**34789701**	**40761**	**6942931**	**120428**	**66520890**
环渤海	**60874**	**8359660**	**15081**	**2012402**	**17535**	**2922447**
北　京	19401	2301781	2974	128888	4365	254452
天　津	4522	364089	1493	168332	826	56046
唐　山	3684	377689	902	417443	608	181171
沈　阳	11814	2470976	3896	288897	6174	1034901
大　连	7465	832105	2266	294039	2844	560932
济　南	2127	137709	1456	251792	523	32948
青　岛	11861	1875311	2094	463011	2195	801997
长三角	**93489**	**22620797**	**17309**	**3854046**	**80259**	**56573166**
上　海	6592	595993	548	37620	1502	81199
南　京	3535	325851	890	58406	1533	97323
苏　州	18024	9909544	3447	1277496	9859	15531752
无　锡	2292	505637	1468	366025	2609	247703
常　州	3408	457455	894	60761	1023	62668
镇　江	990	91035	607	177215	164	21700
南　通	2138	178220	897	108932	11329	11820430
扬　州	883	148957	1425	334956	2323	375034
泰　州	2315	77015	501	22848	366	12478
杭　州	17882	2706138	1995	70790	5657	2765673
宁　波	5392	876494	970	299176	1776	355821
嘉　兴	20437	4461043	216	329885	9492	3811285
湖　州	2400	1061325	289	49386	1753	1194782
绍　兴	2041	319607	275	175749	29241	19984937
舟　山	5	91				
台　州	5155	906392	2887	484801	1632	210381
珠三角	**38073**	**3809244**	**8371**	**1076483**	**22634**	**7025277**
广　州	25195	2947045	5687	845604	14015	4704854
深　圳	2837	99805	1032	35818	1153	60593
珠　海	407	6604	64	2338	16	1821
佛　山	559	67796	134	21644	3808	1835995
江　门	184	5679	14	822	6	541
东　莞	5115	274478	432	11179	3329	389610
中　山	1101	17412	77	1524	8	380
惠　州	2557	385846	918	156919	288	31293
肇　庆	118	4579	13	635	11	190

2-24 续表 4

地区	化妆品类		金银珠宝类		日用品类	
	摊位数（个）	成交额（万元）	摊位数（个）	成交额（万元）	摊位数（个）	成交额（万元）
三大地带	**6592**	**795437**	**6276**	**3107868**	**72925**	**12958858**
环渤海	**2467**	**257140**	**1708**	**393726**	**25611**	**3263464**
北京	920	42222	554	188770	7041	741635
天津	200	9699	13	219	1893	204449
唐山	120	43329	21	27487	428	82217
沈阳	302	20124			4330	654773
大连	454	110103	57	22659	2258	569232
济南	39	2347	35	840	919	34194
青岛	432	29316	1028	153751	8742	976964
长三角	**1778**	**368249**	**2104**	**2563693**	**32318**	**7996644**
上海	75	3563	43	13862	944	2217337
南京	67	5735	26	3956	3067	384666
苏州	35	11406	227	422444	2847	651653
无锡	251	43612	84	9307	5432	1182068
常州	58	15902	23	11443	6277	1288700
镇江	56	2127	7	952	195	2767
南通	198	68062	26	3091	1146	148358
扬州	35	71030			957	153936
泰州	300	23050			479	17420
杭州	265	9938	367	1030800	4072	747733
宁波	162	30680			2506	406412
嘉兴	45	2878	5	345	693	123366
湖州	57	46656	2	150	175	57435
绍兴	7	556	1293	1060043	554	262798
舟山					6	266
台州	167	33054	1	7300	2968	351729
珠三角	**2347**	**170048**	**2464**	**150449**	**14996**	**1698750**
广州	2002	107967	706	48798	12221	1474630
深圳	123	1640	833	37160	1261	37038
珠海	17	510			90	3927
佛山	32	16471	2	9	571	131679
江门	12	433			337	13925
东莞	3	41			10	706
中山					2	69
惠州	158	42986	256	25830	438	34166
肇庆			667	38652	66	2610

2-24 续表 5

地 区	#儿童玩具类		五金、电料类		体育、娱乐用品类	
	摊位数（个）	成交额（万元）	摊位数（个）	成交额（万元）	摊位数（个）	成交额（万元）
三大地带	**8487**	**1156399**	**43361**	**10860845**	**3499**	**585056**
环 渤 海	**4223**	**279549**	**8520**	**2106856**	**1463**	**145213**
北 京	1381	48474	2529	349130	698	61700
天 津	57	5903	2997	1026956	80	10932
唐 山	237	41716	242	106170	63	45962
沈 阳	685	24893	581	10606		
大 连	146	6722	710	216630	65	2144
济 南	87	5080	431	5728	78	4520
青 岛	1630	146761	1030	391636	479	19955
长 三 角	**3204**	**786146**	**28260**	**7096788**	**1231**	**328635**
上 海	142	30321	4382	401491	260	49222
南 京	133	17191	835	217267	32	3497
苏 州	411	106880	3249	562072	236	138684
无 锡	522	375153	3397	842041	65	20036
常 州	159	8974	1755	587978	10	11150
镇 江	90	891	33	2526	8	375
南 通	458	43063	1434	156891	127	23658
扬 州	387	95381	951	432016		
泰 州	136	7113	1205	339837	129	5756
杭 州	153	20369	4158	2049666	82	10805
宁 波	355	22092	2438	481062	89	2845
嘉 兴	7	222	304	8449		
湖 州	30	22957	449	65227	11	1179
绍 兴	78	19232	963	464811	8	13144
舟 山						
台 州	143	16307	2707	485454	174	48284
珠 三 角	**1060**	**90704**	**6581**	**1657201**	**805**	**111208**
广 州	218	11831	3857	976724	368	42078
深 圳	319	9130	474	13802	313	38419
珠 海	30	1503	17	787	8	586
佛 山	122	40908	222	80235	57	24847
江 门	42	1065	8	275	10	388
东 莞	10	706	1853	572379	2	21
中 山						
惠 州	304	25552	137	12531	45	4788
肇 庆	15	9	13	468	2	81

2-24 续表 6

地区	#照相器材类		书报杂志类		电子出版物及音像制品类	
	摊位数（个）	成交额（万元）	摊位数（个）	成交额（万元）	摊位数（个）	成交额（万元）
三大地带	**465**	**70528**	**745**	**162560**	**576**	**165360**
环渤海	**156**	**30587**	**305**	**95542**	**147**	**26434**
北京	153	28887	113	81683	9	409
天津			13	175	15	1581
唐山	3	1700	3	1000	11	4205
沈阳					5	99
大连			13	172	74	16539
济南			20	500		
青岛			143	12012	33	3601
长三角	**195**	**36314**	**343**	**46613**	**326**	**57762**
上海	179	34049	13	3092	43	2082
南京			4	44	4	85
苏州			3	92	1	420
无锡	2	86	148	7435	16	660
常州			2	46	61	16560
镇江	2	209	5	140	9	218
南通	12	1970	87	17485	56	8293
扬州			2	434	4	70
泰州			3	7	20	300
杭州			70	17800	8	302
宁波			5	22		
嘉兴						
湖州					11	1298
绍兴			1	16	3	4816
舟山						
台州					90	22658
珠三角	**114**	**3627**	**97**	**20405**	**103**	**81164**
广州	106	3230	91	20388	6	47
深圳						
珠海	8	397				
佛山			3	15	72	78012
江门					1	90
东莞						
中山						
惠州					24	3015
肇庆			3	2		

2-24 续表 7

地区	家用电器和音像器材类		中西药品类		#西药类	
	摊位数（个）	成交额（万元）	摊位数（个）	成交额（万元）	摊位数（个）	成交额（万元）
三大地带	**7959**	**1212775**	**1081**	**381185**	**167**	**232818**
环渤海	**3002**	**380973**	**101**	**12241**	**63**	**9871**
北京	597	41770	27	3656	20	2504
天津	144	13479	14	217	8	74
唐山	142	90067	13	6100	13	6100
沈阳	500	16647				
大连	419	156133	10	588	5	473
济南	462	3470				
青岛	738	59407	37	1680	17	720
长三角	**2741**	**609495**	**381**	**346602**	**94**	**221802**
上海	98	19163	174	36218	4	1218
南京	49	9772	4	69	4	69
苏州	681	24597	1	52	1	52
无锡	260	105446	21	118224	10	54172
常州	31	5095	17	159239	17	159239
镇江	27	1480	37	2181	21	1513
南通	145	43335	39	6259	29	5268
扬州	42	1051	6	121	6	121
泰州	251	38967				
杭州	410	122288	4	545	2	150
宁波	241	43718				
嘉兴	3	568				
湖州	5	390	7	550		
绍兴	168	98113				
舟山						
台州	330	95512	71	23144		
珠三角	**2216**	**222307**	**599**	**22342**	**10**	**1145**
广州	974	136145	420	11910	3	856
深圳	1043	55444	149	8890	3	50
珠海			4	595	1	166
佛山	50	13251	10	121		
江门			5	590		
东莞			5	227	3	73
中山						
惠州	146	15633				
肇庆	3	1834	6	9		

2-24 续表 8

地 区	#中草药及中成药类		文化办公用品类		计算机及其配套产品	
	摊位数（个）	成交额（万元）	摊位数（个）	成交额（万元）	摊位数（个）	成交额（万元）
三大地带	**681**	**64441**	**20428**	**3497503**	**9870**	**1156397**
环 渤 海	**10**	**1212**	**9066**	**1866647**	**2393**	**325598**
北 京	7	1152	5118	922571	1827	215111
天 津	3	60	441	42082	7	12
唐 山			495	105482	124	10973
沈 阳			154	19970		
大 连			1926	650657	6	517
济 南			260	3984		
青 岛			672	121901	429	98985
长 三 角	**205**	**48591**	**7684**	**1272292**	**4482**	**565129**
上 海	170	35000	479	62282	295	42509
南 京			306	62074	218	48650
苏 州			382	171826		
无 锡	7	11537	669	100143	312	36931
常 州			414	48633	305	38840
镇 江	16	668	19	1136	6	635
南 通	10	991	422	87895	46	9970
扬 州			475	200833	358	81386
泰 州			103	1916	19	200
杭 州	2	395	2086	224280	1369	147209
宁 波			1085	132710	570	54387
嘉 兴			70	13676	54	11145
湖 州			20	3600		
绍 兴			171	40764	150	26636
舟 山						
台 州			983	120524	780	66631
珠 三 角	**466**	**14638**	**3678**	**358564**	**2995**	**265670**
广 州	417	11054	1642	193514	1412	133530
深 圳	30	3142	1534	119622	1353	116460
珠 海	3	312	8	382		
佛 山	10	121	288	27441	230	15680
江 门			21	480		
东 莞			39	1123		
中 山						
惠 州			146	16002		
肇 庆	6	9				

2-24 续表 9

地区	家具类		通讯器材类		煤炭及制品类	
	摊位数（个）	成交额（万元）	摊位数（个）	成交额（万元）	摊位数（个）	成交额（万元）
三大地带	**34357**	**5363571**	**8476**	**832348**	**2966**	**3026046**
环渤海	**12272**	**1492427**	**951**	**95461**	**2743**	**1759004**
北京	5556	665794	151	16847		
天津	426	37716	62	31369	2733	1754921
唐山	33	10656	89	17009	5	4000
沈阳	1882	125942	2	26		
大连	1511	112770	185	11974		
济南	1091	164592	215	3457		
青岛	1773	374957	247	14779	5	83
长三角	**21420**	**3791799**	**3263**	**354211**	**223**	**1267042**
上海	2093	158041	72	15591		
南京	1723	317283	3	52		
苏州	4995	1214541	951	30326	44	7061
无锡	1046	125439	142	32667	71	622108
常州	821	169168	41	4151		
镇江	15	1311	26	1733	9	312
南通	1139	213673	77	20818		
扬州	665	147354				
泰州	1387	120652			35	3200
杭州	2017	260110	888	124380		
宁波	1295	274305			49	617781
嘉兴	225	27160				
湖州	1520	400315	2	250	2	160
绍兴	783	231157			13	16420
舟山	1450	54156				
台州	246	77134	1061	124243		
珠三角	**665**	**79345**	**4262**	**382676**		
广州	388	24262	76	5533		
深圳	98	10808	4042	350083		
珠海			5	248		
佛山	172	36775	11	16967		
江门	2	7000				
东莞	5	500	38	576		
中山						
惠州			87	9252		
肇庆			3	17		

2-24 续表 10

地区	木材及制品类		石油及制品类		化工材料及制品类	
	摊位数（个）	成交额（万元）	摊位数（个）	成交额（万元）	摊位数（个）	成交额（万元）
三大地带	**12111**	**3434238**	**885**	**17649817**	**17838**	**27982478**
环渤海	**1151**	**194504**	**192**	**4885408**	**442**	**269342**
北京	127	18624			113	20273
天津	62	19745			231	233787
唐山	3	1500	3	3000	9	5700
沈阳	291	42250			1	50
大连	375	14714	170	4880000	85	9382
济南						
青岛	293	97671	19	2408	3	150
长三角	**10030**	**2790098**	**693**	**12764409**	**12718**	**23647494**
上海	1102	666139	557	11197000	643	2058654
南京	40	8723				
苏州	468	117595			5519	5763989
无锡	681	31980			898	5098117
常州	3868	750473			1119	1854870
镇江	6	281	11	308	51	92401
南通	241	33451			37	21476
扬州	280	167326				
泰州					85	12401
杭州	422	101784			311	553879
宁波	154	57323	63	1555502	3293	7662465
嘉兴					8	6400
湖州	1928	766292			5	670
绍兴	139	36991	2	1500	326	340420
舟山						
台州	701	51740	60	10099	423	181752
珠三角	**930**	**449636**			**4678**	**4065642**
广州	179	25326			20	5188
深圳					356	179410
珠海						
佛山						
江门					2	99
东莞	751	424310			4300	3880945
中山						
惠州						
肇庆						

2-24　续表 11

地　区	#化肥类		金属材料类		建筑及装潢材料类	
	摊位数（个）	成交额（万元）	摊位数（个）	成交额（万元）	摊位数（个）	成交额（万元）
三大地带	**114**	**21183**	**31334**	**112628931**	**83919**	**14947291**
环渤海	**8**	**5438**	**5574**	**4608882**	**15511**	**2417093**
北　京			411	349781	6107	1176501
天　津	5	2538	1199	1420983	1463	182164
唐　山	3	2900	486	423703	472	42350
沈　阳			2315	1411126	3452	491898
大　连			173	82000	1321	92305
济　南			488	158960	760	128980
青　岛			502	762329	1936	302895
长三角	**104**	**15646**	**23938**	**105733473**	**63562**	**11645619**
上　海	5	946	1830	55602112	8352	1392503
南　京			720	183698	10856	831309
苏　州			2539	12941086	5637	715029
无　锡	11	6752	6335	15205295	3059	1040812
常　州			1708	3269833	2178	1412763
镇　江	4	841	163	2120693	910	216193
南　通	7	166	580	123638	3347	648723
扬　州			550	264214	2434	588268
泰　州	75	5895	492	505420	2455	324426
杭　州	2	1046	1420	2293783	7384	1041350
宁　波			3753	11015626	3889	1400163
嘉　兴			1263	785533	5051	1038346
湖　州					2615	270993
绍　兴			1674	1127989	2104	367134
舟　山						
台　州			911	294553	3291	357607
珠三角	**2**	**99**	**1822**	**2286576**	**4846**	**884579**
广　州			523	1710598	1861	203120
深　圳					376	41870
珠　海			2	129		
佛　山			608	423675	2115	551333
江　门	2	99				
东　莞			689	152174	494	88256
中　山						
惠　州						
肇　庆						

2-24 续表 12

地区	机电产品及设备类		#农机类		汽车类	
	摊位数（个）	成交额（万元）	摊位数（个）	成交额（万元）	摊位数（个）	成交额（万元）
三大地带	**11259**	**3070725**	**1284**	**247272**	**30348**	**39616578**
环渤海	**2048**	**620507**	**283**	**70974**	**12803**	**15660387**
北京	356	98182			3558	9637766
天津	652	376536	1	28	1062	1739873
唐山	15	8800	4	2400	243	90283
沈阳	24	7393			2519	809509
大连	600	30000			3405	1944105
济南	154	31425	45	2114	893	954349
青岛	247	68171	233	66432	1123	484502
长三角	**8473**	**2252403**	**821**	**130505**	**13665**	**18631208**
上海	653	104753			1752	2737116
南京	46	8100	19	3850		
苏州	1510	186341	244	38868	327	890184
无锡	60	22323	4	5965	1002	1786099
常州	1138	131286	361	53226	1129	2070602
镇江	921	176529	83	11159	5	2475
南通	216	45463	48	7623	360	171917
扬州	239	28147	61	9704	383	78972
泰州	454	302335	1	110		
杭州	1145	613917			5839	6372169
宁波	141	44107			331	578282
嘉兴	222	8785			1452	1091497
湖州	67	18950			500	310689
绍兴	234	58410			2	1680
舟山	906	394855			1	53411
台州	521	108102			582	2486115
珠三角	**738**	**197815**	**180**	**45793**	**3880**	**5324983**
广州	360	57339			2761	1887802
深圳	175	88193			86	161900
珠海						
佛山	201	52226	180	45793	98	1412439
江门						
东莞	2	57			848	433294
中山						
惠州					87	1429548
肇庆						

2-24 续表 13

地 区	种子饲料类		棉麻类		其他类	
	摊位数（个）	成交额（万元）	摊位数（个）	成交额（万元）	摊位数（个）	成交额（万元）
三大地带	**499**	**60597**	**1636**	**2830986**	**45558**	**9791589**
环渤海	**254**	**15417**	**62**	**700**	**13522**	**618593**
北 京	6	233	62	700	5345	190616
天 津	7	1365			812	27862
唐 山	5	3000			988	49272
沈 阳	223	10444			1993	173811
大 连					2387	75169
济 南					1738	77115
青 岛	13	375			259	24748
长三角	**225**	**44289**	**1574**	**2830286**	**23286**	**8219587**
上 海	10	1350	13	286	3500	409862
南 京					590	40314
苏 州	4	70	166	198003	2927	2378565
无 锡					1426	281030
常 州	8	413	600	1578429	3030	2087666
镇 江	3	285			1198	288739
南 通	81	19533	144	64420	1455	414907
扬 州	6	119			1216	310505
泰 州					865	114306
杭 州					2266	676362
宁 波	89	18175	261	192848	1090	396410
嘉 兴			390	796300	1059	252143
湖 州	2	335			310	41395
绍 兴	2	29			1009	346246
舟 山						
台 州	20	3980			1345	181137
珠三角	**20**	**891**			**8750**	**953409**
广 州	12	332			2072	261333
深 圳					5530	570209
珠 海					165	3540
佛 山	4	432			281	81586
江 门	1	102			85	10692
东 莞	3	25			392	3538
中 山					3	36
惠 州					186	20961
肇 庆					36	1514

第三部分　市场篇

简要说明：

本篇资料的主要内容是按成交额排名居前列的大型商品交易市场的名称，包括按照市场类别划分的综合市场、专业市场等。

3-1 前100家商品交易市场

序号	市场名称	序号	市场名称
1	上海物贸有色金属交易市场	51	江苏东方钢材城(无锡市)
2	中国常熟服装城(苏州市)	52	无锡招商城市场
3	张家港玖隆物流园企业管理有限公司(苏州市)	53	广州江南果菜批发市场
4	白沟新城市场(保定市)	54	江苏湖塘纺织城(常州市)
5	中国东方丝绸市场(苏州市)	55	江阴市金属材料市场(无锡市)
6	浙江省义乌市中国小商品城(金华市)	56	沧州崔尔庄红枣批发市场
7	中国轻纺城(绍兴市)	57	苏州南环桥市场(苏州市)
8	河南万邦国际农产品物流股份有限公司(郑州市)	58	湖南省三湘南湖大市场(长沙市)
9	宁波镇海大宗生产资料交易中心	59	海吉星农产品批发市场(深圳市)
10	北京新发地农副产品批发市场中心	60	安庆市光彩大市场
11	齐鲁国际塑化城(淄博市)	61	洛阳市洛龙区关林市场
12	叠石桥国际家纺城有限公司(南通市)	62	贵阳西南国际商贸城
13	上海石协石化市场经营管理公司	63	武汉白沙洲农副产品大市场
14	张家港保税区化工品交易中心有限公司(苏州市)	64	福州海峡水产品交易市场
15	余姚市中国塑料城(宁波市)	65	北京市新发地农产品股份有限公司
16	海城市西柳服装市场(鞍山市)	66	东莞市信立农副产品批发中心
17	钱清中国轻纺原料城(绍兴市)	67	合肥周谷堆大兴农产品国际物流园有限责任公司
18	南通市通州区志浩综合市场	68	即墨市服装批发市场(青岛市)
19	上海石化物资交易中心有限公司	69	安徽省徽商钢材市场(合肥市)
20	江阴长江港口物流园区交易中心(无锡市)	70	惠龙港国际钢铁物流股份有限公司(镇江市)
21	江苏华东石化物资交易市场(无锡市)	71	上海外高桥钟表交易中心
22	石家庄市新华集贸市场	72	江苏宣武集团市场(徐州市)
23	大连石油交易所	73	江津区双福国际农贸城(重庆市)
24	北京市旧机动车交易市场有限公司	74	安国市东方药城交易大厅(保定市)
25	南京众彩农副产品批发市场	75	中国织里童装市场(湖州市)
26	山东泰山钢材大市场(泰安市)	76	常州市武进汽车城投资发展有限公司
27	广州市海珠区中大布匹市场	77	烟台市三站市场
28	新疆宝新恒源钢材物流园(乌鲁木齐市)	78	东莞市大京九塑胶原料市场
29	盐湖区禹都市场(运城市)	79	广东西樵轻纺城(佛山市)
30	湖南高桥大市场(长沙市)	80	无锡南方不锈钢市场(无锡市)
31	博兴县兴福镇黑白铁市场(滨州市)	81	北京世纪大乐国际服装市场
32	浙江中国科技五金城(金华市)	82	常州市武进夏溪花木市场
33	沈阳五爱小商品批发市场	83	杭州机动车交易市场
34	朝天门市场(重庆市)	84	天津王顶堤批发市场
35	南三条市场(石家庄市)	85	湛江市霞山区水产品批发市场
36	成都濛阳农副产品综合批发交易市场	86	浙江纺织采购博览城(杭州市)
37	桐乡市濮院羊毛衫市场(嘉兴市)	87	北京锦绣大地农副产品批发市场
38	成都国际商贸城	88	临沂市万宝钢材市场
39	张家港保税区纺织原料市场(苏州市)	89	南昌深圳农产品中心批发市场
40	江苏凌家塘市场(常州市)	90	碑廓木材市场(日照市)
41	商丘农产品中心批发市场	91	北京北辰亚运村汽车交易市场中心
42	南昌市洪城大市场	92	张家港保税区进口消费品市场(苏州市)
43	绍兴越州轻纺工贸园区市场	93	北京盛华宏林粮油批发市场
44	长沙市红星实业集团有限公司农副产品大市场	94	嘉兴水果市场
45	大连双兴商品城有限公司	95	松北区润恒农副产品大市场(哈尔滨市)
46	亳州市(中国)中药材交易中心	96	成都农产品中心批发市场
47	河北省香河家具城(廊坊市)	97	宁波镇海液体化工产品交易市场
48	长葛市新区钢材市场(许昌市)	98	上海江杨农产品市场
49	北京大洋路农副产品市场	99	宁波华东物资城
50	杭州萧山商业城	100	中南汽车世界大中南汽车贸易公司(长沙市)

3-2 前100家综合贸易市场

序号	市场名称	序号	市场名称
1	白沟新城市场(保定市)	51	监利县天府庙大市场(荆州市)
2	浙江省义乌市中国小商品城(金华市)	52	江苏苏浙皖边界市场(常州市)
3	北京新发地农副产品批发市场中心	53	赣南贸易广场(赣州市)
4	南京众彩农副产品批发市场	54	增益冷链(武汉)有限公司-白沙洲冷链大市场
5	盐湖区禹都市场(运城市)	55	中国北方五金城(天津市)
6	湖南高桥大市场(长沙市)	56	华威物流新西营里市场(福州市)
7	浙江中国科技五金城集团有限公司(金华市)	57	北京八里桥农产品中心批发市场
8	朝天门市场(重庆市)	58	上海农产品中心批发市场
9	南三条市场(石家庄市)	59	青岛市城阳蔬菜水产品批发市场
10	成都濛阳农副产品综合批发交易市场	60	湖北北盟投资集团有限公司(襄阳市)
11	江苏凌家塘市场发展有限公司(常州市)	61	无锡朝阳农产品大市场
12	商丘农产品中心批发市场	62	闽南商业城批发市场(漳州市)
13	南昌市洪城大市场	63	无锡市金桥副食品市场(无锡市)
14	长沙市红星实业集团有限公司农副产品大市场	64	泰州市华东五金城市场
15	大连双兴商品城有限公司	65	安徽省广德县农贸市场(宣城市)
16	北京大洋路农副产品市场	66	扬州曲江商品城
17	杭州萧山商业城	67	大足区龙水五金市场(重庆市)
18	无锡招商城市场	68	商丘市光彩大市场
19	苏州南环桥市场	69	路南区荷花坑市场(唐山市)
20	湖南省三湘南湖大市场(长沙市)	70	杭州萧山鑫火金属建材城
21	海吉星农产品批发市场(深圳市)	71	中南农产品市场(佛山市)
22	安庆市光彩大市场	72	宜春市赣西农副新产品批发市场
23	洛阳市洛龙区关林市场	73	山东黑马集团有限公司商贸批发市场(德州市)
24	贵阳西南国际商贸城	74	滕州真爱商城(枣庄市)
25	东莞市信立农副产品批发中心	75	安徽省广德县太极商城(宣城市)
26	合肥周谷堆大兴农产品国际物流园有限责任公司	76	阜阳临沂商城
27	江津区双福国际农贸城(重庆市)	77	重庆马家岩板材批发市场
28	烟台市三站市场	78	蚌埠中恒义乌国际商贸城
29	天津王顶堤批发市场	79	慈溪市农副产品批发市场(宁波市)
30	北京锦绣大地农副产品批发市场	80	中国龙水五金旅游城(重庆市)
31	南昌深圳农产品中心批发市场	81	诸暨市小商品市场(绍兴市)
32	张家港保税区进口消费品市场(苏州市)	82	中国芜湖商品交易博览城
33	北京盛华宏林粮油批发市场	83	长兴县农副产品综合批发市场
34	松北区润恒农副产品大市场(哈尔滨市)	84	石家庄桥西蔬菜中心批发市场
35	成都农产品中心批发市场	85	张家港市青草巷农副产品批发市场(苏州市)
36	上海江杨农产品市场	86	宁波轻纺城
37	重庆市观音桥农贸市场	87	九江市京九农副产品中心批发市场
38	聊城香江光彩大市场	88	蚌埠海吉星农产品物流有限公司
39	哈尔滨哈达农副产品股份有限公司	89	四川好一新商贸城(达州市)
40	宿迁经济开发区宿迁义乌商贸城	90	涵江商贸批发中心(莆田市)
41	北京农产品中央批发市场	91	南京金桥市场
42	西安雨润农产品全球采购有限公司	92	正定县恒山板材批发市场(石家庄市)
43	北京京丰岳各庄农副产品批发市场中心	93	昌平市场服务管理中心(北京市)
44	即墨小商品城(青岛市)	94	天津金元宝滨海农产品交易市场
45	华南国际工业原料城(深圳)有限公司	95	皖西北商贸城(阜阳市)
46	北京顺鑫石门农产品批发市场	96	台州市路桥小商品批发市场
47	重庆市永川区商贸城	97	慈溪市工业品批发市场(宁波市)
48	深圳市福田农产品批发市场	98	石河子农产品交易中心
49	蚌埠市光彩市场	99	大连奥林匹克电子城
50	新疆华凌工贸集团有限公司华凌综合市场(乌鲁木齐市)	100	江阴市江南农副产品批发市场(无锡市)

3-3 前100家专业市场

序号	市场名称	序号	市场名称
1	上海物贸有色金属交易市场	51	高阳县庞口汽车农机配件城(保定市)
2	张家港玖隆物流园企业管理有限公司(苏州市)	52	临清市烟店轴承市场(聊城市)
3	宁波镇海大宗生产资料交易中心	53	福州市南方建材市场
4	齐鲁国际塑化城(淄博市)	54	中储发展股份有限公司天津储宝分公司
5	上海石协石化市场经营管理公司	55	杭州运河钢材市场
6	张家港保税区化工品交易中心有限公司(苏州市)	56	中国铁路物资哈尔滨钢材大市场
7	余姚市中国塑料城(宁波市)	57	中昊化工网上交易中心(上海市)
8	上海石化物资交易中心有限公司	58	重庆金属材料现货交易市场
9	江阴长江港口物流园区交易中心(无锡市)	59	南宁市虎邱城北钢材市场
10	江苏华东石化物资交易市场(无锡市)	60	宁波江北华东物资城浙甬市场
11	大连石油交易所	61	成都富森美家居置业有限公司
12	山东泰山钢材大市场(泰安市)	62	东莞市樟木头塑胶原料市场
13	新疆宝新恒源钢材物流园(乌鲁木齐市)	63	余姚市模板市场(宁波市)
14	博兴县兴福镇黑白铁市场(滨州市)	64	山东罗庄建材批发市场(临沂市)
15	长葛市新区钢材市场(许昌市)	65	恒胜钢材市场(重庆市)
16	江苏东方钢材城有限公司(无锡市)	66	新疆华凌建材出口基地(乌鲁木齐市)
17	江阴市金属材料市场(无锡市)	67	重庆巨龙钢材市场
18	安徽省徽商钢材市场(合肥市)	68	河南葛天金属材料交易市场(许昌市)
19	惠龙港国际钢铁物流股份有限公司(镇江市)	69	江西省装潢建材大市场(南昌市)
20	东莞市大京九塑胶原料市场	70	宁波市镇海煤炭交易市场
21	无锡南方不锈钢市场	71	中国西部金属交易城(重庆市)
22	临沂市万宝钢材市场	72	安平县丝网大世界(衡水市)
23	碑廓木材市场(日照市)	73	沈阳沈都钢材市场
24	宁波镇海液体化工产品交易市场	74	江阴景澄物流交易市场(无锡市)
25	宁波华东物资城	75	杭州物资城有限公司
26	天津港散货交易市场	76	揭阳市国际金属材料市场
27	常州淮都金属城	77	江苏万商商贸城(常州市)
28	常州钢材现货交易市场	78	乌兰浩特市融佳建材市场(兴安盟)
29	浙江长三角石油化工发展有限公司(宁波市)	79	兴化市戴南镇不锈钢交易城(泰州市)
30	江苏长江塑料化工交易市场(常州市)	80	常州长贸中心市场(常州市)
31	东莞市华南塑胶城(东莞市)	81	禧龙建筑装饰材料大市场(哈尔滨市)
32	湖南钢材大市场(长沙市)	82	中储801仓库钢材市场(洛阳市)
33	江苏八里钢铁市场(徐州市)	83	新疆亚中机电市场(乌鲁木齐市)
34	永年县标准件市场(邯郸市)	84	永康市废旧金属材料市场(金华市)
35	长葛市九鼎美达建材市场(许昌市)	85	宁波市镇海厚恒物资城(宁波市)
36	广州钢铁交易中心	86	沈阳塔湾物流有限公司
37	徐州区域生产资料市场	87	湛江海田新五金机电产品批发市场
38	南阳龙升物流枢纽中心银海钢材市场(南阳市)	88	诸城市开发区钢材市场(潍坊市)
39	武汉市琴台钢材市场	89	广东鱼珠国际建材市场
40	上海中山化工市场	90	成都万贯五金机电市场
41	成都市量力钢材物流有限公司	91	株洲市中南金属物流大市场
42	绿云石都建材交易城(重庆市)	92	北三环大明宫建材家居市场(西安市)
43	浙江南浔建材市场(湖州市)	93	乐清市柳市有色金属材料市场(温州市)
44	诸暨华东汽配水暖城(绍兴市)	94	温州市六虹钢材市场(温州市)
45	无锡不锈钢市场	95	广东东方兴业城(东莞市)
46	无锡市国联金属材料市场有限公司(无锡市)	96	宁波华东物资城王家弄市场
47	华东胶合板市场(临沂市)	97	无锡储运有限公司朝阳钢材交易市场
48	龙文钢材市场(重庆市)	98	金华市浙中建筑装饰材料市场
49	江津区攀宝钢材市场(重庆市)	99	肥东县裕隆市场(合肥市)
50	聊城大东钢管市场	100	孟村县辛大管件市场(沧州市)

3-4 前20家生产资料综合市场

序号	市场名称
1	浙江中国科技五金城(金华市)
2	安庆市光彩大市场
3	湖北北盟投资集团有限公司(襄阳市)
4	重庆马家岩板材批发市场
5	正定县恒山板材批发市场(石家庄市)
6	江苏华东灯具城(镇江市)
7	浙江世纪建材装饰市场(杭州市)
8	武汉市舵落口大市场
9	宁波万国商城
10	新雪域农产品交易中心(遵义市)
11	成都国融金府机电城
12	宜兴市轻纺建材装璜市场(无锡市)
13	阿克苏市农哈哈农资市场
14	无锡五洲国际装饰城(无锡市)
15	博兴县城东大市场(滨州市)
16	丰县招商场(徐州市)
17	长兴太平洋商贸城市场(湖州市)
18	晨旭无公害蔬菜批发市场(重庆市)
19	成都长久机电交易广场
20	绵阳现代农资批发市场

3-5 前20家工业消费品综合市场

序号	市场名称
1	白沟新城市场（保定市）
2	浙江省义乌市中国小商品城（金华市）
3	湖南高桥大市场（长沙市）
4	朝天门市场（重庆市）
5	南三条市场（石家庄市）
6	南昌市洪城大市场（南昌市）
7	无锡招商城市场
8	湖南省三湘南湖大市场（长沙市）
9	洛阳市洛龙区关林市场
10	烟台市三站市场
11	聊城香江光彩大市场
12	宿迁经济开发区宿迁义乌商贸城
13	即墨小商品城（青岛市）
14	华南国际工业原料城(深圳)有限公司
15	重庆市永川区商贸城
16	蚌埠市光彩市场
17	扬州曲江商品城
18	大足区龙水五金市场（重庆市）
19	商丘市光彩大市场
20	山东黑马集团有限公司商贸批发市场（德州市）

3-6 前20家农产品综合市场

序号	市场名称
1	北京新发地农副产品批发市场中心
2	南京众彩农副产品批发市场
3	成都濛阳农副产品综合批发交易市场
4	江苏凌家塘市场（常州市）
5	商丘农产品中心批发市场
6	长沙市红星实业集团有限公司农副产品大市场
7	北京大洋路农副产品市场
8	苏州南环桥市场
9	海吉星农产品批发市场（深圳市）
10	东莞市信立农副产品批发中心
11	合肥周谷堆大兴农产品国际物流园有限责任公司
12	江津区双福国际农贸城（重庆市）
13	天津王顶堤批发市场
14	南昌深圳农产品中心批发市场
15	北京盛华宏林粮油批发市场
16	松北区润恒农副产品大市场（哈尔滨市）
17	成都农产品中心批发市场
18	上海江杨农产品市场
19	重庆市观音桥农贸市场
20	哈尔滨哈达农副产品股份有限公司

3-7 前20家其他综合市场

序号	市场名称
1	盐湖区禹都市场（运城市）
2	大连双兴商品城
3	杭州萧山商业城
4	贵阳西南国际商贸城
5	北京锦绣大地农副产品批发市场
6	张家港保税区进口消费品市场（苏州市）
7	新疆华凌工贸集团有限公司华凌综合市场（乌鲁木齐市）
8	监利县天府庙大市场（荆州市）
9	江苏苏浙皖边界市场（常州市）
10	赣南贸易广场（赣州市）
11	中国北方五金城（天津市）
12	青岛市城阳蔬菜水产品批发市场
13	闽南商业城批发市场（漳州市）
14	泰州市华东五金城市场
15	路南区荷花坑市场（唐山市）
16	杭州萧山鑫火金属建材城
17	滕州真爱商城（枣庄）
18	安徽省广德县太极商城（宣城市）
19	阜阳临沂商城
20	蚌埠中恒义乌国际商贸城（蚌埠市）

3-8 前20家农业生产用具市场

序号	市场名称
1	高阳县庞口汽车农机配件城（保定市）
2	肥东县裕隆市场建设投资有限公司（合肥市）
3	宁晋县大陆村镇农机配件市场（邢台市）
4	南昌县农机大市场
5	湖南农机产业园（湘潭市）
6	长葛市金桥农机商贸市场（许昌市）
7	临邑县农机大市场（德州市）
8	通辽经济技术开发区农机市场
9	常州农机机电市场
10	陵县农机市场（德州市）
11	佛山市南海东方国际机械广场
12	平度市农机及配件市场（青岛市）
13	平度市机动车配件城（青岛市）
14	西北农资城（银川市）
15	武城县农机大世界（德州市）
16	伊宁市城东综合批发市场（伊犁哈萨克自治州）
17	湘潭农机机电大市场（湘潭市）
18	新乐市三轮车市场（石家庄市）
19	阜城县崔庙镇粮保器材批发市场（衡水市）
20	扎兰屯市蒙东农机具交易市场（呼伦贝尔市）

3-9 前20家农用生产资料市场

序号	市场名称
1	漳州闽南饲料批发市场
2	新沂市农资市场（徐州市）
3	南宁市种畜场饲料兽药禽苗市场
4	中国荣昌畜牧产品交易市场
5	临邑县金家园农资市场（德州市）
6	七西农资批发市场（德州市）
7	闽西粮油饲料城（龙岩市）
8	供销农资批发市场（怀化市）
9	武鸣县农资专业市场（南宁市）
10	海兴县辛集镇鱼子鱼粉市场（沧州市）
11	南阳惠农达农资市场
12	菏泽市牡丹区农业科技市场
13	石河子市种子交易市场
14	邢台市第一农业生产资料总公司
15	通辽经济技术开发区农资市场
16	八步区八达饲料市场（贺州市）
17	永州市农业生产资料市场
18	扎兰屯市蒙东农业生产资料市场（呼伦贝尔市）
19	徐州大自然牧业市场
20	梅河口市农资市场（通化市）

3-10 前20家木材市场

序号	市场名称
1	碑廓木材市场（日照市）
2	浙江南浔建材市场（湖州市）
3	华东胶合板市场（临沂市）
4	常州长贸中心市场
5	广东东方兴业城（东莞市）
6	上海福人国际木材交易中心
7	鲁北木材市场（德州市）
8	江苏武进横林国际地板家具城（常州市）
9	华岩陶瓷市场（重庆市）
10	通辽经济技术开发区木材市场
11	扬州兴森木业有限公司
12	郓城县黄安木材交易市场（菏泽市）
13	丰县木材市场（徐州市）
14	浙江贺村木业市场（衢州市）
15	仓山区上渡林产品交易市场（福州市）
16	上海金翔木材批发市场
17	邹城市兴隆大市场（济宁市）
18	青岛市金胶州木材市场
19	上海晋福木制品有限公司（联东）
20	临邑县建材大市场（德州市）

3-11 前20家建材市场

序号	市场名称
1	长葛市九鼎美达建材市场（许昌市）
2	福州市南方建材市场
3	宁波江北华东物资城浙甬市场
4	成都富森美家居置业有限公司
5	山东罗庄建材批发市场（临沂市）
6	新疆华凌建材出口基地（乌鲁木齐市）
7	江西省装潢建材大市场（南昌市）
8	禧龙建筑装饰材料大市场（哈尔滨市）
9	北三环大明宫建材家居市场（西安市）
10	金华市浙中建筑装饰材料市场
11	新世界建材市场（重庆市）
12	中国北方国际五金城（临沂市）
13	安徽金太阳装饰城（滁州市）
14	海南金盛达家居建材商城（海口市）
15	常州市常鹏装饰材料市场
16	常州万都国际陶瓷装饰置业有限公司
17	江苏省华东石材市场（无锡市）
18	成都市西南石材交易市场
19	领袖中原建材城（襄阳市）
20	贵州西部建材城（贵阳市）

3-12 前20家化工材料及制品市场

序号	市场名称
1	齐鲁国际塑化城（淄博市）
2	张家港保税区化工品交易中心（苏州市）
3	余姚市中国塑料城（宁波市）
4	江苏华东石化物资交易市场（无锡市）
5	东莞市大京九塑胶原料市场
6	宁波镇海液体化工产品交易市场
7	江苏长江塑料化工交易市场（常州市）
8	东莞市华南塑胶城
9	上海中山化工市场
10	东莞市樟木头塑胶原料市场
11	江苏万商商贸城（常州市）
12	绍兴染料城
13	中央空调配件城（德州市）
14	景县橡塑制品专业市场（衡水市）
15	临沂鲁南化工市场
16	天津危险化学品交易市场
17	武城县滕庄镇玻璃钢原料市场（德州市）
18	河北衡水橡胶城
19	成都西部化工市场
20	台州市塑料化工市场

3-13 前20家金属材料市场

序号	市场名称
1	上海物贸有色金属交易市场
2	张家港玖隆物流园企业管理有限公司（苏州市）
3	宁波镇海大宗生产资料交易中心
4	江阴长江港口物流园区交易中心（无锡市）
5	山东泰山钢材大市场（泰安市）
6	新疆宝新恒源钢材物流园（乌鲁木齐市）
7	博兴县兴福镇黑白铁市场（滨州市）
8	长葛市新区钢材市场（许昌市）
9	江苏东方钢材城有限公司（无锡市）
10	江阴市金属材料市场（无锡市）
11	安徽省徽商钢材市场（合肥市）
12	惠龙港国际钢铁物流股份有限公司（镇江市）
13	无锡南方不锈钢市场
14	临沂市万宝钢材市场
15	宁波华东物资城
16	常州淮都金属城
17	常州钢材现货交易市场
18	湖南钢材大市场（长沙市）
19	江苏八里钢铁市场（徐州市）
20	永年县标准件市场（邯郸市）

3-14 前20家机械设备市场

序号	市场名称
1	徐州区域生产资料市场
2	临清市烟店轴承市场（聊城市）
3	新疆亚中机电市场（乌鲁木齐市）
4	湛江海田新五金机电产品批发市场
5	成都万贯五金机电市场
6	浙江船舶交易市场（舟山市）
7	庆云县万通机车市场（德州市）
8	金科机电城（重庆市）
9	湘潭市长株潭大市场
10	西安蔚蓝机电市场
11	高新机电批发配送中心（重庆市）
12	渝州五金市场（重庆市）
13	乐清市柳市电器城（温州市）
14	双峰县湘中农机机电大市场（娄底市）
15	成都川金府西部五金机电批发城
16	陈家坪机电市场有限公司（重庆市）
17	杭州南方浙金机电市场
18	中湘五金大市场（衡阳市）
19	庆云县金融机具礼品市场（德州市）
20	鼎坚五金机电市场（石家庄市）

3-15 前20家其他生产资料市场

序号	市场名称
1	上海石协石化市场
2	上海石化物资交易中心有限公司
3	大连石油交易所
4	浙江长三角石油化工发展有限公司（宁波市）
5	中昊化工网上交易中心（上海市）
6	乌兰浩特市融佳建材市场（兴安盟）
7	湛江海田建饰材料综合批发市场
8	新疆通汇市场（乌鲁木齐市）
9	浙江华东能源交易中心（宁波市）
10	中国西部模具城（重庆市）
11	广西百色市南大建材综合市场
12	嘉善汾湖金属材料交易市场（嘉兴市）
13	莆田市黄石鞋服城（莆田市）
14	北京益麒麟家居建材广场市场中心
15	昆山市亿丰装饰机电城（苏州市）
16	莱阳市恒基建材批发市场（烟台市）
17	黑龙江先锋农业生产资料交易市场（哈尔滨市）
18	晏城镇建材市场（德州市）
19	新疆华凌工贸（集团）有限责任公司华凌市场（巴州）
20	永翔钢材市场（上海市）

3-16 前20家粮油市场

序号	市场名称
1	张家港保税区粮油交易市场（苏州市）
2	临沂鲁南国际粮油市场
3	贵阳市谷丰粮油食品批发市场
4	杭州农副产品物流中心浙江食品市场
5	遵义兴邦粮油物流有限责任公司
6	连云港市农副产品批发市场
7	兴化市粮食交易市场（泰州市）
8	南方粮食交易市场（九江市）
9	杭州粮油批发交易市场
10	东莞市常平粮油饲料批发市场
11	大庆市粮食综合批发市场
12	天津市兴耀粮油食品批发市场
13	合肥周谷堆农产品批发市场
14	西安粮油批发交易市场
15	扬州东方国际食品城
16	沈阳粮食批发市场
17	郴州市七星大市场
18	昆明骏骐干菜副食粮油批发市场
19	黄河商品交易市场（德州市）
20	山东省武城县粮食批发市场（德州市）

3-17 前20家肉禽蛋市场

序号	市场名称
1	重庆万吨冷储物流交易中心
2	无锡天鹏菜篮子工程有限公司
3	三联家禽市场（成都市）
4	清江冷链冷冻批发市场（南京市）
5	杭州农副产品物流中心冷冻食品交易市场
6	邯郸市馆陶县金凤禽蛋农贸批发市场
7	江门市水产冻品副食市场
8	广州市嘉禾禽畜交易服务中心
9	南昌县小蓝禽蛋批发市场
10	扬州朝苏农副畜产品冷冻食品批发市场
11	上海市江桥批发市场经营管理有限公司华江分公司
12	南昌肉类联合加工厂肉食品批发市场
13	上海江桥批发市场经营管理有限公司曹杨分公司
14	广西淡村商贸城有限公司（南宁市）
15	佛山市南海创贸投资有限公司
16	沙依巴克村活畜交易市场（石河子市）
17	宁波市肉禽蛋批发市场
18	华凌畜产品市场（乌鲁木齐市）
19	佛山市南海五丰生猪交易市场
20	苏州食品有限公司肉食品批发交易市场

3-18 前20家水产品市场

序号	市场名称
1	武汉白沙洲农副产品大市场
2	福州海峡水产品交易市场
3	湛江市霞山区水产品批发市场
4	舟山水产品中心批发市场
5	北京大红门京深海鲜批发市场
6	四季水产物流港（郑州市）
7	上海东方国际水产中心市场
8	岚山鲜活水产城（日照市）
9	沈阳水产批发市场
10	日照市岚山区安东卫海货城市场
11	杭州农副产品物流中心水产品交易市场
12	西三街农副水产品市场（重庆市）
13	烟台九田国际水产品批发市场
14	长春东北亚物流农贸水产市场
15	浙江松门水产品批发市场（台州市）
16	广州黄沙水产交易市场
17	大连辽渔国际水产品市场
18	马王堆海鲜水产批发市场（长沙市）
19	安东卫国际水产城（日照市）
20	浙江象山水产城（宁波市）

3-19 前20家蔬菜市场

序号	市场名称
1	北京市新发地农产品股份有限公司
2	金乡县鱼山农副产品批发市场
3	江苏联谊农副产品批发市场（扬州市）
4	长沙马王堆农产品股份有限公司
5	山东金乡大蒜国际交易市场（济宁市）
6	济宁蔬菜批发市场
7	东宁县雨润绥阳木耳大市场（牡丹江市）
8	周口市黄淮物流港农产品批发市场有限公司（周口市）
9	新疆九鼎恒兴蔬菜批发市场（乌鲁木齐市）
10	贵阳地利农产品物流园有限公司（贵阳市）
11	寿光市农产品物流园有限公司（潍坊市）
12	庆云县蔬菜水果批发市场（德州市）
13	上海市江桥批发市场
14	嘉兴市蔬菜批发交易市场
15	衢州农贸城
16	咸阳新阳光西北农副产品交易中心
17	厦门闽南农副产品物流中心
18	南充川北农产品交易有限公司
19	临沂皇山农副产品批发市场
20	浙江省义乌农贸城（金华市）

3-20 前20家干鲜果品市场

序号	市场名称
1	广州江南果菜批发市场
2	沧州崔尔庄红枣批发市场
3	嘉兴水果市场
4	新疆九鼎盛和果品批发市场（乌鲁木齐市）
5	滕州市杏花村干杂货市场（枣庄市）
6	蓝特商业城（荆州市）
7	新发地农副产品批发市场（保定市）
8	青岛东方鼎信国际农副产品交易中心（青岛）
9	金华农产品批发市场（金华市）
10	珠海市铭海投资发展有限公司农副产品批发物流中心
11	昆明金马正昌第二果品市场
12	滕州市嘉誉市场（枣庄市）
13	赣州市南北大市场
14	沈阳果品批发市场
15	扬州市广陵区东花园副食品批发市场
16	东莞市果菜副食交易市场
17	杭州农副产品物流中心果品批发市场
18	广西海吉星市场（南宁市）
19	镇江农副产品批发市场
20	中宁县国际枸杞交易中心（中卫市）

3-21 18家棉麻土畜、烟叶市场

序号	市场名称
1	江苏湖塘纺织城司（常州市）
2	武城县老城棉花交易市场（德州市）
3	武城县银山棉花市场（德州市）
4	昌黎县佳朋皮毛交易市场（秦皇岛市）
5	中国茧丝绸交易市场（嘉兴市）
6	宁波市江北浙东轻纺城
7	围场满族蒙古族自治县棋盘山大牲畜交易市场（承德市）
8	内蒙古中绒绒业有限公司（兴安盟）
9	扎兰屯市蒙东牲畜交易市场（呼伦贝尔市）
10	新野县棉花交易市场（南阳市）
11	凌源市三十家子大牲畜交易市场（朝阳市）
12	无棣县西小王乡枣棉市场（滨州市）
13	临泉县瓦店山羊交易市场（阜阳市）
14	海宁市西山皮革原辅料市场（嘉兴市）
15	巨野县锦源棉花加工市场（菏泽市）
16	乌兰浩特市中野畜牧（兴安盟）
17	阜宁县陈集镇苗猪交易市场（盐城市）
18	平泉县六河源牲畜交易市场（承德市）

3-22 前20家其他农产品市场

序号	市场名称
1	河南万邦国际农产品物流股份有限公司（郑州市）
2	萧山(浙江)新农都物流中心（杭州市）
3	南通农副产品物流有限公司
4	天津市金钟河蔬菜贸易中心
5	玉林宏进农副产品批发市场
6	温州菜篮子农副产品批发交易市场
7	浙北农副产品交易中心（湖州市）
8	山东黑马集团有限公司农贸批发市场（德州市）
9	甘肃省食品股份有限公司肉食水产批发市场（兰州市）
10	上海浦南农副产品批发市场)
11	众信农副产品批发交易市场（驻马店市）
12	成都市农副产品批发中心
13	绍兴市蔬菜果品批发交易市场
14	吉安农产品批发市场
15	即墨市农产品批发市场（青岛市）
16	芜湖大地农副产品批发市场
17	珠海市和平物流综合市场有限公司农产品批发市场
18	西安朱雀农副产品物流中心
19	重庆农副产品综合批发市场
20	日照市金阳农贸中心

3-23 前20家食品饮料市场

序号	市场名称
1	庆云县酒水副食市场（德州市）
2	慈溪市周巷副食品批发市场（宁波市）
3	青龙路市场（泰安市）
4	临沂国际副食品市场
5	沈阳温州城商品交易市场
6	杭州江南食品市场
7	常州市金三角食品市场
8	商丘市白云副食品批发市场
9	承德市裕华路市场
10	绥芬河伊戈尔商城
11	火车站日用品批发城（十堰市）
12	邵阳市湘运大市场
13	重庆万隆小食品批发市场
14	永川区玉屏市场（重庆市）
15	食品新城（襄阳市）
16	南宁市交易场（南宁市）
17	山东东方圣都副食品批发市场（济宁市）
18	迎宾大市场（德州市）
19	仙桃市锦瑞路副食批发市场
20	南通丰源食品城

3-24 前20家茶叶市场

序号	市场名称
1	浙江浙南茶叶市场有限公司（丽水市）
2	新昌中国茶市（绍兴市）
3	安溪茶叶批发市场（泉州市）
4	安徽江南第一茶市（芜湖市）
5	德州金华茶城
6	济南博茗茶叶市场
7	宜昌三峡国际旅游茶城
8	淳安千岛湖茶叶市场（杭州市）
9	西安金康茶叶街市场
10	昆明雄达茶文化城
11	广州市穗芳东兴实业有限公司
12	南宁市佳禾市场投资开发有限公司－茶叶市场
13	杭州西湖茶叶市场
14	上海大宁国际茶城市场
15	茶叶市场（成都）
16	湄潭县西南茶城（遵义市）
17	北京市京华沅茶叶市场
18	重庆恒康茶叶批发市场
19	南宁市佳禾市场投资开发有限公司－茉莉花市场
20	武义县茶城（金华市）

3-25 12家烟酒市场

序号	市场名称
1	宁波保税区进出口葡萄酒市场
2	即墨市东关副食品批发市场（青岛市）
3	漕冲糖酒批发市场（合肥市）
4	滨州市姜家副食品批发市场
5	丹徒区宝堰集贸市场（镇江市）
6	湘乡市烟酒副食大市场（湘潭市）
7	东营区刘家副食品批发市场
8	临邑县副食品批发市场（德州市）
9	长沙市红星糖酒批发大市场
10	鹰潭市干鲜果综合批发市场
11	临邑县兴隆街综合市场（德州市）
12	龙山副食批发城（聊城市）

3-26 前20家其他食品饮料烟酒市场

序号	市场名称
1	哈尔滨南极批发市场
2	义乌市副食品市场（金华市）
3	天津韩家墅海吉星农产品物流有限公司
4	贵阳海恒农副产品批发市场
5	常熟华东食品城（苏州市）
6	闽台农产品批发市场（上海市）
7	温州浙闽副食品商城
8	兰州金港物业服务有限公司
9	枝江市五柳树市场（宜昌市）
10	宣州区九洲市场（宣城市）
11	山东省潍坊青州市副食品批发市场
12	五一大市场（衡阳市）
13	恒盛（菏泽）大市场
14	宁波市二号桥市场
15	福鼎市闽浙边贸商城（宁德市）
16	宁津县闫沙副食品批发市场（德州市）
17	齐河县晏城大集（德州市）
18	宜兴市金三角副食城（无锡市）
19	桐乡市副食品批发市场（嘉兴市）
20	南通资丰市场

3-27 前20家布料及纺织品市场

序号	市场名称
1	中国东方丝绸市场（苏州市）
2	中国轻纺城（绍兴市）
3	叠石桥国际家纺城有限公司（南通市）
4	钱清中国轻纺原料城（绍兴市）
5	南通市通州区志浩综合市场
6	广州市海珠区中大布匹市场
7	张家港保税区纺织原料市场（苏州市）
8	绍兴越州轻纺工贸园区市场
9	广东西樵轻纺城（佛山市）
10	浙江纺织采购博览城（杭州市）
11	浙江大唐轻纺袜业城（绍兴市）
12	嘉兴毛衫城
13	嘉兴市南方丝绸市场
14	海宁中国家纺装饰城（嘉兴市）
15	潍坊星河国际轻纺城
16	清河县羊绒制品市场（邢台市）
17	河北省邯郸市冀南针纺城
18	晋州市新世纪商城（石家庄市）
19	温州商贸城
20	杭州汽车东站小商品市场

3-28 前20家服装市场

序号	市场名称
1	中国常熟服装城（苏州市）
2	石家庄市新华集贸市场
3	桐乡市濮院羊毛衫市场（嘉兴市）
4	即墨市服装批发市场（青岛市）
5	北京世纪天乐国际服装市场
6	海宁中国皮革城（嘉兴市）
7	石狮市服装城（泉州市）
8	昆明螺蛳湾国际商贸城一期市场
9	灯塔佟二堡海宁皮革城（辽阳市）
10	汉正街名牌服饰（武汉市）
11	路桥中国日用品商城（台州市）
12	四季青服装集团有限公司（杭州市）
13	广州白马服装市场
14	杭州意法服饰城有限公司
15	成都荷花池大成市场
16	遵义市红花岗区苟家井综合批发市场
17	临沂华丰服装城
18	安徽白马服装城（合肥市）
19	昆明螺蛳湾国际商贸城二期市场
20	灯塔市香港时代广场（辽阳市）

3-29 前20家鞋帽市场

序号	市场名称
1	中国西南鞋材交易中心（重庆市）
2	荔湾站西鞋城（广州市）
3	鸦鸿桥河西村鞋市（唐山市）
4	桐乡市洲泉足佳鞋材市场（嘉兴市）
5	商丘市梁园区梁园市场
6	扬州市江都区苏中皮革商贸有限公司
7	临沂市鞋帽批发市场
8	锦绣国际商贸城（西安市）
9	东方皮革商城（镇江市）
10	山东齐鲁鞋城（济南市）
11	广州市华南鞋业百货城
12	菏泽市牡丹区牡丹商贸城
13	台州横峰国际鞋材城
14	济南众鑫鞋城（济南市）
15	即墨市蓝村皮鞋专业市场（青岛市）
16	哈尔滨鞋类批发市场
17	台州横峰鞋业市场
18	天津市瑞景国际鞋城
19	北京北方世贸综合批发市场
20	沈阳南塔鞋城

3-30 前20家其他纺织服装鞋帽市场

序号	市场名称
1	海城市西柳服装市场（鞍山市）
2	沈阳五爱小商品批发市场
3	江苏宣武集团市场（徐州市）
4	中国织里童装市场（湖州市）
5	瑞安商城（温州市）
6	重庆市万州商贸城
7	赣州市龙都商城
8	淮安市汇通市场
9	南阳市光彩大世界
10	常德市鼎城桥南市场
11	庆云县宝艺服装城（德州市）
12	武城县老城华兴服装市场（德州市）
13	南京玉桥商业广场
14	玛克威商厦服装鞋帽批发大市场（哈尔滨市）
15	鸦鸿桥镇小商品城（唐山市）
16	株洲南大门市场
17	新昌县羊毛衫兔毛市场（绍兴市）
18	安顺市小商品批发市场
19	江苏九洲投资集团有限公司常州服装城分公司
20	龙口市集贸中心（烟台市）

3-31 前20家小商品市场

序号	市场名称
1	中国庆云小商品城现代批发市场（德州市）
2	苏州市钱万里桥小商品市场
3	临沂小商品城
4	临沂教育用品采购基地
5	中国自行车零件城（邢台市）
6	临沂劳保市场
7	常州市金三角小商品批发市场
8	永嘉县桥头钮扣市场（温州市）
9	北京天意新商城市场
10	临沂沂隆市场
11	北京世纪天鼎商品交易市场
12	常州市九龙小商品批发市场
13	广州市万菱广场
14	兴发广场（广州市）
15	广州市白云南方钟表城
16	广州眼镜城
17	日照太阳城市场
18	广州市粤成市场
19	广州旺角钟表城
20	十堰韩国小商品城

3-32 前20家其他日用品及文化用品市场

序号	市场名称
1	上海外高桥钟表交易中心
2	武汉市科振经贸有限公司纸张油墨市场
3	临沂华东橡胶塑料市场
4	武汉莱特纸张油墨市场
5	温州礼品城
6	浙江缝配城（金华市）
7	重庆中兴塑料市场
8	莆田妈祖工艺城
9	广州沙溪国际酒店用品城
10	白云世界皮具贸易中心（广州市）
11	博山陶琉大观园国际商贸城（淄博市）
12	浙江眼镜城（台州市）
13	温州文化用品市场
14	临沂市大陆商业村
15	重庆公路运输（集团）有限公司休闲娱乐品市场
16	武汉天翔灯饰城
17	台州国际塑料城
18	淮安康业商务管理服务有限公司
19	重庆泰兴E世界电子市场
20	沈阳华大实业总公司东北日杂市场

3-33 前20家黄金、珠宝、玉器首饰市场

序号	市场名称
1	诸暨华东国际珠宝城（绍兴市）
2	杭州国际珠宝城
3	江苏东海县水晶市场（连云港市）
4	中国宝石城（潍坊市）
5	福州特艺城
6	上塘珠宝交易市场（莆田市）
7	黄金之城珠宝交易中心（长沙市）
8	青岛市中韩小商品城
9	苏州渭塘珍珠市场
10	北京世纪万特国际珠宝市场
11	通辽市露天市场
12	阿拉善大漠奇石文化产业园
13	广州市荔湾广场
14	中国玉都玉器展销市场（揭阳市）
15	北京红桥市场
16	四会市玉器市场（肇庆市）
17	江西国际珠宝城（南昌）
18	岫岩满族自治县荷花玉器交易市场（鞍山市）
19	中原国际黄金珠宝交易中心（郑州市）
20	鼓楼区保定珠宝城（福州市）

3-34 前20家家电市场

序号	市场名称
1	安徽信地大市场（合肥市）
2	临沂家电厨卫城
3	睢阳区港澳大世界（商丘市）
4	怀化市河西家电城
5	洛阳聚客隆实业有限公司家电市场
6	永川区家电批发市场（重庆市）
7	邵阳市日恒电器城
8	南阳家电大世界
9	浙江省家电市场（杭州市）
10	金华家电市场
11	泰州市嘉城经济发展有限公司
12	中南灯具市场（德州市）
13	温州家电市场
14	南昌长运商贸城
15	邵东县家电市场（邵阳市）
16	菏泽市牡丹区中原商城
17	广州市越秀区海印电器总汇
18	鼎城区武陵镇桥南家电城（常德市）
19	家电大世界（商丘市）
20	广东广物专业市场投资管理有限公司（广州市）

3-35 前20家通讯器材市场

序号	市场名称
1	重庆大坪百货有限责任公司新浪通通讯器材交易市场
2	华中通信广场（武汉市）
3	新疆中山国际手机交易市场（乌鲁木齐市）
4	西安海荣赛格电子市场
5	深圳市远望数码商城
6	延吉市中关村电子科技大厦（延边朝鲜族自治州）
7	苏州赛格电子市场
8	海龙电子城（石家庄市）
9	重庆赛博迈特数码广场
10	茅箭区邮电街手机市场（十堰市）
11	长沙市宝新通信器材批发市场
12	义乌通信市场（金华市）
13	杭州通信器材市场
14	e时代电讯市场（长沙市）
15	武陵3C批发市场（重庆市）
16	海星手机市场（西安市）
17	石家庄跃进路手机广场
18	深圳市唐诚龙胜手机市场
19	黄石港区大学生创业园
20	振华手机市场（深圳市）

3-36 前20家计算机及辅助设备市场

序号	市场名称
1	西安赛格电脑城
2	河南科技园区管理委员会（郑州市）
3	哈尔滨工程大学科技园发展有限公司船舶电子大世界
4	长沙国储电脑城
5	科贸电子城（北京市）
6	新疆百花村电脑城（乌鲁木齐市）
7	福州大利嘉城电子市场
8	青岛兴旺电子信息城
9	广西南宁电子科技广场
10	温岭国际数码城（台州市）
11	长沙鼎星投资咨询有限公司合峰电脑城
12	百脑汇数码科技广场（临沂市）
13	扬州银河电子城
14	临沂桃源科技广场
15	北京市硅谷电脑市场
16	金华市龙腾数码广场
17	杭州颐高数码科技市场
18	哈尔滨锦秀教化电子大世界
19	徐州海云实业有限公司
20	佰腾数码广场（重庆市）

3-37 11家其他电器、通讯器材、电子设备市场

序号	市场名称
1	台州电子数码城
2	汇川区罗庄电器市场（遵义市）
3	重庆赛博迈特数码广场
4	北京中发天交电子市场
5	重庆永缘汽车装饰市场
6	怀化商城
7	北京中发天交电子市场
8	海南迪希商业城（海口市）
9	永诚商厦（南阳市）
10	连云港振兴实业集团有限公司龙河商城
11	乐清市鸿基数码广场（温州市）

3-38 前20家中药材市场

序号	市场名称
1	成都国际商贸城
2	亳州市（中国）中药材交易中心
3	安国市东方药城交易大厅（保定市）
4	玉林中药材专业市场
5	邵东县廉桥药都市场（邵阳市）
6	长白山人参市场投资发展有限公司（白山市）
7	樟树中药材专业市场（宜春市）
8	禹州中药材市场（许昌市）
9	东北土特产品交易中心（铁岭市）
10	集安市清河人参交易市场有限公司（通化市）
11	文山三七国际交易中心
12	康美（普宁）中药材专业市场（揭阳市）
13	华东农贸综合市场（温州市）
14	太和县李兴镇中药材交易市场（阜阳市）
15	磐安县浙八味特产市场（金华市）
16	上海维韩保健品市场
17	靖州苗族侗族自治县茯苓大市场（怀化市）
18	牛营子药材交易中心（赤峰市）
19	山东省鄄城县舜王城中药材市场（菏泽市）
20	青海新千商务管理有限公司（西宁市）

3-39 前20家家具市场

序号	市场名称
1	河北省香河家具城（廊坊市）
2	重庆铠恩国际家居名都
3	东阳市花园红木家具城（金华市）
4	江苏蠡口国际家具城（苏州市）
5	浙江东阳中国木雕城（金华市）
6	中国古典工艺博览城（莆田市）
7	庆云县装饰材料城（德州市）
8	南康家具博览中心（赣州市）
9	南康泓泰家具市场（赣州市）
10	临沂汇海隆家居Mall
11	南康家具中心市场（赣州市）
12	河南中博股份有限公司（郑州市）
13	盘锦市金地物业管理有限公司(汇美家饰)
14	成都八益家具城
15	昆明华洋家居广场
16	常州市红星装饰城
17	凭祥市浦寨边民互市点（崇左市）
18	赣州市家具大市场
19	东阳世界贸易城（金华市）
20	南康光明家具城（赣州市）

3-40 前20家装饰材料市场

序号	市场名称
1	淄川建材城（淄博市）
2	嘉兴市建材陶瓷市场
3	上饶市信州区江南商贸城
4	仙桃市恒迪建材市场
5	芜湖市长江市场园
6	上海恒大建材市场
7	北京居然之家家居建材市场
8	扬州商城
9	重庆马家岩大川建材市场
10	无锡家居建材市场
11	长沙市马王堆陶瓷建材城恒广区
12	湖南万家丽家居建材市场（长沙市）
13	新凤朝装饰材料市场（衢州市）
14	佛山市石湾置业陶瓷批发市场
15	华源大市场（衡阳市）
16	沭阳浙江商城（宿迁市）
17	荣昌县汇宇建材家私市场（重庆市）
18	江苏省宜兴建材装璜市场（无锡市）
19	福州黎明建材市场
20	临沂百易家装饰城

3-41 15家灯具市场

序号	市场名称
1	常州市武进邹区灯具城
2	临沂灯具城
3	潼南县时代灯具市场（重庆市）
4	菜园坝城外城灯饰市场（重庆市）
5	温州东方灯具市场
6	成都金府灯具城
7	南岸区南坪灯饰广场（重庆市）
8	沈阳张士灯具市场
9	青岛灯具市场
10	同泰灯具城（西安市）
11	重庆建川实业（集团）有限公司
12	阜城县古城灯具批发市场（衡水市）
13	山东灯具批发市场（济南市）
14	大连友谊灯饰批发市场
15	湖州市灯具大市场

3-42 前20家五金材料市场

序号	市场名称
1	浙江建华五金机电市场（杭州市）
2	潍坊豪德贸易广场
3	中国轴承大世界（邢台市）
4	浙江南方五金城（绍兴市）
5	成都市金府五金机电交易市场
6	东莞市迎海商贸城）
7	天津市珠江达润五金城
8	常熟国际汽配城（苏州市）
9	滨州市新兴市场
10	临沂市五金市场
11	江西联信大市场（南昌市）
12	喀什远方市场
13	江苏省扬州汽车运输集团公司福运门五金交电批发市场
14	浙江温西工量刃具交易中心（台州市）
15	无锡金桥商贸城市场
16	长沙市雨花区五金机电大市场
17	怀化市河西建材市场
18	浙江时代电子市场（杭州市）
19	广州南方五金商贸城
20	常州市江南五金机电城市场

3-43 前20家其他装修市场

序号	市场名称
1	泰安市光彩大市场
2	常熟建筑装饰材料市场（苏州市）
3	浙江石狮商贸城（绍兴市）
4	南京红太阳商业大世界
5	胶东家具装饰材料批发市场（烟台市）
6	魏县天龙建筑建材批发市场（邯郸市）
7	益阳市银城大市场
8	杭州陶瓷品市场
9	富安居（国际）家具建材广场（南宁市）
10	青海省北山市场装饰材料有限责任公司（西宁市）
11	滁州国际商城
12	盐城高力国际家居港
13	德清莫干山卢球商贸中心（湖州市）
14	中国家具城（沈阳市）
15	温州国际商城（石河子市）
16	苍南县嘉恒家居市场（温州市）
17	哈尔滨红旗家装饰城
18	南通东大商贸发展有限公司
19	抚顺今日装饰城
20	兰州雁滩家具市场

3-44 前20家汽车市场

序号	市场名称
1	北京市旧机动车交易市场
2	常州市武进汽车城
3	杭州机动车交易市场
4	北京北辰亚运村汽车交易市场中心（北京）
5	中南汽车世界（长沙市）
6	天津空港北方汽车交易市场
7	长春北方汽贸城市场
8	杭州汽车城
9	长春汽车批发中心市场
10	浙江方林二手车市场（台州市）
11	惠州市江南汽车交易市场
12	广物汽贸股份有限公司（广州市）
13	江苏无锡汽车交易市场
14	浙江世纪汽车市场（杭州市）
15	华南汽车城（佛山市）
16	嘉兴市汽车商贸园
17	大连汽车国际博览中心
18	浙江方林汽车城（台州市）
19	上海二手车交易市场
20	上海市旧机动车交易市场

3-45 10家摩托车市场

序号	市场名称
1	重庆外滩摩托车配件交易市场
2	驻马店豪德贸易广场
3	大城县东阜市场（廊坊市）
4	安徽迅捷物流摩托车仓储批发市场（合肥市）
5	摩托车城（商丘市）
6	浙江路桥摩托车交易中心（台州市）
7	兰州东部机动车配件中心
8	宁乡县摩托汽配大市场（长沙市）
9	柳州市锦环服务有限责任公司摩托车商城
10	株洲锦云摩配市场

3-46 前20家机动车零配件市场

序号	市场名称
1	江西省洪城汽配城（南昌市）
2	中国（十堰）汽配城
3	杭州浙江汽配城
4	江津区和润汽摩市场（重庆市）
5	临沂汽摩配城
6	北京城环城国际汽车配件城
7	汽配城中国有限公司（徐州市）
8	山东济南重汽配件城
9	金华汽配城
10	东联汽车配件市场（石家庄市）
11	新疆恒汇机电城（乌鲁木齐市）
12	杭州汽车城汽配市场
13	河间市米各庄汽配城（沧州市）
14	上海百联联合汽车交易市场
15	北京五方天雅汽配城市场
16	无锡市广益汽配城
17	沈阳东北机动车配件市场
18	青岛汽车配件城
19	盛大国际汽车用品广场（广州市）
20	安徽国际汽车城大地汽摩配市场（合肥市）

3-47 前20家花卉市场

序号	市场名称
1	常州市武进夏溪花木市场
2	浙江花木城（杭州市）
3	昆明斗南国际花卉产业园区开发有限公司
4	如皋市花木大世界（南通市）
5	郑州陈砦花卉市场
6	肥西花木城花卉交易市场（合肥市）
7	江苏阿波罗花木市场（扬州市）
8	凌源市花卉市场物业服务中心（朝阳市）
9	青州市黄楼镇万红花卉交易大厅（潍坊市）
10	广州市岭南花卉市场
11	广州花卉博览园
12	鄢陵县花木交易市场（许昌市）
13	温岭市花鸟市场（台州市）
14	承德万泉花卉市场
15	临沂鲁南花卉城
16	新疆明珠花卉市场（乌鲁木齐市）
17	长沙红星花卉大市场
18	合肥裕丰花鸟虫鱼市场
19	北京九州卉通花卉市场
20	天津市北方花卉市场

3-48 13家旧货市场

序号	市场名称
1	温岭市泽国第二旧机床交易中心（台州市）
2	绍兴旧货市场
3	北京潘家园旧货市场
4	嘉兴物资调剂市场
5	宁波市北仑区甬港废旧物资交易市场
6	庆云县旧货市场（德州市）
7	慈溪市旧货交易市场（宁波市）
8	江西省旧货大市场（南昌市）
9	江苏省物联苏北废旧金属调剂有限公司（扬州市）
10	昆明供销再生物资开发有限公司小板桥废旧物资交易市场
11	台州市雄鹰旧货交易中心
12	郑州古玩城
13	漳州收藏文化城

3-49 前20家其他专业市场

序号	市场名称
1	肃宁县皮毛交易市场（沧州市）
2	郑州信基调味品城
3	通辽市成峰牲畜交易市场
4	丹阳国际眼镜城（镇江市）
5	扬州市城东废旧金属物资交易市场
6	科左后旗科尔沁黄牛市场（通辽市）
7	张北县张库牲畜交易（张家口市）
8	兰山区华东酒店用品市场（临沂市）
9	沈阳张士农副产品股份有限公司
10	丰县环宇电动车城（徐州市）
11	阿鲁科尔沁旗牲畜交易市场（赤峰市）
12	金华澧浦苗木城有限公司
13	扎赉特旗石头城子牲畜交易（市场）有限公司（兴安盟）
14	绍兴市东浦废丝市场
15	郑州桑园兽药饲料批发市场
16	四川省隆昌县禽苗市场（内江市）
17	广州从化太平兴富农副产品综合批发市场（广州市）
18	林西县锦绣大地活畜交易市场（赤峰市）
19	辽宁绿源黄牛交易市场（锦州市）
20	庆云县塑料杂品市场（德州市）

3-50 东部地区前100家商品交易市场

序号	市场名称	序号	市场名称
1	上海物贸有色金属交易市场	51	中国织里童装市场(湖州市)
2	中国常熟服装城(苏州市)	52	常州市武进汽车城
3	张家港玖隆物流园企业管理有限公司(苏州市)	53	烟台市三站市场
4	白沟新城市场(保定市)	54	东莞市大京九塑胶原料市场
5	中国东方丝绸市场(苏州市)	55	广东西樵轻纺城(佛山市)
6	浙江省义乌市中国小商品城(金华市)	56	无锡南方不锈钢市场
7	中国轻纺城(绍兴市)	57	北京世纪天乐国际服装市
8	宁波镇海大宗生产资料交易中心	58	常州市武进夏溪花木市场
9	北京新发地农副产品批发市场中心	59	杭州机动车交易市场
10	齐鲁国际塑化城(淄博市)	60	天津王顶堤批发市场
11	叠石桥国际家纺城(南通市)	61	湛江市霞山区水产品批发市场
12	上海石协石化市场	62	浙江纺织采购博览城(杭州市)
13	张家港保税区化工品交易中心有限公司(苏州市)	63	北京锦绣大地农副产品批发市场
14	余姚市中国塑料城(宁波市)	64	临沂市万宝钢材市场
15	钱清中国轻纺原料城(绍兴市)	65	碑廓木材市场(日照市)
16	南通市通州区志浩综合市场	66	北京北辰亚运村汽车交易市场中心
17	上海石化物资交易中心有限公司	67	张家港保税区进口消费品市场(苏州市)
18	江阴长江港口物流园区交易中心(无锡市)	68	北京盛华宏林粮油批发市场
19	江苏华东石化物资交易市场(无锡市)	69	嘉兴水果市场
20	石家庄市新华集贸市场	70	宁波镇海液体化工产品交易市场
21	北京市旧机动车交易市场	71	上海江杨农产品市场
22	南京众彩农副产品批发市场	72	宁波华东物资城
23	山东泰山钢材大市场(泰安市)	73	张家港保税区粮油交易市场(苏州市)
24	广州市海珠区中大布匹市场	74	萧山(浙江)新农都物流中心(杭州市)
25	博兴县兴福镇黑白铁市场(滨州市)	75	天津空港北方汽车交易市场
26	浙江中国科技五金城(金华市)	76	天津港散货交易市场
27	南三条市场(石家庄市)	77	聊城香江光彩大市场
28	桐乡市濮院羊毛衫市场(嘉兴市)	78	滕州市杏花村干杂货市场(枣庄市)
29	张家港保税区纺织原料市场(苏州市)	79	常州淮都金属城
30	江苏凌家塘市场(常州市)	80	常州钢材现货交易市场
31	绍兴越州轻纺工贸园区市场	81	海宁中国皮革城(嘉兴市)
32	河北省香河家具城(廊坊市)	82	肃宁县皮毛交易市场(沧州市)
33	北京大洋路农副产品市场	83	宿迁经济开发区宿迁义乌商贸城
34	杭州萧山商业城	84	北京农产品中央批发市场
35	江苏东方钢材城(无锡市)	85	金乡县鱼山农副产品批发市场(济宁市)
36	无锡招商城市场	86	浙江长三角石油化工发展有限公司(宁波市)
37	广州江南果菜批发市场	87	江苏长江塑料化工交易市场(常州市)
38	江苏湖塘纺织城(常州市)	88	浙江大唐轻纺袜业城(绍兴市)
39	江阴市金属材料市场(无锡市)	89	杭州汽车城
40	沧州崔尔庄红枣批发市场	90	东莞市华南塑胶城
41	苏州南环桥市场	91	无锡天鹏菜篮子工程有限公司
42	海吉星农产品批发市场(深圳市)	92	江苏八里钢铁市场(徐州市)
43	福州海峡水产品交易市场	93	北京京丰岳各庄农副产品批发市场中心
44	北京市新发地农产品股份有限公司	94	南通农副产品物流有限公司
45	东莞市信立农副产品批发中心	95	江苏联谊农副产品批发市场(扬州市)
46	即墨市服装批发市场(青岛市)	96	永年县标准件市场(邯郸市)
47	惠龙港国际钢铁物流股份有限公司(镇江市)	97	临沂鲁南国际粮油市场
48	上海外高桥钟表交易中心	98	即墨小商品城(青岛市)
49	江苏宣武集团市场(徐州市)	99	华南国际工业原料城(深圳)有限公司
50	安国市东方药城交易大厅(保定市)	100	北京顺鑫石门农产品批发市场

3-51　东北地区前100家商品交易市场

序号	市场名称	序号	市场名称
1	海城市西柳服装市场(鞍山市)	51	大连熟食品交易中心
2	大连石油交易所	52	沈阳盛发菜果批发有限公司
3	沈阳五爱小商品批发市场	53	阜新市瑞轩蔬菜农副产品综合批发市场
4	大连双兴商品城	54	东港市黄海大市场(丹东市)
5	松北区润恒农副产品大市场(哈尔滨市)	55	长春顺风大市场
6	长春北方汽贸城市场	56	辽中县茨榆坨镇轻工市场(沈阳市)
7	哈尔滨哈达农副产品股份有限公司	57	二台子钢材交易市场(鞍山市)
8	哈尔滨南极批发市场	58	沈阳浩松陶瓷市场
9	长春汽车批发中心市场	59	沈阳张士农副产品股份有限公司
10	东宁县雨润绥阳木耳大市场(牡丹江市)	60	沈阳东北机动车配件市场
11	中国铁路物资哈尔滨钢材大市场	61	牡丹江牡达农副产品有限公司
12	大连汽车国际博览中心	62	大连东方投资置业有限公司
13	灯塔佟二堡海宁皮革城(辽阳市)	63	辽宁旺鼎皮革城(辽阳市)
14	沈阳水产批发市场	64	哈尔滨古铁市场
15	海城市南台箱包市场(鞍山市)	65	玉皇商城装饰城(葫芦岛市)
16	沈阳果品批发市场	66	吉林远东实业集团有限公司(长春市)
17	大连旧机动车交易市场	67	沈阳红旗台石材超市
18	长春东北亚物流农贸水产市场(长春市)	68	长春市长运集团有限责任公司
19	沈阳沈都钢材市场	69	哈尔滨呼兰双来中心市场
20	长白山人参市场(白山市)	70	红博商贸城(哈尔滨市)
21	大连辽渔国际水产品市场	71	绥芬河伊戈尔商城
22	大连奥林匹克电子城	72	沈阳东北装饰城
23	禧龙建筑装饰材料大市场(哈尔滨市)	73	抚顺市中顺农副产品批发交易市场
24	沈阳塔湾物流有限公司	74	齐齐哈尔市百花园市场
25	灯塔市香港时代广场(辽阳市)	75	宝清县紫香白瓜籽交易市场(双鸭山市)
26	亿丰(大连)汽车城	76	鞍山市新兴商贸集团有限责任公司
27	齐齐哈尔市哈达农果品副产品综合市场	77	凌源市花卉市场(朝阳市)
28	塔湾北行农贸市场(沈阳市)	78	沈阳北大营海鲜市场
29	大庆市粮食综合批发市场	79	黑龙江先锋农业生产资料交易市场(哈尔滨市)
30	沈阳二手车交易市场	80	鞍山宝润二手机动车
31	沈阳钢材中心批发市场	81	哈尔滨二三五处钢材市场
32	大连开发区农副产品批发市场	82	盘锦市兴隆台区环球电了商贸中心
33	沈阳新塔湾旧机动车交易中心	83	齐齐哈尔市新开路工业品综合市场
34	东北土特产品交易中心(铁岭市)	84	营口市东升市场
35	大商集团股份有限公司贸易大世界	85	大庆市农副产品综合批发大市场
36	沈阳粮食批发市场	86	白山市兴泰批发市场
37	锦州市辽西小商品批发市场	87	吉林市果品批发市场
38	盘锦市金地物业管理有限公司(汇美家饰)	88	大连棉麻有限公司果菜批发市场
39	大连金玛商城	89	盘锦市兴隆台区钻井批发市场
40	玛克威商厦服装鞋帽批发大市场(哈尔滨市)	90	东昌区综合大市场(通化市)
41	集安市清河人参交易市场(通化市)	91	普兰店市锦龙商贸有限公司(大连市)
42	宽甸北方山奇农产品交易市场(丹东市)	92	黑山县消费品综合市场(锦州市)
43	哈尔滨工程大学科技园发展有限公司船舶电子大世界	93	绥芬河市青云经贸有限公司青云市场(牡丹江市)
44	沈阳温州城商品交易市场	94	延吉市新兴分局西市场(延边朝鲜族自治州)
45	长春蔬菜中心批发市场	95	哈尔滨透笼轻工批发市场
46	大商集团有限公司昌临休闲购物广场	96	中国家具城(沈阳市)
47	长春海吉星农产品物流中心	97	北方钢铁交易市场(鞍山市)
48	鞍山市钢材现货市场	98	本溪市大河批发市场
49	长春中东大市场	99	本溪市一洞桥农贸市场
50	哈尔滨香坊粮食物流中心有限公司	100	大连钢材现货交易市场

3-52 中部地区前100家商品交易市场

序号	市场名称	序号	市场名称
1	河南万邦国际农产品物流股份有限公司(郑州市)	51	蚌埠海吉星农产品物流有限公司
2	盐湖区禹都市场(运城市)	52	竹叶山汽车市场(武汉市)
3	湖南高桥大市场(长沙市)	53	芜湖市长江市场园
4	商丘农产品中心批发市场	54	众信农副产品批发交易市场(驻马店市)
5	南昌市洪城大市场	55	武汉长空机械总厂旧车交易市场
6	长沙市红星实业集团有限公司农副产品大市场	56	吉安农产品批发市场
7	亳州市(中国)中药材交易中心	57	皖西北商贸城(阜阳市)
8	长葛市新区钢材市场(许昌市)	58	马王堆海鲜水产批发市场(长沙市)
9	湖南省三湘南湖大市场(长沙市)	59	安徽白马服装城(合肥市)
10	安庆市光彩大市场	60	中储801仓库钢材市场(洛阳市)
11	洛阳市洛龙区关林市场	61	邵东县工业品市场(邵阳市)
12	武汉白沙洲农副产品大市场	62	南方粮食交易市场(九江市)
13	合肥周谷堆大兴农产品国际物流园有限责任公司	63	湖北汉口四季美农贸市场
14	安徽省徽商钢材市场(合肥市)	64	芜湖大地农副产品批发市场
15	南昌深圳农产品中心批发市场	65	南昌县小蓝禽蛋批发市场(南昌市)
16	中南汽车世界大中南汽车贸易公司(长沙市)	66	樟树中药材专业市场(宜春市)
17	江西省洪城汽配城(南昌市)	67	临汾市尧都区奶牛场尧丰农产品批发市场
18	中国(十堰)汽配城	68	株洲市中南金属物流大市场
19	湖南钢材大市场(长沙市)	69	宜昌金东山市场
20	长葛市九鼎美达建材市场(许昌市)	70	南昌水产品综合交易批发市场
21	蓝特商业城(荆州市)	71	孝感市南大批发市场
22	南阳龙升物流枢纽中心银海钢材市场	72	湖北天润投资集团有限公司(襄阳市)
23	武汉市琴台钢材市场	73	汉正街中心商城(武汉市)
24	长沙马王堆农产品股份有限公司	74	益阳市团洲蔬菜批发市场
25	蚌埠市光彩市场	75	银基商贸城有限公司(郑州市)
26	监利县天府庙大市场(荆州市)	76	肥东县裕隆市场(合肥市)
27	赣南贸易广场(赣州市)	77	陈砦蔬菜批发市场(郑州市)
28	增益冷链(武汉)有限公司-白沙洲冷链大市场	78	马鞍山市安民农副产品批发交易中心
29	郑州信基调味品城	79	南昌肉类联合加工厂肉食品批发市场
30	四季水产物流港(郑州市)	80	中国矿业设备博览城(淮北市)
31	周口市黄淮物流港农产品批发市场	81	南康家具博览中心(赣州市)
32	湖北北盟投资集团有限公司(襄阳市)	82	禹州中药材市场(许昌市)
33	安徽信地大市场(合肥市)	83	湖南洞庭渔都水产批发市场(岳阳市)
34	汉正街名牌服饰(武汉市)	84	赣州市龙都商城
35	安徽省广德县农贸市场(宣城市)	85	濉溪县中瑞农副产品有限责任公司(淮北市)
36	上饶市信州区江南商贸城	86	南康泓泰家具市场(赣州市)
37	商丘市光彩大市场(商丘市)	87	新乡市宇鑫农贸有限公司
38	河南汽车贸易中心(郑州市)	88	阜阳市瑶海农产品市场
39	赣州市南北大市场	89	九江果品批发交易大市场
40	仙桃市恒迪建材市场	90	安徽金太阳装饰城(滁州市)
41	安徽阜阳汽贸物流园建设指挥部	91	河南科技园区管理委员会(郑州市)
42	宜春市赣西农副新产品批发市场	92	南阳市兴达钢铁市场
43	安徽省广德县太极商城(宣城市)	93	澧县八百里洞庭水产市场(常德市)
44	阜阳临沂商城	94	南阳市光彩大世界
45	邵东县廉桥药都市场(邵阳市)	95	太原市河西农产品有限公司
46	蚌埠中恒义乌国际商贸城	96	合肥周谷堆农产品批发市场
47	河南葛天金属材料交易市场(许昌市)	97	武汉竹叶山钢材市场
48	中国芜湖商品交易博览城	98	常德市鼎城桥南市场
49	江西省装潢建材大市场(南昌市)	99	合肥国强钢材交易中心
50	九江市京九农副产品中心批发市场	100	商丘市梁园区梁园市场

3-53 西部地区前100家商品交易市场

序号	市场名称	序号	市场名称
1	新疆宝新恒源钢材物流园(乌鲁木齐市)	51	广西海吉星市场(南宁市)
2	朝天门市场(重庆市)	52	乌兰浩特市融佳建材市场(兴安盟)
3	成都濛阳农副产品综合批发交易市场	53	贵阳海恒农副产品批发市场
4	成都国际商贸城	54	重庆市万州商贸城
5	贵阳西南国际商贸城	55	石河子农产品交易中心
6	江津区双福国际农贸城(重庆市)	56	中宁县国际枸杞交易中心(中卫市)
7	成都农产品中心批发市场	57	南充川北农产品交易有限公司
8	重庆市观音桥农贸市场	58	新疆亚中机电市场(乌鲁木齐市)
9	新疆九鼎盛和果品批发市场(乌鲁木齐市)	59	贵州凯利德市场(贵阳)
10	重庆铠恩国际家居名都	60	南宁市桂果香果品有限公司五里亭蔬菜批发市场
11	重庆万吨冷储物流交易中心	61	西安海纳汽车服务有限公司西安汽配市场
12	西安雨润农产品全球采购有限公司	62	兰州瑞德摩尔城市购物广场(兰新)(兰州市)
13	三联家禽市场(成都市)	63	昆明螺蛳湾国际商贸城二期市场
14	成都市量力钢材物流有限公司	64	重庆渝州交易城
15	绿云石都建材交易城(重庆市)	65	西安朱雀农副产品物流中心
16	重庆市永川区商贸城	66	成都万贯五金机电市场
17	新疆华凌工贸集团有限公司华凌综合市场(乌鲁木齐市	67	成都市海霸王冷藏物流交易市场
18	中国西南鞋材交易中心(重庆市)	68	大足区龙水花市街市场(重庆市)
19	昆明螺蛳湾国际商贸城一期市场	69	昆明斗南国际花卉产业园区开发有限公司
20	玉林宏进农副产品批发市场	70	重庆市万州区小天鹅批发市场
21	贵阳市谷丰粮油食品批发市场	71	重庆农副产品综合批发市场
22	龙文钢材市场(重庆市)	72	奎屯中兴商贸城(伊犁哈萨克自治州)
23	江津区攀宝钢材市场(重庆市)	73	乌鲁木齐北园春(集团)有限责任公司北园春市场
24	新疆九鼎恒兴蔬菜批发市场(乌鲁木齐市)	74	宜宾市翠屏区江北农产品批发市场
25	重庆金属材料现货交易市场	75	北三环大明宫建材家居市场(西安市)
26	南宁市虎邱城北钢材市场	76	涪陵区新大兴农副产品交易中心(重庆市)
27	贵阳地利农产品物流园有限公司	77	宁夏四季鲜果品蔬菜批发市场(银川市)
28	昆明金马正昌第二果品市场	78	西安赛格电脑城
29	玉林中药材专业市场	79	桂林五里店果蔬批发市场
30	通辽市成峰牲畜交易市场	80	成都市金府五金机电交易市场
31	江津区和润汽摩市场(重庆市)	81	重庆西部汽车城
32	成都富森美家居置业有限公司	82	通辽市团结路贸易区
33	大足区龙水五金市场(重庆市)	83	绵阳毅德商贸城
34	重庆驰盛汽车城	84	陕西银邦经营管理有限公司(西安)
35	恒胜钢材市场(重庆市)	85	云南龙城农产品经营股份有限公司(昆明市)
36	新疆华凌建材出口基地(乌鲁木齐市)	86	南宁市荣宝龙钢材市场有限公司
37	西三街农副水产品市场(重庆市)	87	达州市复兴市场开发有限公司
38	重庆马家岩板材批发市场	88	新世界建材市场(重庆市)
39	重庆巨龙钢材市场	89	遵义绿色产品交易中心
40	中国龙水五金旅游城(重庆市)	90	重庆市渝南汽车交易市场
41	新疆赛博特国际汽车城(乌鲁木齐市)	91	广西淡村商贸城有限公司(南宁市)
42	中国西部金属交易城(重庆市)	92	大足区龙水废金属市场(重庆市)
43	贵州合朋二手车市场(贵阳市)	93	陕西省生产资料第一交易市场(西安市)
44	甘肃省食品股份有限公司肉食水产批发市场(兰州市)	94	元谋县蔬菜交易市场(楚雄彝族自治州)
45	四川好一新商贸城有限公司(达州)	95	文山三鑫建材城
46	成都市农副产品批发中心	96	新疆兵团农二师鑫金三角综合交易市场(巴音郭楞蒙古自治州)
47	遵义兴邦粮油物流有限责任公司	97	万州区宏远批发市场(重庆市)
48	咸阳新阳光西北农副产品交易中心	98	恒鑫老顶坡汽摩综合市场(重庆市)
49	成都荷花池大成市场	99	铜仁市宏畅农业发展有限公司
50	遵义市红花岗区苟家井综合批发市场	100	重庆马家岩大川建材市场管理有限公司

附录 主要统计指标解释

附录：主要统计指标解释

一、主要统计指标及市场分类

亿元以上商品交易市场：指年成交额在亿元及以上的商品交易市场。商品交易市场是指经有关部门和组织批准设立，有固定场所、设施，有经营管理部门和监管人员，若干市场经营者入内，常年或实际开业三个月以上，集中、公开、独立地进行生活消费品、生产资料等现货商品交易以及提供相关服务的交易场所，包括各类消费品市场、生产资料市场等。

营业状态：按照市场营业时间的连续性分为常年营业、季节性营业和其它等三种状态。常年营业指不受季节、时间等因素的影响，全年均营业的市场；季节性营业市场指受季节因素影响，全年间断营业的市场，如旅游旺季营业的交易市场等；其它市场指上述以外的其它营业状态的交易市场。

经营方式：指市场直接从事商品流通的买卖形式，包括批发和零售两种方式。批发市场指专门从事批发业务活动或以批发业务为主的交易市场。零售市场指专门从事零售业务的活动，并直接向城乡居民销售日用消费品、农产品的市场，或以零售业务为主，同时兼批发业务的交易市场。

经营环境：指各市场经营场所具备的基本条件，分露天式、封闭式和其它。露天式市场指市场摊位完全在室外，或70%以上的摊位在室外，包括柜台式市场及无设施市场；封闭式市场指市场摊位完全在室内（包括平房和楼房）；其它市场指上述以外的其它经营环境的交易市场。

年末出租摊位数：指该市场年末实际出租的摊位数。

成交额：指该市场所有摊位的全年商品交易额之合计。

市场类别：指根据商品交易市场经营商品类别进行分类，包括综合市场和专业市场两大类。

综合市场：指经营生产资料、工业消费品、农产品等多种商品的综合性现货商品交易市场。

综合贸易市场：分为生产资料综合市场、工业消费品综合市场、农产品综合市场及其它综合市场。

—生产资料综合市场：指经营两类或两类以上生产资料的交易市场，包括工业生产资料交易市场、农业生产资料交易市场，交易对象主要是生产经营者，市场内摊位成交额主要集中在生产资料商品。

—工业消费品综合市场：指经营两类及两类以上工业消费品的交易市场，交易对象主要是商品使用者和消费者，市场内摊位主要经营食品、服装、日用品等商品。

—农产品综合市场：指经营两类及两类以上农产品的交易市场，交易对象主要是商品使用者和消费者。

—其它综合市场：以上未列明综合性现货商品交易市场。如果市场中农产品和工业品混杂经营，成交额难以分清主次的，市场类别应为其它综合市场。

专业市场：指主要进行某一领域商品的交易活动的现货市场。根据所经营的商品类别，分为12类专业市场。专业市场类别应根据摊位交易情况确定，即经营某类商品的摊位成交额超过总成交额的60%，市场则确定为相应的专业市场。

（1）**生产资料市场**：主要经营某类生产资料的交易市场。

—农业生产用具市场：经营半机械化农机具及其配件、中小农具、园艺工具等为主。

—农用生产资料市场：经营农用生产资料为主，如农药、化肥、农膜、农用温室玻璃、园艺工具等。

—煤炭市场：经营煤炭及制品为主。

—木材市场：经营木、竹采伐产品和木材、竹非生活制品为主。

—建材市场：经营建筑材料、保温材料、玻璃制品等建筑施工用材为主，主要面向建筑设施的施工企业。

—化工材料及制品市场：经营生产经营用化工材料及制品为主。

—金属材料市场：经营各种黑色金属材料和有色金属材料为主。

—机械电子设备市场：经营机械设备、电子产品和仪器为主，面向生产经营单位。

—其它生产资料市场：以上未列明的生产资料专业市场。

（2）农产品市场：指主要经营某一类农产品的交易市场。

—粮油市场：经营谷物、大豆、玉米、食用油为主。

—肉禽蛋市场：经营肉禽蛋为主。

—水产品市场：经营水产品为主。

—蔬菜市场：经营蔬菜为主。

—干鲜果品市场：经营干鲜果品为主。

—棉麻土畜、烟叶市场：经营棉麻、土特产品、种畜、种禽、耕畜、烟叶为主。

—其它农产品市场：　以上未提及的或经营两种以上农产品的农产品专业市场。

（3）食品、饮料及烟酒市场：指主要经营食品、饮料及烟酒等商品的交易市场。

—食品饮料市场：经营食品、饮料为主。

—茶叶市场：经营茶叶为主。

—烟酒市场：经营烟酒为主。

—其它食品饮料及烟酒市场：以上未提及的或主要经营两类以上食品、饮料及烟酒商品的专业市场。

（4）纺织、服装、鞋帽市场：指主要经营布料及纺织品、服装、鞋帽等商品的交易市场。

—布料及纺织品市场：经营布料及纺织品为主。

—服装市场：经营服装为主。

—鞋帽市场：经营鞋帽为主。

—其它纺织服装鞋帽市场：以上未提及的或主要经营两类以上纺织、服装、鞋帽商品的专业市场。

（5）日用品及文化用品市场：指主要经营各类日用品及文化用品等商品的交易市场。

—小商品市场：经营日用小百货为主。

—箱包市场：经营箱包为主。

—玩具市场：经营玩具为主。

—文具市场：经营文具为主。

—图书、报刊杂志市场：经营图书、报刊杂志为主。

—音像制品及电子出版物市场：经营音像制品及电子出版物为主。

—体育用品市场：经营体育用品为主。

—其它日用品及文化用品市场：以上未提及的或经营两类以上日用品及文化用品的专业市场。

（6）黄金、珠宝、玉器等首饰市场：指主要经营黄金、珠宝、玉器等首饰的交易市场。

（7）电器、通讯器材、电子设备市场：指主要经营电器、通讯器材、电子设备等商品的交易市场。

—家电市场：经营家电为主。

—通讯器材市场：经营通讯器材为主。

—照相、摄像器材市场：经营照相、摄像器材为主。

—计算机及辅助设备市场：以经营计算机及其配件、计算机辅助设备为主。

—其它电器、通讯器材、电子设备市场：以上未提及的或主要经营两类以上电器、通讯器材、电子设备商品的专业市场。

（8）医药、医疗用品及器材市场：指主要经营药材、中西药品、医疗器械等商品的交易市场。

—中药材市场：经营中药材为主。

—其它医药、医疗用品及器材市场：中药材专业市场以外的医药、医疗用品及器材专业市场。

（9）家具、五金及装饰材料市场：指主要经营家具、五金电料、各种家居装修装饰材料等商品的交易市场。

—家具市场：经营家具为主。

—装饰材料市场：经营装饰材料为主。

—灯具市场：经营灯具为主。

—厨具、盥洗设备市场：经营厨具、盥洗设备为主。

—五金材料市场：经营五金材料为主。

—其它家具、五金及装饰材料市场：以上未提及的或主要经营两类以上家具、五金或装饰材料商品的专业市场。

（10）汽车、摩托车及零配件市场：指专门从事新、旧机动车辆及其零配件交易的市场。

—汽车市场：经营汽车为主，包括新车市场和旧车市场。

—摩托车市场：经营摩托车为主。

—机动车零配件市场：经营机动车零配件为主。

（11）花、鸟、鱼、虫市场：指主要经营花、鸟、鱼、虫等商品的交易市场。

—花卉市场：经营鲜花、苗木及其制品为主。

—鸟市场：经营鸟类商品为主。

—观赏鱼市场：经营观赏鱼类商品为主。

—其它花鸟鱼虫市场：以上未提及的或主要经营两类以上花鸟鱼虫商品的专业市场。

（12）旧货市场：指经营各类旧货商品的交易市场。

—古玩、古董、字画市场：经营古玩、古董、字画商品为主。

—邮票、硬币市场：经营邮票、硬币商品为主。

—其它旧货市场：以上未提及的或主要经营两类以上旧货商品的专业市场。

（13）其它专业市场：以上未提及商品的专业市场。

二、商品分类及解释

1. 粮油、食品类：指供人们食用的各种食品，如粮油、肉禽蛋、水产品、干鲜蔬果、食糖、糖果糕点、豆制品、滋补食品、食盐、调味品、罐头食品、奶及奶制品及其他食品加工制品等。

—粮油类：指供人们食用的粮食和食用油。

其中，粮食，包括小麦、稻谷、玉米、豆类、杂粮及其成品粮、磨粉、淀粉及其制品等；

淀粉及其制品，包括粉皮、粉丝、粉条、淀粉等；

食用油，包括食用植物和动物油等。

—肉禽蛋类：指供人们食用的肉类、禽类、蛋类商品。

其中，肉类，指供食用的活猪、活牛、活羊、家兔及其鲜（冻）肉和肉制品（不含各种肉罐头，统计在“其他食品类”）；

禽类，指供人们食用的活鸡、活鸭、活鹅和其他人工饲养的活禽类及其鲜（冻）、腌制和卤熟制品；

蛋类，指鸡、鸭、鹅和其他禽类的鲜蛋、再制蛋。

—水产品类：指各种海水、淡水产的鲜的或干的鱼、虾、蟹、藻类、贝类、软体类、腔肠类等水产品。

—蔬菜类：指各种新鲜的蔬菜，包括各种叶菜、茎菜、根菜、花菜、果菜以及各种食用菌等。

—干鲜果品类：包括新鲜瓜果、干果及蜜饯果脯等干鲜果。

2. 饮料类：指供人们食用的各种饮料，包括液体型饮料，如汽水、果菜汁、矿泉水等；冷冻饮品；固体饮料；茶叶、咖啡、可可和其他饮料。

3. 烟酒类：包括酒和烟草加工品。酒，包括白酒、啤酒、黄酒、果露酒等。烟草加工品，包括卷烟、雪茄烟、烟丝、莫合烟、鼻烟等烟草加工品，不包括烤烟、晒烟等烟草加工原料（统计在“其他类”）。

4. 服装、鞋帽、针纺织品类：指服装、鞋帽、针织品和纺织品的集合。

（1）服装类：指以棉布、棉化纤混纺布、化纤布、麻布、呢绒、绸缎、裘皮、化纤针织面料等为原料缝制的各种男、女、成人、儿童的单、夹、棉、皮等各种服装（包括内衣裤、外衣裤、衬衣、衬裤、胸罩、裙子等），包括以毛线、丝线、麻线和各种混纺线编织的各种服装，如毛衣、毛衫、毛裤。

（2）鞋帽类：鞋，指皮鞋、胶鞋、布鞋和全塑料鞋等，包括各种材料制作的靴子、凉鞋、便鞋、拖鞋、运动鞋、旅游鞋、春秋鞋等；帽，指各种面料、各种款式的男、女、童、婴儿帽子。

（3）针、纺织品类：针织品，指纯棉、纯化纤、化纤与棉（包括短涤纶）混纺的针棉织品、毛毯、线毯、地毯、毛巾、毛线、毛织物等纯纺、纯化纤、混纺针织品及化纤针织面料；纺织品，指布（包括棉布、棉花化纤混纺布、化纤布等外棉棉布、玻璃纤维布、再生纤维布、野杂纤维布、土纺布、无纺布、漆布等），呢绒（包括涤纶混纺物），绸缎，麻布，纱类（包括棉纱、等外棉棉纱、玻璃纤维纱、再生纤维纱、野条纤维纱、废纱、土纱、麻绒等纺织品）。针、纺织品包括除服装外的制成品，如床上用品、袜子、针纺织手套、窗帘等。

5. 化妆品类：指洁肤护肤美容用品、洁发护发美发用品、药物美容美体用品等。

洁肤护肤美容用品，包括洁面乳、霜、油等洁肤用品，霜、香脂、乳液、润肤油、爽身粉等护肤品，香粉（粉饼）、胭脂、唇膏、眼影、眉笔、指甲油、各种化妆盒、假发等美容品；

洁发护发美发用品，包括洗发香波、洗发膏、洗发精、浴液、剃须膏、发油、发露、发腊、发宝、营养发水、护发素、发胶、摩丝、各种染发剂等；

药物美容美体用品，包括花露水、腋下香、香水、防秃生发水、浓眉露、止痒水（粉）、祛斑霜、粉刺露、防晒剂、痒子粉（水）、减肥霜等；其他化妆用品。

6. 金银珠宝类：指以金、银、铂等金属及钻石、宝（玉）石、翡翠、珍珠、水晶、象牙、骨角等为原料，经加工和连接组合、镶嵌等方法，制成各种图案造型的装饰品、饰品、工艺品等。包括首饰，如项链、戒指、耳环、手镯、脚链、挂件、别针、发卡等，珠宝饰品，如宝（玉）石、宝（玉）石饰品、钻石镶嵌、珍珠镶嵌以及其他金银珠宝饰品等。

7. 日用品类：指日用金属制品、日用搪瓷制品、日用塑料制品、天然皮革和人造皮革制品、玻璃器皿、日用百货、燃气灶具、儿童玩具、日用化工产品、照明器具、日用杂品、钟表眼镜及配件、各种工艺品、烟花炮竹、人力或助动车类及配件等。

其中，日用金属制品，包括精铝、铸铝、铝合金家用器皿，不锈钢制餐具，家用厨房用具及其他不锈钢制器皿等，不包括工业建筑的通用金属器皿（统计在“金属材料类”）；

日用搪瓷制品，包括单瓷、双瓷的面盆、口杯及其他搪瓷制品等，不包括工业建筑的通用搪瓷制品（统计在“建筑及装潢材料类”）；

日用百货，包括如缝纫机、保温瓶、雨衣、理发用具、剃须刀具、火柴、打火机、电池、腰带、刀、剪、锁、钳、卫生纸、卫生巾等；

日用化工产品，包括洗涤用品、杀虫剂、花肥等；

燃气灶具，包括燃气热水器、各种灶具等；

照明器具，包括各种灯具、灯泡、灯管、手电筒等；

日用杂品，包括铁锅、笼屉、瓷碗、碟等餐具和炊事用具，竹、木、藤、柳编制品，炉子、烟筒和取暖设备等；

钟包括各种机械、石英电子的闹钟、挂钟、座钟等，表包括各种机械、石英电子手表、怀表、秒表、其他表、钟表零配件等，眼镜包括成品眼镜、眼镜架、眼镜片、眼镜毛坯、眼镜零配件等；

各种工艺品，包括雕塑工艺品、人造花卉工艺品、天然植物工艺品、纤维编织工艺品、刺绣工艺品、抽纱工艺品等。其中，雕塑工艺品包括玉雕、牙雕、金属工艺品、漆器工艺品、画类工艺品等，天然植物工艺品、纤维编织工艺品包括竹编工艺品、藤编工艺品、草编工艺品等；

人力或助动车类及配件，包括自行车、助动自行车、三轮车、残疾人座车（无论是否装有发动机）、婴儿推车和手推车等及配件。

儿童玩具类：包括各种材质制作的玩具。

8. 五金、电料类：指五金工具、电工工具、工具配件、水暖器材、各种专用工具、五金杂品等，以及木瓦工具、电工电讯器材及配件等各类商品，如各种榔头、钳子、扳手、锉刀、泥刀、自来水管、各种水龙头、暖气片、阀门、螺丝、螺母、水表、电表、插座、插头、开关、电线、铁丝、镇流器、灯架、灯罩等。

9. 体育、娱乐用品类：指体育用品、健身器材、游艺器材、棋牌、戏装道具、乐器、照相器材及用品等。

其中，体育用品，包括球类、球类器材、体操运动器材、举重运动器材、田径运动器材、水上运动器材、冰雪运动器材、射击、射箭、击剑器材、场地器材、航空、航海模型材料、运动保护用具、钓鱼用具等；

健身器材，指各种用于达到锻炼身体、提高身体素质目的的器材，包括侧重于肌肉训练的，如扩胸机、举重床、自重式健力器、哑铃组合架、坐式后拉器、卧式后屈腿训练器等；包括侧重于身体素质训练的，如跑步机、健步器、骑马机、滑雪器、健骑机等以及集消除疲劳、减肥健身为一体的各种按摩机（非电动）、健腹器等；

游艺器材，包括游戏机、插卡式电脑学习机、儿童运动游艺器材等；

棋牌，包括象棋、国际象棋、围棋、克郎棋、军棋、跳棋、扑克牌、麻将牌等；

乐器，包括中西乐器、电子乐器、乐器辅助用品及配件，如钢琴、提琴、手风琴、吉他等；

—**照相器材类**：包括摄影用品、暗房用品、修相用品和其他照相器材，如摄影用品，包括照相机、座机、外拍机、胶卷胶片、相纸、放大机、照相镜头、摄像灯具照相零配件及其他摄影用品，上光机、反拍机、翻版机、冲片机等，修相油、上光用品、修底版用具等，洗相药品，如显影液、定影液等，不包括X光胶片和工业胶片（统计在“化工材料及制品类”）。

10. 书报杂志类：指各种以纸介质形态出版发行的中外文的书籍、工具书、课本、教材、图片、报纸和杂志等。

11. 电子出版物及音像制品类：指电子出版物和音像制品。

其中，电子出版物，指以数字方式将图文音像等信息编辑加工后存储在磁、光、电介质上，通过计算机或者具有类似功能的设备读取使用，用以表达思想、普及知识和积累文化，并可复制发行的大众传播媒介，其媒体形态包括软磁盘（FD）、只读光盘（CD-ROM）、交互式光盘（CD-Ⅰ）、照片光盘（PHOTO-ROM）、高密度只读光盘（DVD-ROM）、集成电路卡（ICCARD）等，及其他媒体形态；

音像制品，指各种磁、光、电介质的录音、录像的磁带、光盘（CD、LD、VCD、DVD）等，包括各种空白的录音带、录像带、光盘。

12. 家用电器和音像器材类：指洗涤电器、制冷电器、清洁电器、小家电、家用厨房电器具、家用保健电器和各类音像器材等。

其中，洗涤电器，包括洗衣机、甩干机等；

制冷电器，包括电冰箱、电冰柜、房间空调器等；

清洁电器，包括吸尘器、加湿器、空气净化器等；

小家电，包括电熨斗、电风扇、电淋浴器（包括浴霸）、节能热水器等；

家用厨房电器具，包括食品加工机、抽排油烟机、微波炉、电饭煲、电烤箱、洗碗机、消毒柜等；

家用保健电器，包括电取暖器、电动按摩器等；

音像器材，包括电视机、录音机、录像机、摄像机、收音机、幻灯机、组合音响、影碟机（LD、CD、VCD、DVD 等）、专业音响器材、专业声像器材以及配件等，不包括照相器材及用具（统计在“体育、娱乐用品类”）。

13. 中西药品类：指人用各种中西药品、中药材以及各种小型医疗用品、敷料，不包括医疗用的各种大型设备，如 CT 机，核磁共振器等和兽用的各种药品、医疗器材（统计在“其他类”）。

—西药类：指以化学物质为原料根据药典或处方生产的用于预防、治疗、诊断人体的疾病，有目的地调节人体的生理机能并规定有适应症、用法和用量的物质，包括化学药品制剂、放射性药品、血清疫苗、血液制品和诊断药品等，但不包括化学试剂（统计在“化工材料及制品类”）。

—中草药及中成药类：指以天然的活性物质群为原料，根据中医药典或处方生产或配置，用于预防、治疗人体的疾病，有目的地调节人体的生理机能并规定有适应症、用法和用量的物质。包括中药材、中药饮片、中成药。

其中，中药材，指在自然界中天然生长或人工种植、养殖、采掘的可用于加工中药饮片和中成药的物质，包括各种植物、动物、矿物等；

中药饮片，指以中药材（包括各种药用植物、动物、矿物）为原料用于预防、治疗人体的疾病，有目的地调节人体的生理机能并规定有适应症、用法和用量的物质；

中成药，指以中药材（包括各种药用植物、动物、矿物）为原料根据药典或处方生产的用于预防、治疗人体的疾病，有目的地调节人体的生理机能并规定有适应症、用法和用量的制剂，包括各种剂型（丸、散、膏、丹、胶、药酒、露、冲剂及改良剂型）的中成药。

14. 文化办公用品类：指学习用品、办公用品和计算机及其配套产品。

其中，学习和办公用品，包括学习和办公用的纸张、本册、打字机、油印机、速印机、复印机、计算器、快译通、电子笔记本、算盘、文具、普通测绘仪器、印刷材料以及教学用的设备、器材、标本、模型等；

计算机及其配套产品，包括 CPU 在 80186 以上的大、中、小、微型、便携式电子计算机（包括多媒体计算机）和计算机的辅助设备，如服务器、打印机、扫描仪、不间断电源、多媒体配件、专用设备和零配件，计算机用键盘、鼠标、网卡、U 盘、内存条、软盘、磁带、打印机用纸、色带、墨盒、硒鼓等，不包括单板机、插卡式电脑学习机（统计在“体育、娱乐用品类”），也不包括各种电子计算机软件（统计在“电子出版物及音像制品类”，随机附赠品除外）。

15. 家具类：指用木材、金属、塑料、藤、竹等为主要原料制成的供人们生活、学习、工作、休息用的各种普通家具和具有特定用途的专用家具，包括家用就寝、就餐、起居、书房使用的床、柜、箱、架、沙发、桌、椅、凳、茶几、屏风，以及成套或组合家具，也包括医院、学校、图书馆、旅游、办公等专用的办公桌椅、文件柜、书柜等家具。

16. 通讯器材类：指有线、无线通讯使用的各种器材和设备，包括电话机（普通电话机、无绳电话机、移动电话、小灵通等）、对讲机、寻呼机、传真机等以及配套产品。

17. 煤炭及制品类：包括原煤、煤炭和煤制品，如洗煤、筛选块煤、筛选混煤及混末煤、焦炭、石油焦、半焦、煤饼（块）、煤球等。

18. 木材及制品类：指木、竹采伐产品和木材、竹非生活制品等。此类商品销售一律按批发计算。

其中，木、竹采伐产品，包括原木、小规模木材、薪炭木材、毛竹、篙竹等；

木材、竹非生活制品，包括锯材、板材、人造板、木材防腐制品，木、竹工业、建筑业用品，藤、棕、柳条工业制品等。

19. 石油及制品类：包括原油、炼厂气体、汽油、煤油、柴油、燃料油、工业燃料、溶剂油、润滑油、石蜡、地腊、专用腊、凡士林、洗涤剂原料、石油腊类、石油沥青、标准油、白色油、软麻油、原料油、润滑脂、石油酸、石油皂、液化石油气等。

20. 化工材料及制品类：指化学矿采选品、化工产品、橡胶制品、塑料制品等。此类商品销售一律按批发计算。

其中，化学矿采选品，包括硫铁矿、磷矿、硼矿、钾矿、天然硫磺、钙芒硝矿、芒硝矿、蛇纹矿、天然矿、重晶石、督重石、天青石、雄黄石、明矾石等；

化工产品，不包括日用化工产品（统计在“日用品类”或“化妆品类”），包括无机化学品、化学肥料、化学农药、有机化学品、颜料、染料、催化剂、助剂、添加剂、粘合剂、高分子聚合物、信息用化学品、化学试剂、X 光胶片、工业用胶片等；

橡胶制品，不包括日用橡胶制品（统计在“日用品类”），包括如橡胶运输带、橡胶类传输带、橡胶三角带、橡胶风扇带、橡胶胶管、再生胶、橡胶导风管、橡胶浮筒、橡胶杂品、乳胶制品、橡胶密封制品、特种橡胶制品、软胶壳、微孔橡胶隔板、胶绳、胶筋、胶液、密封腻子等；

塑料制品，不包括日用塑料制品（统计在“日用品类”），包括塑料薄膜、塑料板材、塑料管、塑料棒、塑料异型材、塑料丝、塑料人造革、塑料合成革、泡沫塑料、塑料工业配件、塑料包装箱及容器等塑料原料。

—化肥类：指氮肥、磷肥、钾肥、复合肥，不包括家庭使用的花肥（统计在“日用品类”）。此类商品销售一律按批发计算。

其中，氮肥，包括液氮、尿素、硝酸铵、氯化铵、硫酸铵、氨水等；

磷肥，包括重过磷酸钙、普通过磷酸钙等；

钾肥，包括氯化钾、硫酸钾、窑灰钾、钾镁肥等；

复合肥，包括氮磷肥、氮钾肥、磷钾肥、氮磷钾肥、硝酸磷、氮钾混合肥、铵磷钾、磷酸铵等。不包括磷矿粉肥和“土法”生产的各种化学肥料，如硫磺脚渣提炼的硫磺铵、硝酸钾、土制过磷酸钙和磷酸钾，也不包括微量元素的化学肥料（如钾酸铵）。

21. 金属材料类：指黑色金属矿采选品和黑色金属冶炼及其压延产品、有色金属矿采选产品和有色金属冶炼及其压延产品。此类商品销售一律按批发计算。

其中，黑色金属矿采选品，包括铁矿石原矿、铁矿石成品矿、人造富铁矿、锰矿石原矿、锰矿石成品矿、人造富锰矿、铬矿石原矿、铬矿石成品矿等；

黑色金属冶炼及其压延产品，包括钢、生铁、铁合金、钢材、钢坯、钎子钢、轧制钢球、重熔钢、炼铁副产品、球墨铸铁、金属化球团、海棉铁、钒渣和粗末冶金原料、钢板网等；

有色金属矿采选产品，包括重有色金属矿采选产品、轻有色金属矿采选产品、贵金属矿采选产品、稀有金属矿采选产品等；

有色金属矿冶炼及其压延产品，包括有色金属矿冶炼产品、轻有色金属矿冶炼产品、稀土金属冶炼产品。稀散金属及半金属冶炼产品、高纯及超纯有色金属、重有色金属合金、硬质合金、稀有稀土金属合金、稀有放射性金属冶炼产品、重有色金属加工材、双金属材、轻有色金属加工材、贵金属加工材、稀有金属加工材、有色金属加工材、半导体材料等。

22. 建筑及装潢材料类：指非金属矿采选成品、建筑材料及其他非金属矿物制品和各种办公或家庭用的室内装饰材料等。

其中，非金属矿采选成品，包括土砂石矿品、耐火土石开采及其初加工品、工艺美术品用非金属矿、石棉、工业原料用云母、石墨、石膏、工业原料滑石、滑石粉、金刚石、水晶、冰洲石、次土、膨润土及其初加工品、长石、叶腊石、蛭石、硅线石、凹凸奉石、海泡石、浮石、沸石、珍珠岩、霞石正方岩、刚玉、硅藻石、硅石灰石等；

建筑材料及其他非金属矿物制品，包括水泥、无熟料水泥、水泥熟料、水泥混凝土制品、水泥预制构件、纤维增强水泥制品、砖、瓦、建筑砌砖、石灰、轻质建筑材料、建筑用石材加工品、建筑防水材料、建筑保温材料、建筑用玻璃制品、平板玻璃、压延玻璃、磨砂玻璃、喷花玻璃、中空玻璃、热反射玻璃、吸热玻璃、玻璃砖、泡沫玻璃、工业技术玻璃、特种玻璃、玻璃纤维及其制品，石英玻璃及其制品、光学玻璃、玻璃仪器、绝缘玻璃、玻璃保温容器（不包括日用玻璃保温容器，统计在“日用百货类”）、普通陶瓷制品（不包括陶瓷餐具，统计在“日用品类”）、工业陶瓷、高压绝缘子、低压绝缘子耐火材料制品、玻璃窑专用耐火材料、石墨及碳素制品、碳化纤维、石墨热交换器。石棉制品、云母制品、磨料和磨具、铸石、化学石膏、人造水晶、合成云母、人造金刚石、晶体材料、晶体镀膜材料等；

办公和家庭用的室内装饰材料，包括地板、地板革、墙纸、墙布、涂料、乳胶漆及各种装饰用具等，但不包括家具（统计在“家具类”）、清洁电器和家用厨房电器具（统计在“家用电器和音响器材类”）。

23. 机电产品及设备类：指普通机械、交通运输机械、电器机械及器材、电子产品及通讯设备、各种农林牧渔业机械等。

其中，普通机械，包括锅炉及原动机、金属加工机械、通用机械、铸锻件及通用零部件、工业专用设备、建筑工程机械、钻探机械等；

交通运输机械，包括铁路运输设备、飞行器、工矿设备、船舶及其辅机、摩托车，不包括汽车、汽车底盘及汽车配件（统计在“汽车类”）；

电器机械及器材，包括电机、输变电设备、电工器材等；

电子产品及通讯设备，包括雷达和无线电导航设备、通讯设备、广播电视设备、电子原件、电子器件、仪器仪表、计量标准仪具及量具、衡器，不包括家用电脑机及其各种配套产品（统计在“文化办公用品类”）、电话机、移动电话、BP 机等（统计在“通讯器材类”），也不包括家用电视机、录音机、录像机、摄像机等（统计在“家用电器和音像器材类”）。

—农机类：指各种农林牧渔业机械。包括农机具、农药具、农用车、农用动力机械等，如拖拉机、收割机、机引犁、机引耙、机引播种机、机动三轮车、拖车、机动植保机械、机动畜牧机械、机动脱粒机、内燃发动机组、水泵、喷灌机；以及各种零配件，如电动机、柴油机、手推车车轮等。此类商品销售一律按批发计算。

24. 汽车类：指由动力装置驱动，具有四个或以上车轮的非轨道无架线的车辆及其零配件，包括汽车、汽车底盘和汽车配件等。

其中，汽车包括载货汽车、越野汽车、自卸汽车、牵引汽车、专用汽车、客车、轿车等。

25. 种子饲料类：指各种农业或公共园艺使用的种子、种苗和饲养牲畜的草料、杂粮、杂豆等，不包括家庭使用的花种、种苗等，以及人们以娱乐、休闲为目的而饲养各种动物的从专门商店购买的宠物食品（统计在“其他类”）。此类商品销售一律按批发计算。

26. 棉麻类：指棉麻产品、蚕茧等。

其中，棉，包括籽棉、细绒棉、长绒棉、絮棉、棉短绒；

麻，包括黄麻、红麻、苎麻、大麻、亚麻、剑麻；

蚕茧，包括桑蚕茧、柞蚕茧、蓖蚕茧和其他蚕茧等。

27. 其他类：指以上未包括的商品类别，如大型医疗器材，文物、古董、邮票、硬币、现代绘画作品，土特产品和畜产品、禽畜或宠物用的药品、宠物食品、花鸟鱼虫，消防器材及设施，废旧物资等。

其中，畜产品包括各种牛皮、羊皮、猪皮及其他动物皮革，以及种畜、幼畜、幼禽绒毛、羽毛、鬃毛、肠衣等。